ビジュアル版

ミクロ・マクロの前に

今さら聞けない

行動経済学の超基本

マーケティング &
ブランディングコンサルタント
橋本之克 著

朝日新聞出版

はじめに

「経済学」と聞いただけで身構えてしまう人は多いのではないでしょうか。「ミクロとマクロって何の大きさ？」「インフレとデフレはどっちが良いの？」「為替が動くってどういうこと？」といった具合に、ニュースで見聞きする言葉の意味さえわからない人もいることでしょう。結果的に多くの人が「経済学」を、縁遠い学問だと思ってしまっています。

しかし、経済とは「人々が豊かな生活を送るために、人々が消費する物やサービスを生産し、必要なところに的確に届けるしくみ」のことです。当然ながら消費者である私たち一人一人が、経済の主役です。誰もが日々行っている買い物は、立派な経済活動なのです。こうした個人の経済的な活動をより良くしてくれる学問があったら、知りたいと思いませんか？

「行動経済学」は、まさにそんな学問です。簡単に言うと、人の心を扱う「心理学」と、お金や損得を扱う「経済学」を合わせた新しい学問です。従来の経済学は国の経済など大きな動きを扱うために、人間個人の扱いは簡略化されていました。機械のように自分の利益を最大限に追求し、常に合理的な判断をするものとされたのです。しかし実際の人間には感情があり、不合理な判断をすることも、他人のために行動することもあります。こうした現実の人間の心と行動を、心理学の知見も合わせて解き明かしているのが行動経済学です。

例えば、次のような経験はありませんか？

・レジ前に置かれたお菓子を買ってしまう
・空腹時に食料品売り場に行くと買いすぎる

・安くなっていたら、欲しいかどうか考えず買ってしまう

これらは皆、不合理な行動と考えられます。さまざまな「心理的バイアス」が人の判断や行動を不合理なほうへと誘導しているのです。「行動経済学」は、さまざまなパターンのバイアスや不合理を明らかにしています。

もしかしたら、こんな過ちは気をつけていれば大丈夫と思う人がいるかもしれません。しかし、それは間違いです。なぜなら不合理な行動は、人の脳に刷り込まれているからです。

例えば、ダイエット中なのに目の前のケーキを食べてしまうのは不合理な行動です。このとき、心の中では未来よりも目先の利益を優先させてしまう「現在志向バイアス」が働いています。人類の祖先は十分な食料もなく、猛獣に襲われるなどの危険にさらされていました。目の前に食べ物があったなら、すぐに食べなければ生きられません。「現在志向バイアス」に従うのが合理的な判断だったわけです。こうした本能的な判断をする傾向は今でも人間の脳内に残っており、それが不合理な行動につながっているのです。このような判断は無意識に下されているので、理性に任せるだけでは正すことができません。自らの不合理な判断のパターンを知ることではじめて避けることができます。このパターンを解明しているのが「行動経済学」なのです。

さて本書のテーマは「行動経済学を知って賢い消費者になろう」というものです。難しい表現を避けてわかりやすく解説しています。本書を読むことで、ぜひ賢い消費者への第一歩を踏み出してください。

橋本之克

Index

Chapter 1
人はこんなに不合理な行動をする

Chapter

2 賢い消費者になるための行動経済学

Index

Chapter

3 生活のなかの行動経済学

Chapter

4 こんなところにも行動経済学

Chapter 5 ナッジはこんなところで使われている

行動経済学とこれから

行動経済学のまちに出かけよう

まちには行動経済学で説明できる実例があふれています。見に行きましょう。

スーパーで買い物して
レジ前のチョコ買っちゃった
P.22
1000円なくした
1000円拾った
なくしたときのほうが
2倍悲しい
P.20
ビール飲みたい
タレントのポスターを見て、
ビールが飲みたくなった
P.24
ついつい
ソーシャルゲームに
ハマっちゃう
P.28
ガチャ
こんにちは
こんにちは
何度も会うと
好印象を持つ
P.30
意識していなくても、
私たちの行動は
行動経済学で
説明ができるよ
ダイエット中だけど、
今日はケーキを食べる
P.32
自分でつくると
いっそうおいしく感じる
P.34

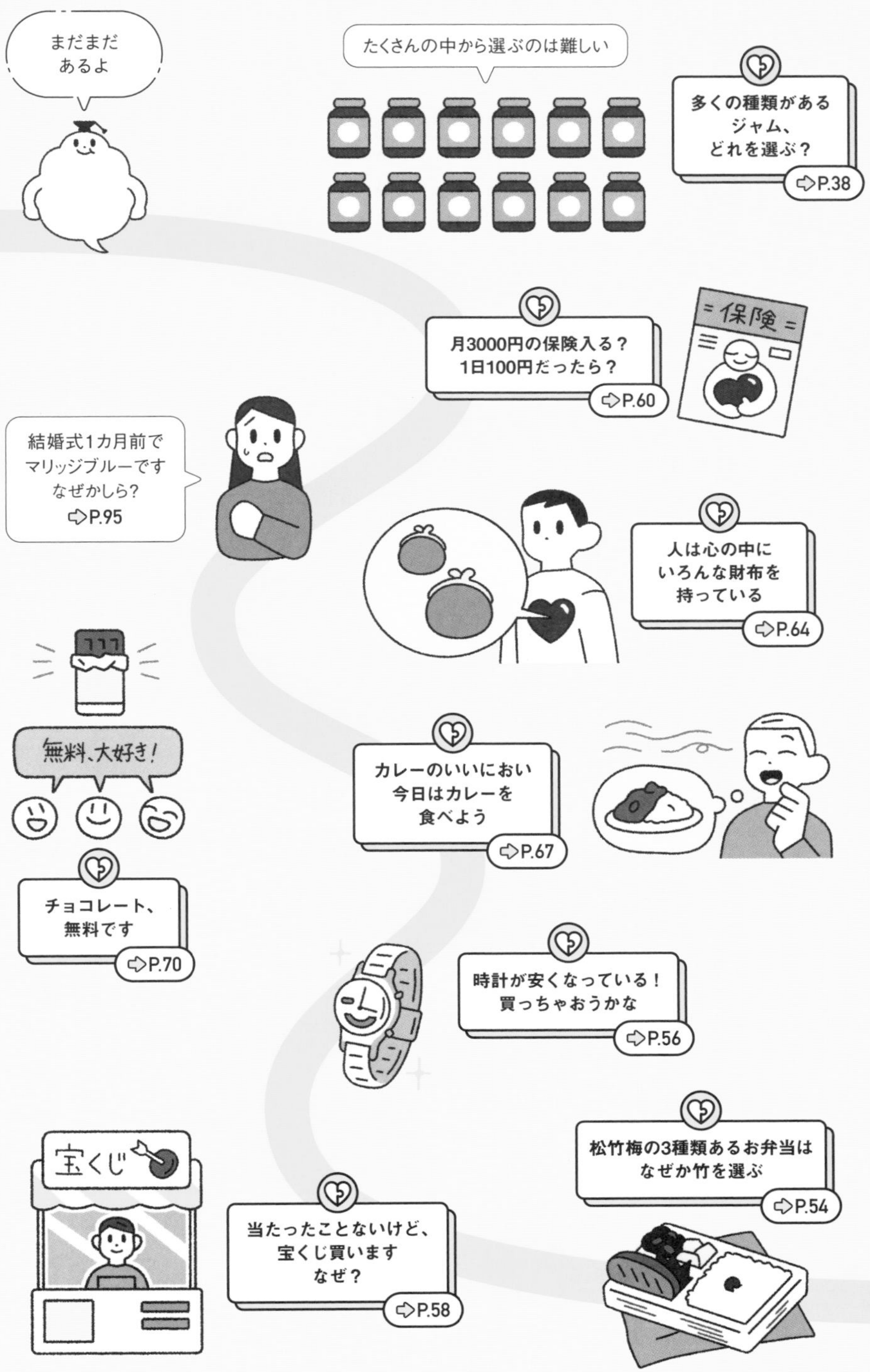
まだまだ
あるよ
たくさんの中から選ぶのは難しい
多くの種類がある
ジャム、
どれを選ぶ？
⇨P.38
保険
月3000円の保険入る？
1日100円だったら？
⇨P.60
結婚式1カ月前で
マリッジブルーです
なぜかしら？
⇨P.95
人は心の中に
いろんな財布を
持っている
⇨P.64
無料、大好き！
カレーのいいにおい
今日はカレーを
食べよう
⇨P.67
チョコレート、
無料です
⇨P.70
時計が安くなっている！
買っちゃおうかな
⇨P.56
松竹梅の3種類あるお弁当は
なぜか竹を選ぶ
⇨P.54
宝くじ
当たったことないけど、
宝くじ買います
なぜ？
⇨P.58

人は、
人が集まっている
ほうへ集まる

⇨P.124

!

ちょっと進んでいると
やる気が出る

⇨P.74

STAMP CARD
1 2 3 4
5 6 7 8
CAFE

スタンプカード

2回連続当たり！

⇨P.100

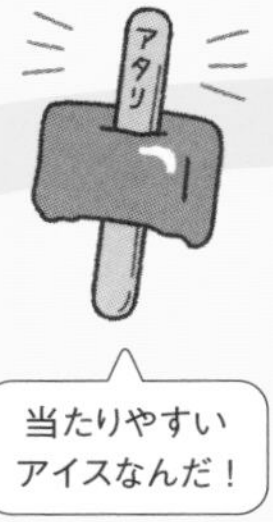
アタリ
当たりやすい
アイスなんだ！

無料なのに
どうして
もうかるの？

⇨P.70

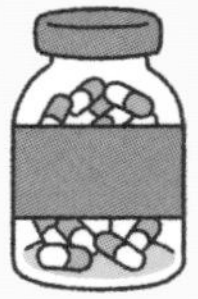

無料お試し

コンビニと美容院と歯科医院、
一番多いのは？

⇨P.106

24

保育園のお迎えに
遅れる保護者、
ペナルティをつけたら、
もっと増えました

⇨P.104

お金払えば
いいんでしょ！

表現でイメージが変わる

⇨P.61

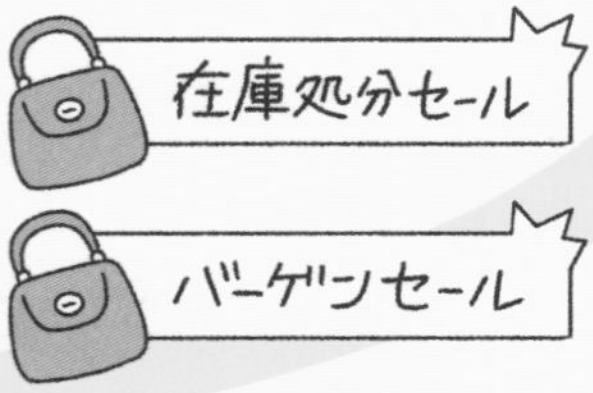
在庫処分セール
バーゲンセール

〇〇市に
お住まいの
あなたへ。

自分ごとと感じて
もらえると
人は動き出す

⇨P.108

行動経済学を
見に行こう
取りやすいところに置いたら
野菜を食べる人が増えた
P.145
確実にゴミを
捨てたくなる
P.147
人は親切にしてもらうと
お返しをしたくなる
P.128
ポイント還元は
お得に感じる
P.88
CARD
視聴者を惹きつける
さまざまな効果
P.90
最安値!
テレビショッピング
1時間並んで食べた
おいしいラーメン
P.127
幸せ

序章

行動経済学って？

「経済学」と「心理学」をミックスさせてお金や経済活動のしくみを研究する学問です。

こうして「行動経済学」は生まれた

かつての「経済学」では、自分の経済的利益を最大化するよう合理的に意思決定する「ホモ・エコノミカス」が標準的な人間像でした。ところが、これは実際の人間の行動と異なるものです。

「行動経済学」はふつうの人が対象

ほどほどに合理的

どっちでもいいや
2000円
3000円

調べることも直感のこともある

ほどほどに自制的

今日は食べちゃお

たまにはガマンをしない

ほどほどに利他的

だいたい同じにしよう

人間らしさを
前提にした経済学だね

かつての「経済学」は完璧な人間が対象だった

超合理的

あらかじめ計算し、
損することは決してしない

超自制的

目先のことに惹かれたり、
衝動買いはしない

超利己的

公平かどうかは気にしない

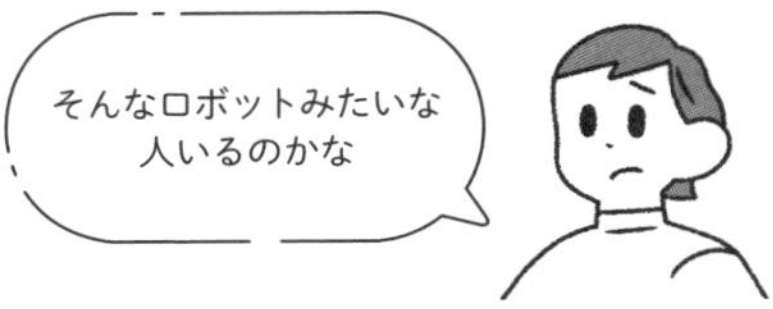
そんなロボットみたいな
人いるのかな

どうして「行動経済学」が必要になったの?

経済を動かす生身の人間は、時に間違いも起こし、他人のために自分を犠牲にすることもあります。「ホモ・エコノミカス」を基本にすると、伝統的な経済学では答えられない矛盾や謎が生まれます。

経済を動かしているのは「人の感情」

感情を持った人間は不合理な選択や行動をし、それは経済全体にまで影響します。

人間のとらえ方
感情で動いてしまうふつうの人
あつーい ビールが 飲みたい
タウリン 1000mg
タウリン 1000mg
タウリン 1g
タウリン 1g
やせたいけど、食べたい
1000mgの ほうが 多いよね
ホント？
行動経済学
ソーシャルゲームに ハマりました
どうしてだろう
RESTAURANT
人がたくさん 並んでいるレストランは おいしいに 決まっている！
ホント？

人間のとらえ方

超合理的な経済人

ゆえに
データによると

人間の行動の裏には
さまざまな心の動きがある

経済学 ＋ 心理学

経済のしくみや
経済活動のしくみを
研究する学問

［政府の経済政策や
企業の利潤追求、
個人の消費まで］

人の心の動きと
行動を
科学的に解明する

人の心が
行動を決めて
いるんだ

行動経済学とは

かつての経済学では「人間の不合理な行動や判断」は、単なる例外でした。しかし行動経済学における人間の心と行動の検証から、それらは決まった法則に従って起きることがわかりました。

行動経済学はどこで役に立つの？

行動経済学を知れば無意識の心理的バイアスに判断が左右されていることがわかります。

行動経済学は
今、注目されて
いるよ

個人

セルフコントロールできるようになる

モチベーションを
上げられる

上手にお金を
つかえる

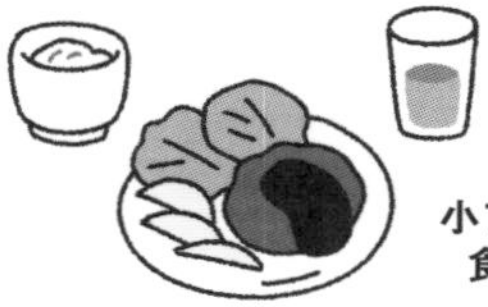

小プレートにして、
食べすぎを防ぐ

自分が起こす誤りや
ミスを理解しておく

自分のくせを理解しておく
・現状に固執する
・決定できない

人間関係

人間関係がスムーズになる

人間関係の
理解が深まる

誰もが自分が大切で、
誰でもミスをする

公正

誰の心にも公正に物事を
行う意欲がある

自分の考えが絶対だという
過ちが減る

感情に流された
不合理な行動の
理由やしくみが
理解できるように
なるね

社会

社会や政治、企業の改善に役立つ

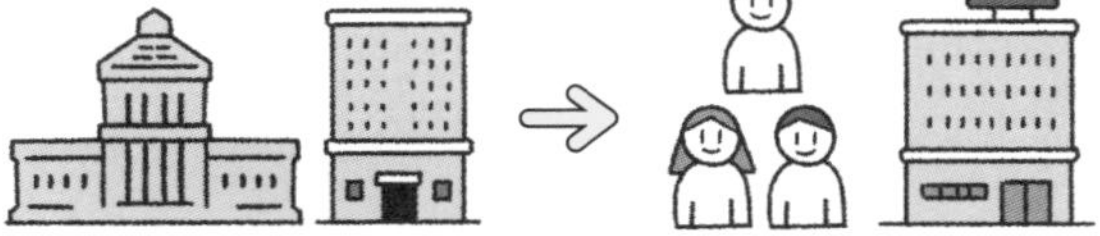
国
自治体
市民
企業

より良い方向へ
促せる

A社
B社

他社の利益のために
行動できる

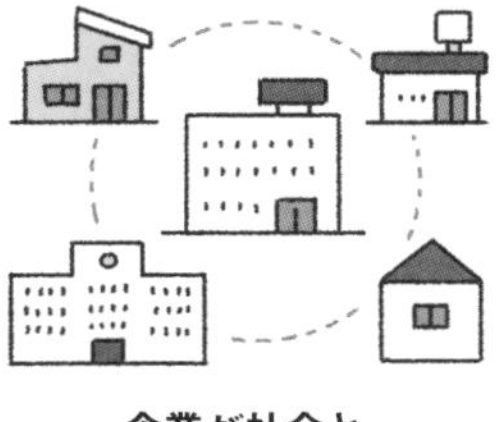

企業が社会と
仲良くできる

橋本先生が答える

行動経済学的

お買い物相談室

Q テレビショッピングでブレンダーを買ったのですが、届いた頃には興味がなくなっていました。

料理にハマっていた頃、テレビショッピングを見ていると、いろいろな機能がついているブレンダーを紹介していました。すぐに購入しましたが、届いた頃には使おうと思わなくなっていました。返品するのも面倒でまだ家にあります。なぜこんな無駄遣いをしてしまったのでしょうか。

（35歳・女性・会社員）

A これは、「解釈レベル理論」で説明できます。「解釈レベル理論」は、遠い対象は抽象的で本質的な面に、近い対象は具体的で表面的な面に注目してしまう心理的バイアスです。これによって人は未来の事柄に対しては理想を追いがちです。あなたが最初に多機能のブレンダーを見たときには、これを使って、さまざまな料理をつくれる理想像を描いたのでしょう。ところが現実には日々の家事に追われているのでしょうか。ブレンダーが色あせて見えるのは、心の余裕がなくなったサインです。ブレンダーの魅力とともに、理想の暮らしや理想の自分を思い出すことも大切ですよ。

⇨P.94

Q 無料で始めたサプリ、続けていていいのでしょうか。

テレビCMで見た無料お試しサプリを頼みました。体調がいいのでその後も続けています。ただサプリのおかげなのかは定かではなく、無駄遣いかもしれませんが、やめることもできません。

（59歳・男性・会社員）

A このご質問には、「現状維持バイアス」で説明することができます。「現状維持バイアス」は、未知で未体験のものを受け入れず、現状を保とうとする心理的バイアスです。この根底にあるのは、変化による損失を避けようとする心理です。このケースでは、サプリを中止すると体調が悪くなる可能性が気になってやめられないのです。今後の方法として継続をやめたり、サプリを変更することで、実際の効果を確認する手もあります。しかし最も重要なのは真実を追求することよりも、健康であり続けることではないですか？　金額的な負担を許容できるのであれば、継続するのもよいと思います。

⇨P.44

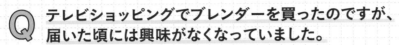

Chapter 1

人はこんなに不合理な行動をする

人はお金が関係する場面では慎重に行動できそうですが、感情が優先して、損や失敗をすることもあります。まずは人の不合理な性質を確認していきましょう。

01 人は「得」より「損」を大きく感じる生き物

KEYWORD ≫ 損失回避　価値関数

損を避けようとして、かえって損をしてしまう

1万円損したときの悲しさと、1万円得したときのうれしさは同じはずです。ところが研究の結果、同じ金額でも、**損する悲しさは、得するうれしさより大きい**ことが明らかになりました。そのため人は、無意識に損を避けようとします。この心理を「損失回避」と呼びます。しかし人は損得をよく考えず、直感的に判断します。その結果、目先の損を避けようとして長期的には損する判断をするなどの不合理な行動を取ります。「今なら50％割引」といった宣伝につられるのも「損失回避」の影響です。〝半額で買えるチャンスを逃すこと〟を〝損失〟と考え、本当に欲しいのか考えずに買うのです。

「損」した不満は「得」の満足より大きい

同じ金額で損を感じる悲しさは、得で感じるうれしさの2倍以上とされています。人は無意識に損を強く感じすぎ、それを避けることに集中しすぎるのです。

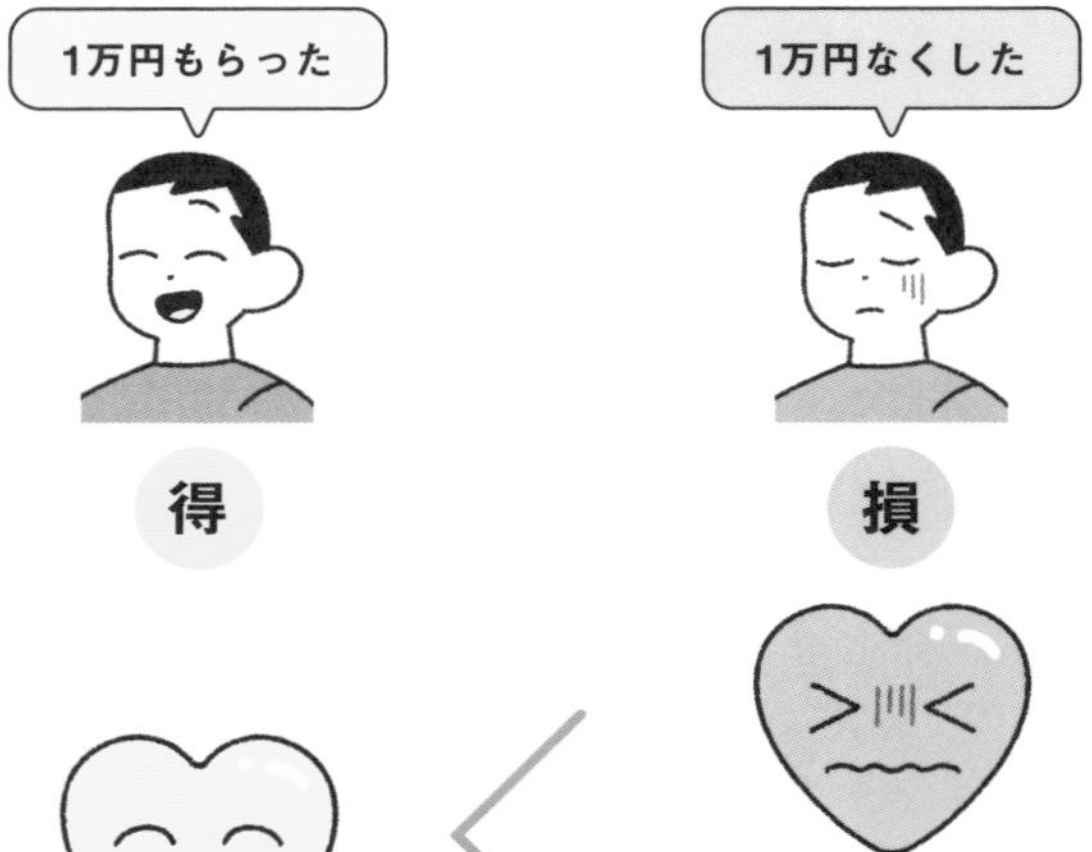
1万円もらった
1万円なくした
得
損
感情の比較

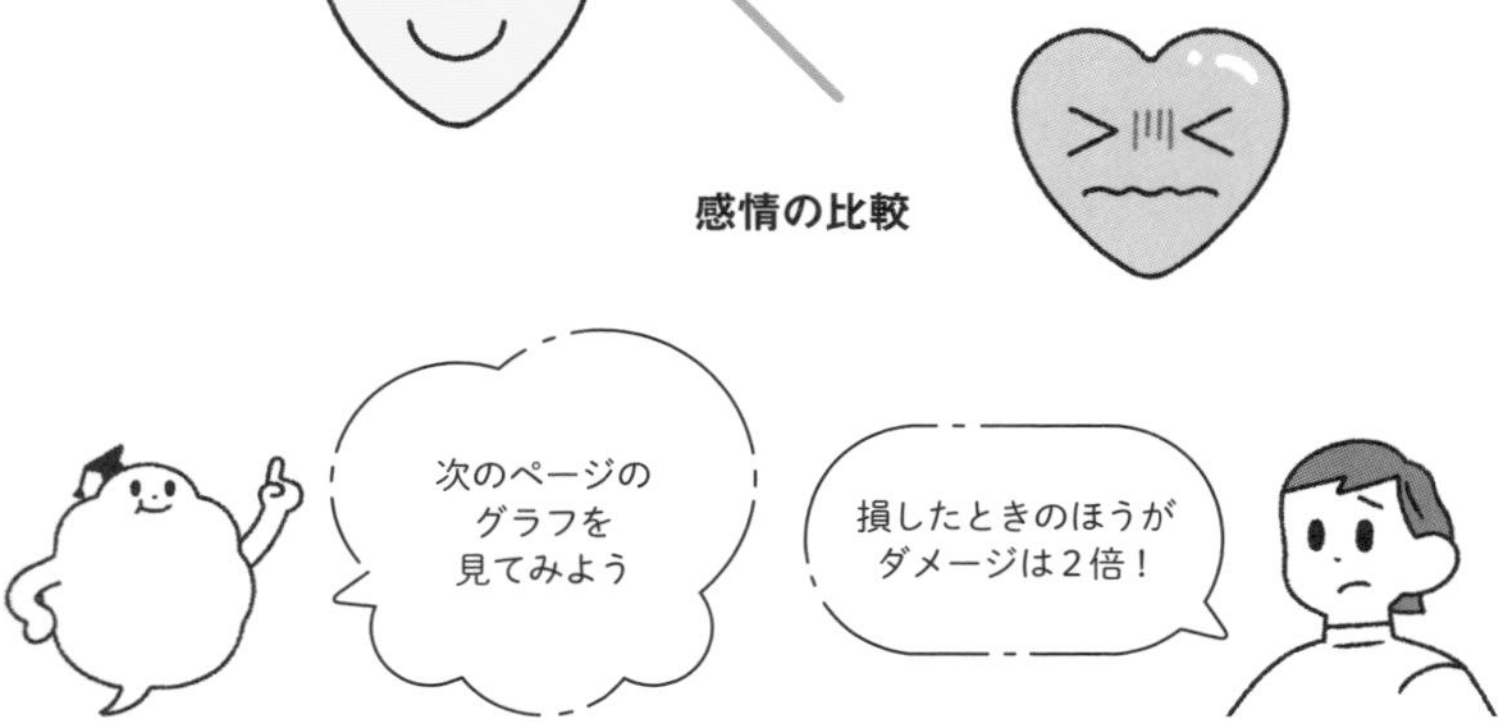
次のページのグラフを見てみよう
損したときのほうがダメージは2倍！

「損と得」における「悲しさとうれしさ」の度合い

横軸を「損や得」、縦軸を「人間が感じる悲しさやうれしさ」としたときの、それらの関係を「価値関数」と呼び、下記のグラフのように表すことができます。

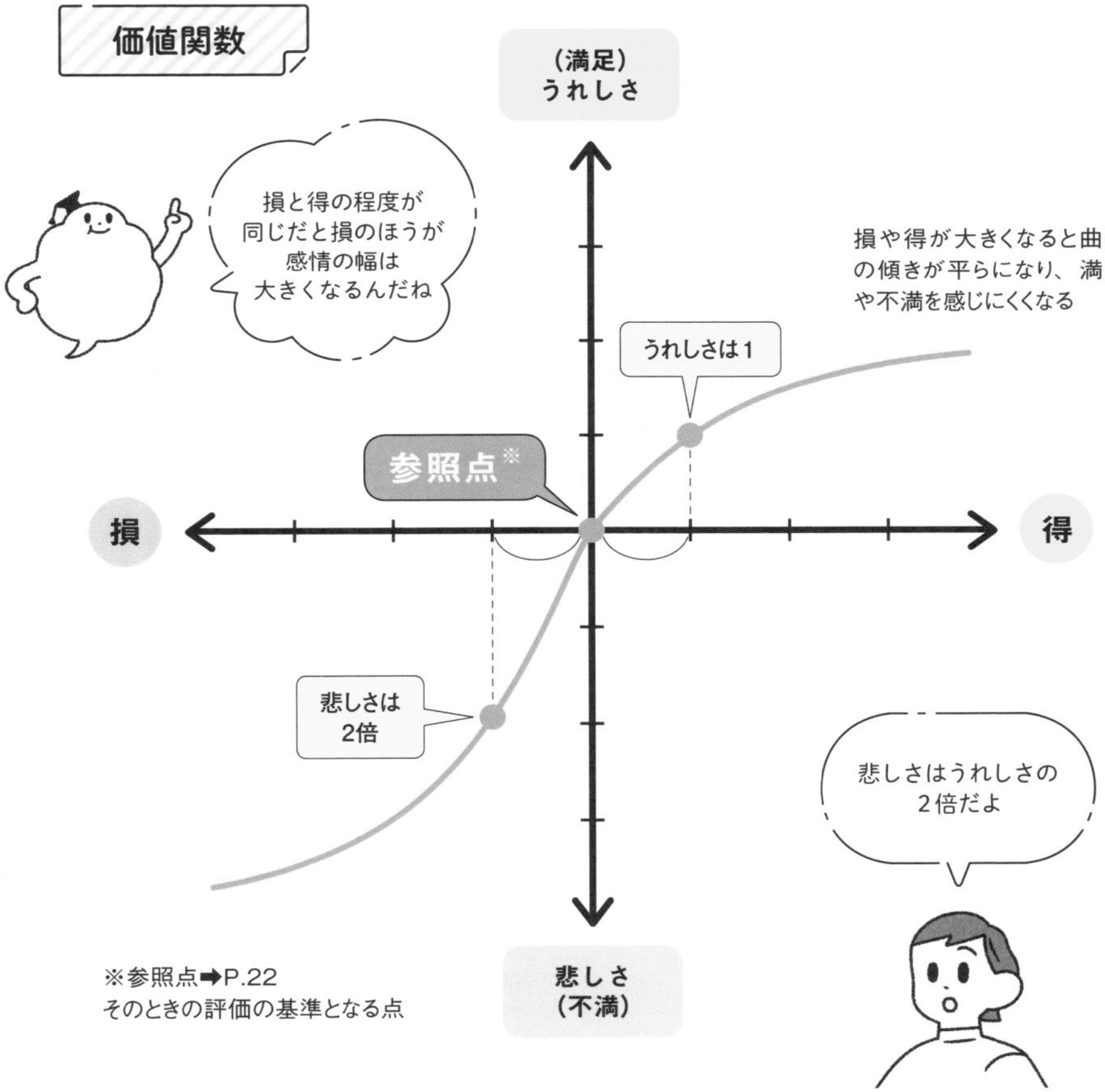
価値関数
(満足)
うれしさ
損と得の程度が
同じだと損のほうが
感情の幅は
大きくなるんだね
損や得が大きくなると曲線
の傾きが平らになり、満足
や不満を感じにくくなる
うれしさは1
参照点※
損
得
悲しさは
2倍
悲しさはうれしさの
2倍だよ
悲しさ
(不満)

※参照点➡P.22
そのときの評価の基準となる点

損失回避

期間限定商品、地域限定販売、今だけポイント5倍、購入者から抽選で10名にプレゼントなどのチャンスを示されると、「それを失うことは損」と判断して、買い物をしてしまうことがあります。これらは「損失回避」の影響による不合理な行動です。➡P.28、P.48

02

KEYWORD » 参照点

なぜレジ前のチョコを買ってしまう？

お金の価値は金額の大きさだけではない

お金に関する感情は、金額の大きさで決まるとは限りません。例えば、来年の世帯年収が５００万円だと決まったときの感情は、今年の世帯年収との比較で決まります。今年が３００万円ならば「うれしさ」を、今年が７００万円ならば「悲しさ」を感じるでしょう。ここでの「今年の年収」のような判断の基準を「参照点」と呼びます。これに関する心理として、**参照点から損得が離れるほど、感情の変化が小さくなる傾向があります**。一度買い物をした後、さらに買い物をする場合、この心理の影響でお金を支払う悲しさが小さく感じられ、無駄使いにつながることがあります。

レジ前に潜む100円のワナ

店で会計を待つ間、レジ前のお菓子などを買ってしまうことがあります。この出費は、買うと決めたものへの上乗せなので、支払う心理的負担が少ないのです。

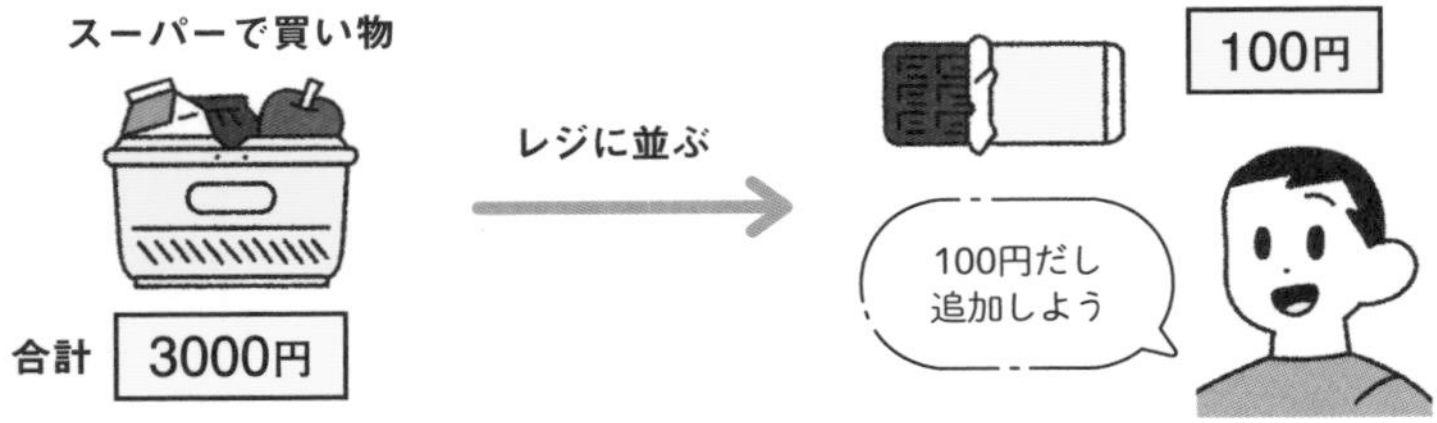

スーパーで買い物
合計 3000円
レジに並ぶ
100円
100円だし
追加しよう

● 100円のチョコだけを買う場合

● 買い物に上乗せする場合

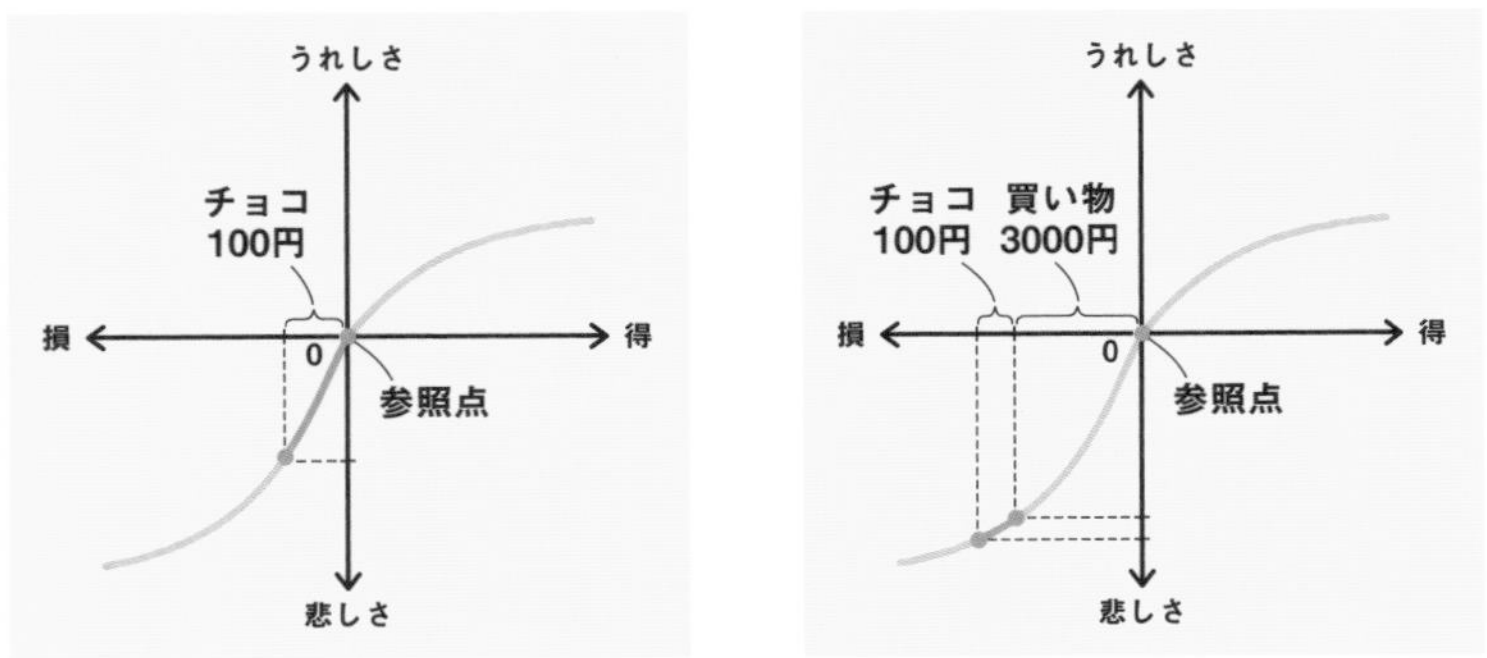

うれしさ
チョコ
100円
損
得
0
参照点
悲しさ
うれしさ
チョコ
100円
買い物
3000円
損
得
0
参照点
悲しさ

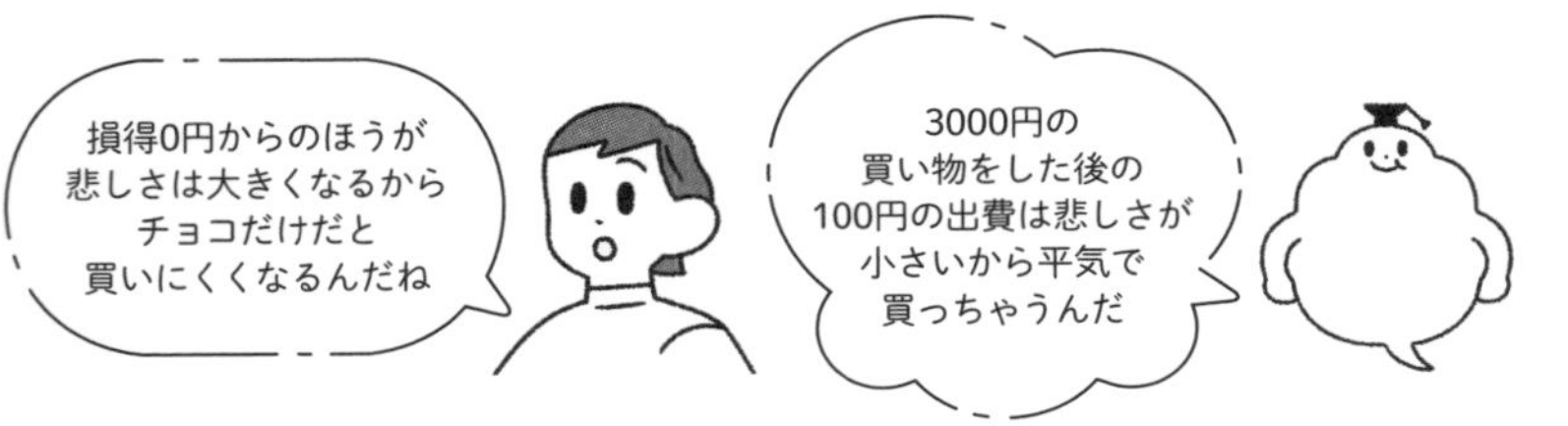

損得0円からのほうが
悲しさは大きくなるから
チョコだけだと
買いにくくなるんだね
3000円の
買い物をした後の
100円の出費は悲しさが
小さいから平気で
買っちゃうんだ

追加で買い物をするときは間違った買い物をしやすい

下記の事例の参照点は0円です。一度買い物をした後に、追加で買い物をすると、参照点から損が離れるため悲しさを感じにくくなり、間違った買い物をしてしまうことがあります。

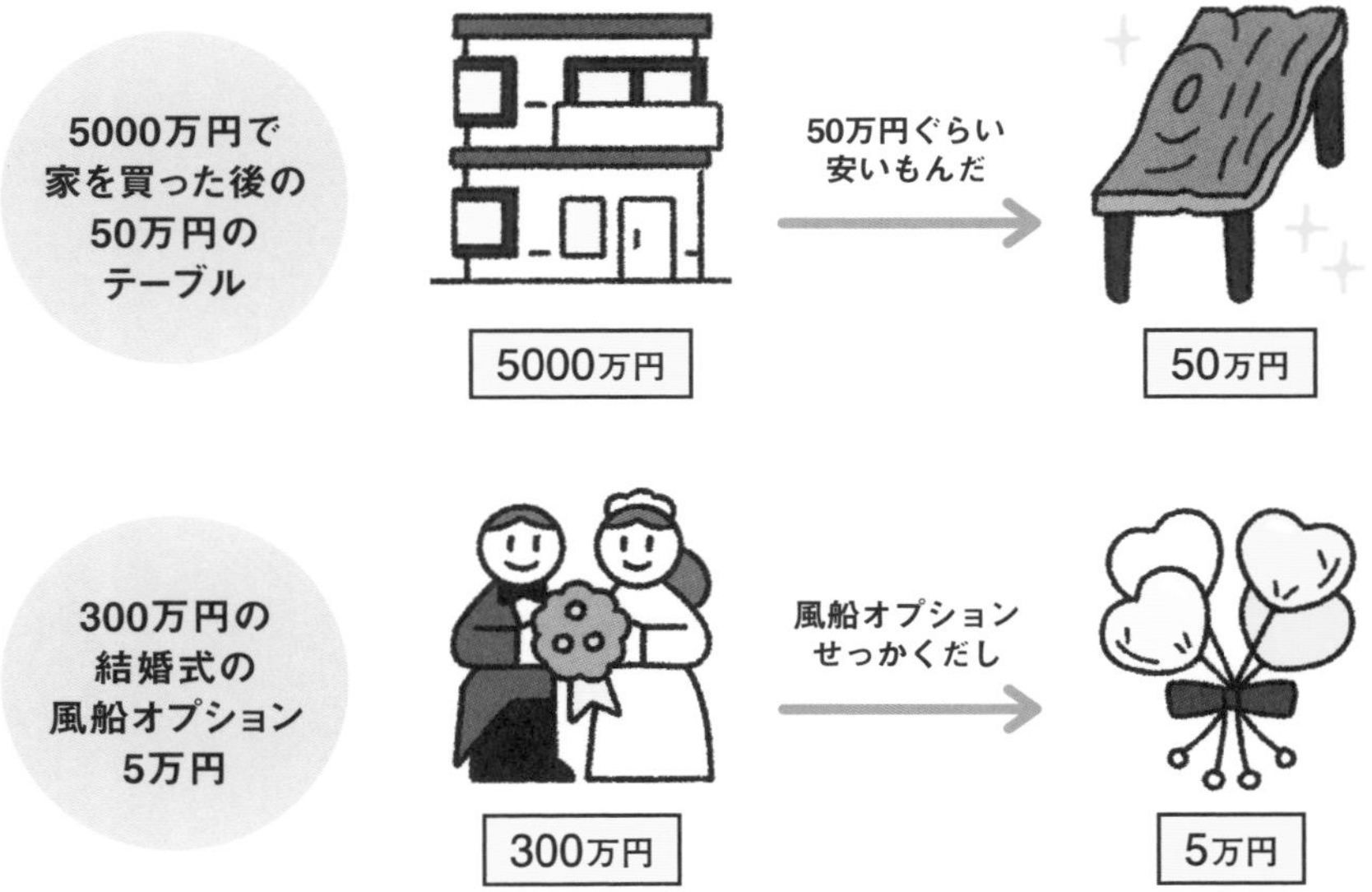
5000万円で家を買った後の50万円のテーブル
5000万円
50万円ぐらい安いもんだ
50万円
300万円の結婚式の風船オプション5万円
300万円
風船オプションせっかくだし
5万円

対策

大きな買い物をした後に、追加で買い物をするときは、最初の買い物をリセットしてからのほうが冷静に買い物ができる。

えっ
風船に
5万円？

カモにならない

「つい買っちゃった」を避けるには

買い物をするとき、正しくブレない判断をするのは難しいものです。無意識に自分で決めた「参照点」に影響されてしまうからです。買い物の失敗を避けるためには、「参照点を基準に判断してはいないだろうか?」と自分自身に問いかけることが重要です。仮に、参照点が心の中にあると気づいたならば、意識的にこれをリセットすることが必要です。例えば、3000円の買い物をした後で、100円のチョコを見た際には、「3000円の買い物の後でなくても、自分はこのチョコを買うだろうか」と想像するのです。こうした意識的な試みを行うことによって、より良い買い物をすることが可能になります。

03

KEYWORD ≫ ハロー効果

好きなタレントのCM商品、おいしそう！

好イメージのタレントCMで商品のイメージもアップ

人やものに関する一つの鮮やかな印象が総合的な印象に影響する効果を「ハロー効果」と呼びます。自信たっぷりで見栄えの良い政治家は能力があると思ったり、メガネをかけた学生はスポーツが苦手だろうと思ったりするのは「ハロー効果」の影響です。「ハロー」とは神様などの頭上に描かれる、尊敬に値することを示す光輪のことです。**鮮やかな印象によって後光が差したような状態となり、その対象全体を正しく判断できなくなる**のです。企業が商品の広告を行う際にタレントを起用するのも、目立つタレントによる「ハロー効果」を商品のアピールに活用するためです。

タレントのイメージ＝商品のイメージに

テレビCMで好感度の高いタレントに商品を説明させたり、使用させたりする際の狙いは、タレントがもつイメージを利用して商品の好感度を上げることです。

ハロー効果

BEER
シンプルなビール
BEER
テレビCM
BEER
BEER
商品イメージがUP
おいしそう！

タレントと商品が一緒にテレビCMのなかに映っていると、非常に近いものと判断される。そこでタレントの印象が「ハロー」となり、商品の印象もタレントと同じように良くなる。

だから
感じの良い有名人が
CMに出るんだね

人は権威に弱い生き物

権威ある賞を受賞したなど、高い評価を受けた場合にも「ハロー効果」が働きます。賞をとっただけで、商品の質などを含めた全体が優れたものに見えてしまうのです。

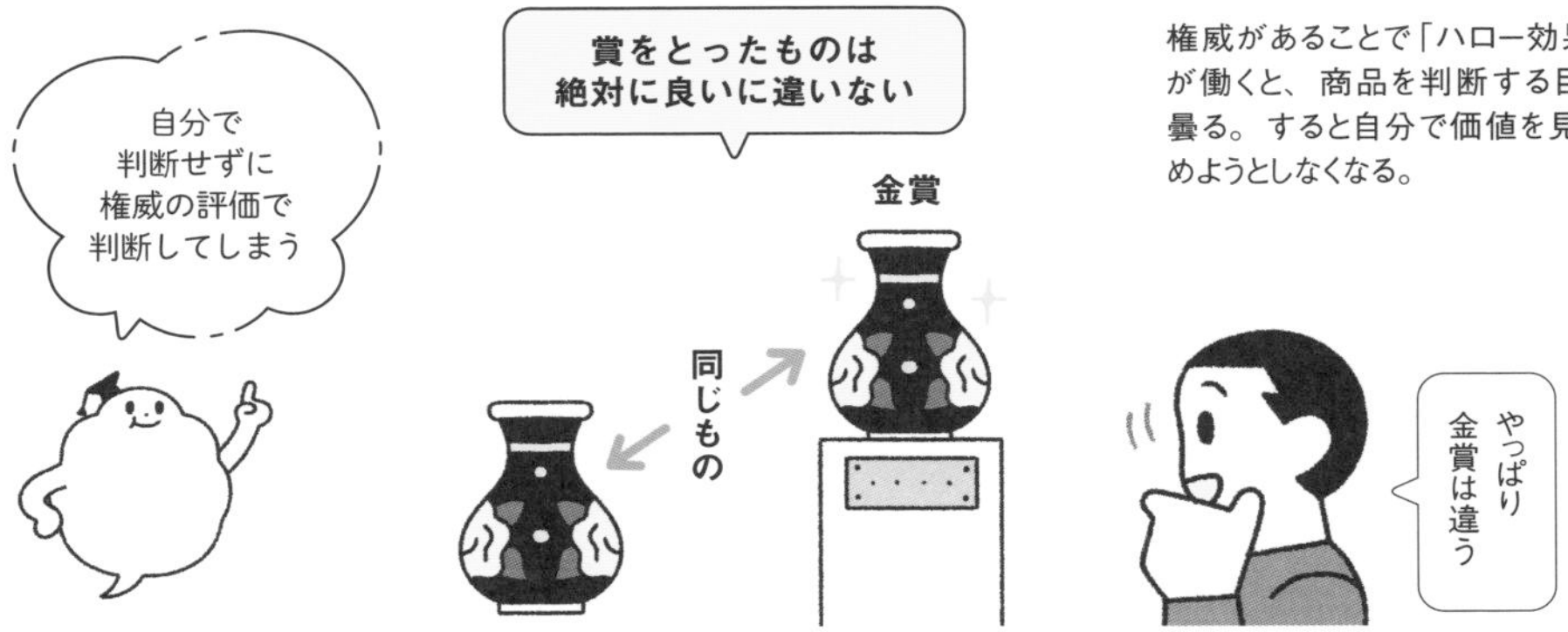
自分で
判断せずに
権威の評価で
判断してしまう
賞をとったものは
絶対に良いに違いない
金賞
同じもの
やっぱり
金賞は違う

権威があることで「ハロー効果」が働くと、商品を判断する目が曇る。すると自分で価値を見定めようとしなくなる。

人にもハロー効果は働く

「ハロー効果」はあらゆるものに働きます。ある人の出身大学の偏差値が高いだけで、その人はすべてにおいて優秀だと思ってしまいます。人の評価でも学歴や見た目など目立つ特徴が全体の判断を歪めます。

資格
経歴
難関
大卒
容姿
肩書や経歴が
実力に結びつくとは
限らないよね

もっと知りたい

自分のなかからハローを見つける

「ハロー効果」は何かを知っておけば、これを意識的に使うことも可能になります。自分で自分のハローをコントロールするのです。例えば、ビジネスの商談や面接試験などにおいて、とにかく一つでも良い点を目立たせることで、全体的な印象を高められる可能性があります。良い点が見つからなければ、大きな声で明るくハキハキ挨拶するだけでもいいでしょう。ただし本来の自分とかけ離れた印象を与えることは危険です。自分が実際にもっている特性のなかから、目立たせる部分を探すべきでしょう。表層だけを繕って、後から実態がばれてしまうと、相手を幻滅させてしまうことになりますから。

04

KEYWORD ≫ 投影バイアス

空腹時にスーパーに行くと買いすぎる

今の状態がずっと続くと思ってしまう

人が将来の自分を予測するとき、ずっと今の状態が続くと思うものです。**現在の自分を過大評価し、今の状態、感情や好みなどが、将来も変化せずに続くと思う**のです。いわば現在の自分を、そのまま未来に「投影」してしまうような状態です。こうした不合理な心理を「投影バイアス※」と呼びます。このような自分自身に働く心理を知らないと、無意識に不要な買い物をしすぎるといった自爆状態になるので要注意です。今の自分の状態が、この先もずっと続くのかを予測して、そのうえでその商品が本当に必要かどうかを判断することが必要なのです。

※バイアス：人間の思考や判断に特定の偏りをもたらす要因。

空腹で出かけて食材を買いすぎる失敗

空腹でスーパーに行くと、食材を買いすぎてしまいがちです。この行動は「投影バイアス」によって、おなかがすいた状態が将来も続くかのように思い込んだ結果です。

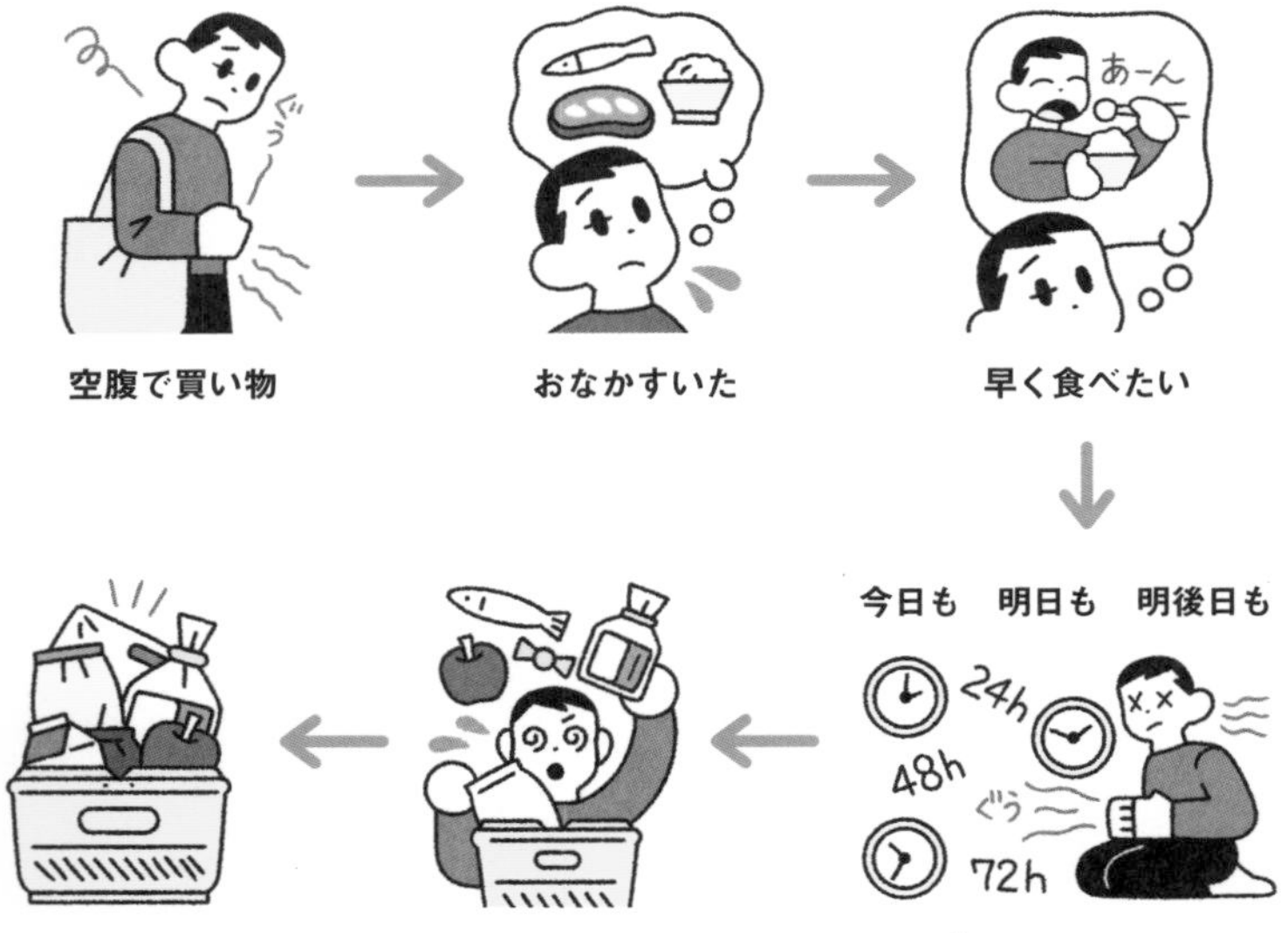

空腹で買い物 → おなかすいた → 早く食べたい → ずーっとおなかがすいている気がする → あれもこれも → 無駄なものも買ってしまう

対策

「投影バイアス」の知識があれば、自分をより良い方向に誘導できる。例えば食品を買うとき、満腹の状態なら無駄な買い物を避けられる。

実際の今の状態がずっと続くように感じる

将来を予測するとき、「投影バイアス」によって、今の状態が続くと感じます。でも、今の状態は永遠に続くわけではありません。そのことを知って、買い物をしたり、将来の準備をしたりしましょう。

● 現在の状態は変化しないと感じやすい

3月
さむい…

雪が降った → セーター買おう → バーゲンでセーターを買ってしまう

春先でも、寒い日があるとセーターを買ってしまうことがある。寒さが続くと思い込んで、あと少しで必要ではなくなる商品を買ってしまう。

● 将来の自分を予測することが重要

¥
投資
保険
医療費
生活費

ずっと元気に働けると思う → 将来の準備をしない → 老後、生活費に困る

今の状況がずっと
変わらないと
思い込まない
でね

無意識に、現状が続くと思いこまないよう注意が必要。将来を正しく予測するには、楽観的にも悲観的にもなりすぎないことが大切。

投影バイアス

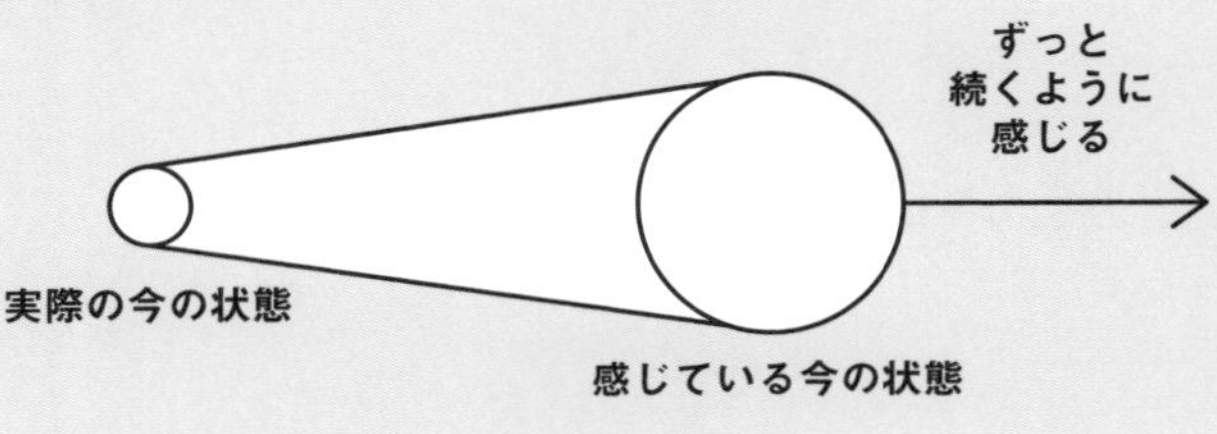
ずっと
続くように
感じる
実際の今の状態
感じている今の状態

人は将来の感情を予測できないので、現在の状況を大きく、長く続くように思う。

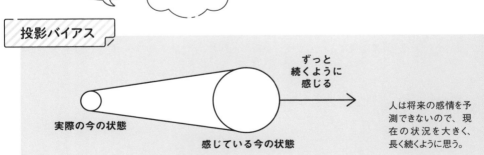

05

KEYWORD » 保有効果

人はなぜソーシャルゲームにハマる？

ソーシャルゲームがやめられない理由

人は一度、手にしたものは**実際以上に高い価値があると思い、手放したくないと感じます**。これを「保有効果」と呼びます。この心理は、所有するものを手放す損を避けようとする点で「損失回避」と似ています。ものを保有する当人以外は理由がわかりません。またこれは無意識に働く心理なので、**本人も過剰な愛着を感じていることに気づきません**。例えば断捨離ができないのも、これが原因です。「保有効果」は形のあるもの以外にも働きます。ソーシャルゲームの場合は、自分が得たアイテム、技術、ゲーム内の地位などにまで「保有効果」が働きます。

ソーシャルゲームは得るものが多い

ソーシャルゲームがやめられない原因はゲーム自体の面白さだけではありません。プレイすることで得たものを無駄にしたくないという意識でハマるのです。

ソーシャルゲームで得るもの

- 競い合った結果の勝利（ヤッター）
- 予想外の発見（アイテム発見）
- 自分以外になる経験
- 日ごろと違う特殊な経験
- キャラクターの成長
- 勝利で得た商品
- ゲーム上のステージや地位
- プレイテクニック

↓

どれも手放したくなくなる

保有効果によってソーシャルゲームで得たものに執着してしまう

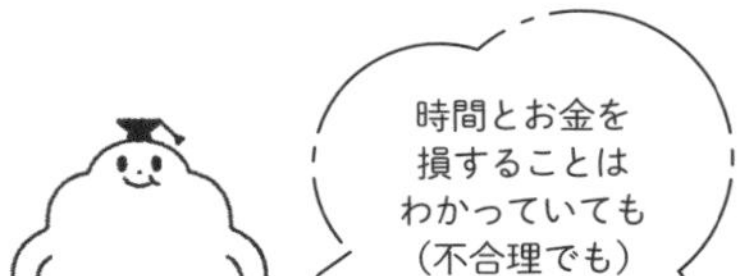
時間とお金を
損することは
わかっていても
（不合理でも）
やってしまう

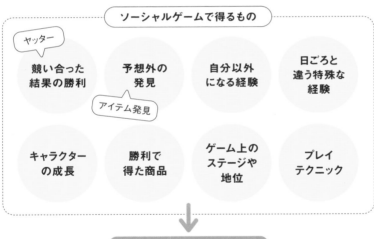

シンプルな「マグカップ」への執着が表れる実験

アメリカの行動経済学者ダニエル・カーネマンが行った、何の変哲もないマグカップを使って「保有効果」を証明した実験です。マグカップを自分の手元に置いた人はそれだけで愛着がわき、手放したくないと感じました。

Aグループ

①

マグカップをプレゼント

↓

② Aグループに質問
「いくらならBグループにマグカップを売る？」

↓

③ Aグループの答え
7.12ドル

＞ 2倍以上

Bグループ

①

マグカップをもらわない

↓

② Bグループに質問
「いくらならAグループからマグカップを買う？」

↓

③ Bグループの答え
2.87ドル

損失回避

失ったときの悲しみを回避するためにAグループは、マグカップに高い値段をつけた。

保有効果

一度でも手元にマグカップを置くことで愛着がわき保有効果が生まれた。

06

KEYWORD ≫ ザイオンス効果

同じ人やものに何度も会うと好感度が上がる

何度も出会うと好感度が上がる

ある対象への単純な接触（目にしたり耳にしたり）の繰り返しによって、その対象への好感度や印象が高まる心理的バイアスを「ザイオンス効果」と言います。これを提唱したアメリカの心理学者ロバート・ザイオンスの名前がもとになっています。後にいろいろな学者が**音、絵、写真、無意味な図形、匂い、味覚などで実験しましたが、あらゆる実験で「ザイオンス効果」が確認されました**。よく会う人や、何度も耳にする音楽に好感を抱くことがありますが、これもこの効果の影響です。テレビCMを多く放送して視聴回数を増やそうとするのも同様で商品や企業の好感度を高めるためです。

あの手、この手で繰り返して印象づける

商品やサービスの販売促進で、テレビCMを何度も見せること、SNSでの配信、何度も接触するネット広告などは、繰り返し試聴させようとするものです。

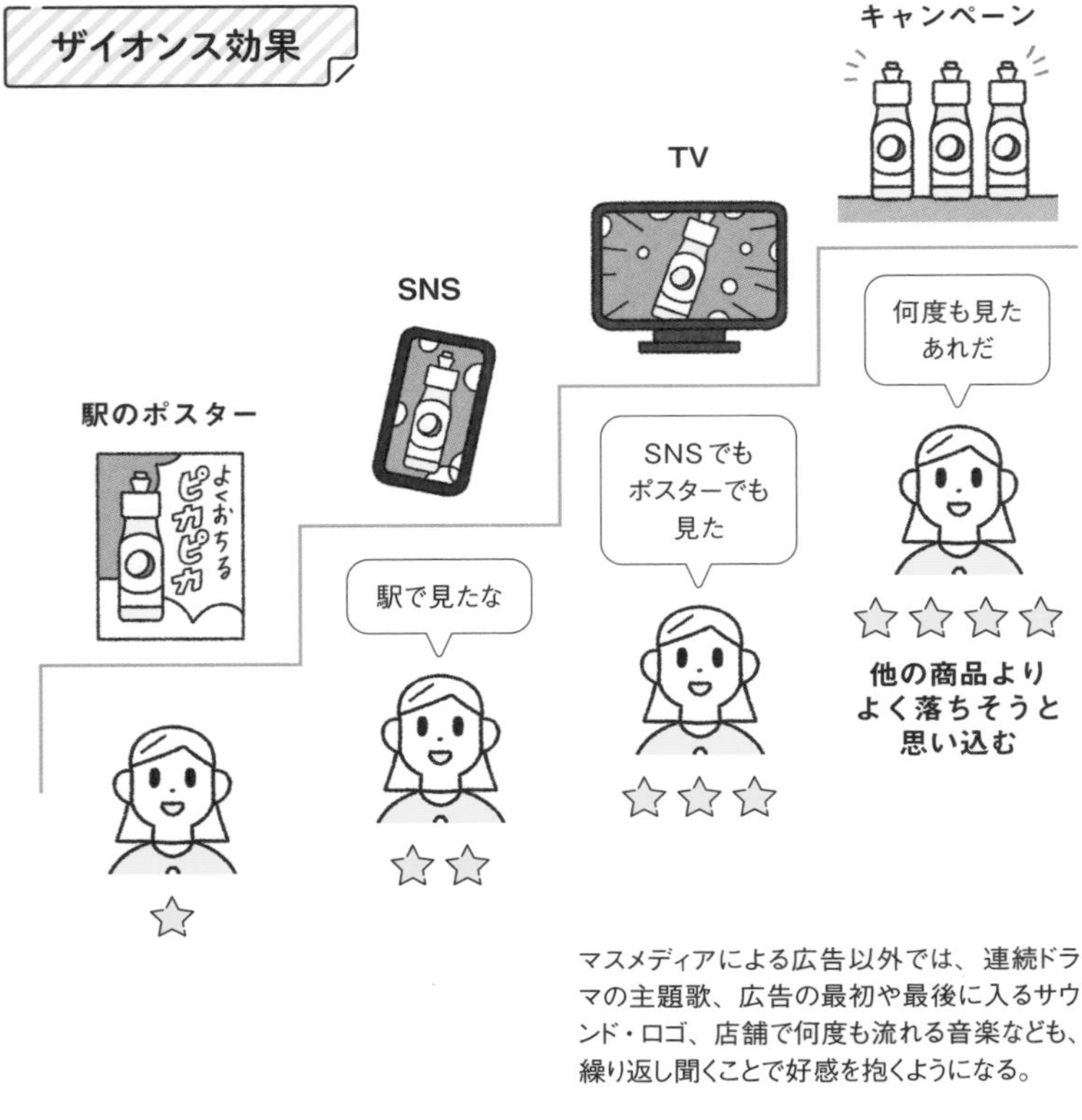
ザイオンス効果
駅のポスター
よくおちる
ピカピカ
SNS
TV
キャンペーン
駅で見たな
SNSでも
ポスターでも
見た
何度も見た
あれだ
他の商品より
よく落ちそうと
思い込む

マスメディアによる広告以外では、連続ドラマの主題歌、広告の最初や最後に入るサウンド・ロゴ、店舗で何度も流れる音楽なども、繰り返し聞くことで好感を抱くようになる。

生活に密着するザイオンス効果

ザイオンス効果は印象づける効果です。生活のなかのさまざまな所で使われています。

● Webでよく見るリターゲティング広告

COSME

リターゲティング広告はWebサイトを訪問したことのあるユーザーに配信される広告。過去にサイトでチェックした商品の広告が、自然に何度も表示される。

● 人も何度も会うと好印象を持つ

初めが肝心
最初に好感をもってくれたら、
後は何度も会うだけで
仕事につながる

営業を行う人の場合は、何度も通うことで好感を抱かれる可能性がある。ただし好き嫌いが決まった後では効果に限界があるので第一印象に注意する。

カモにならない

何度も会うと安心してしまう

ザイオンス効果は受け身の相手を誘導できるものです。リターゲティング広告の場合、広告の受け手はWebサイトだけでなく、動画配信サイト、アプリ、SNSなど、さまざまなメディアで同じ商品の広告を目にします。企業側は可能性の高い見込み客に絞り、集中的に繰り返し安く広告できるのです。もちろんザイオンス効果は万能ではありません。接触するごとに無限に好感度が上がるわけではなく限界はあります。また接触の間が空きすぎて前回の記憶が薄れると、繰り返しになりません。企業も、これらをふまえて広告を行っています。

07

KEYWORD ≫ 時間割引　現在志向バイアス

ダイエット中に目の前のケーキを食べる

未来の大事なことより今のほうが大切

物の価値は不変ではなく、時間によって変化します。**人は遠い将来に得られるものより、今すぐ手に入るものに価値を感じます**。将来手に入るものは、今手に入るものよりも価値が低くなる（割引される）かのように感じてしまい、この心理を「時間割引」と言います。将来まで健康を保ち続けるよりも、今の一服を優先するために、禁煙できないのも「時間割引」の影響です。割引の度合いを「時間割引率」または「主観的割引率」と呼びますが、すべての人が一定なわけではありません。せっかちな（時間割引率が高い）人もいれば、遠い将来には気長な（時間割引率が低い）人もいます。

将来の価値を現在の価値に換算すると?

「時間割引」に関係する心理で、目の前にあるものの価値が高いと思い込む傾向を「現在志向バイアス」と呼びます。「衝動買い」も、この心理の影響です。

● 双曲線で表される時間割引

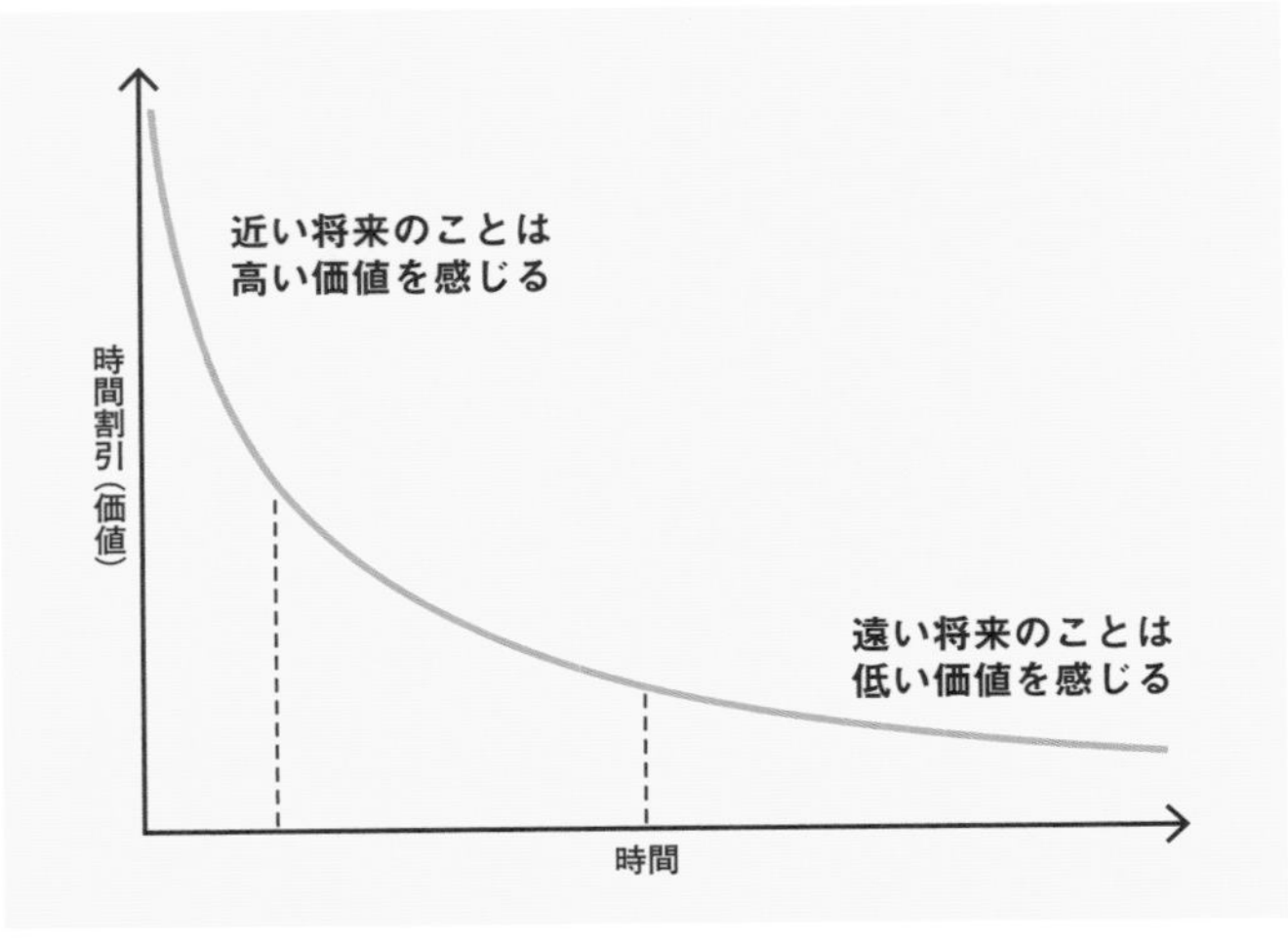

近い将来のことは
高い価値を感じる
時間割引（価値）
遠い将来のことは
低い価値を感じる
時間

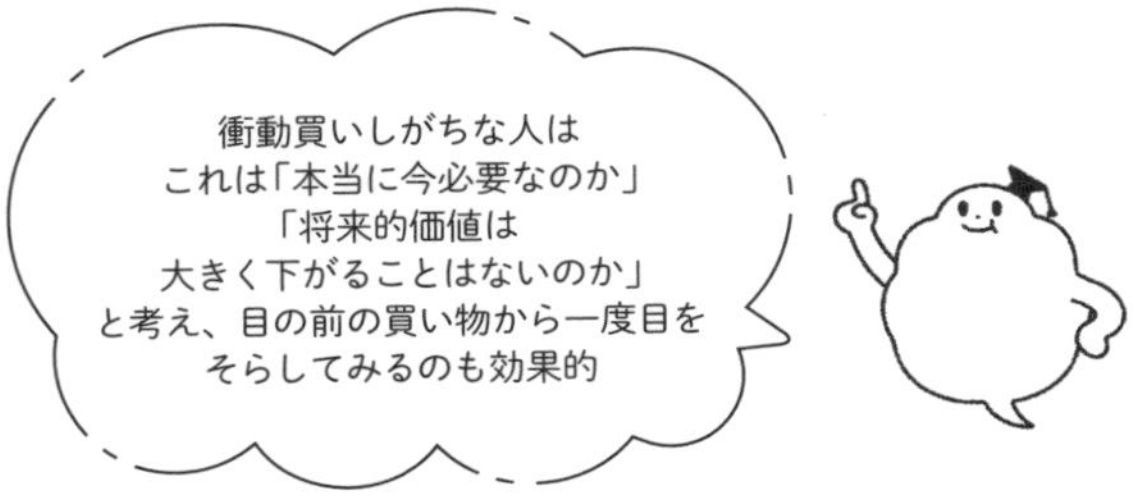

衝動買いしがちな人は
これは「本当に今必要なのか」
「将来的価値は
大きく下がることはないのか」
と考え、目の前の買い物から一度目を
そらしてみるのも効果的

人は“今”を大切にする生き物

思いつきや一時の欲求に従い、衝動買いをがまんできないことがあります。これは「時間割引」の影響で、今すぐ手に入れることが大切だと感じすぎていることが理由です。

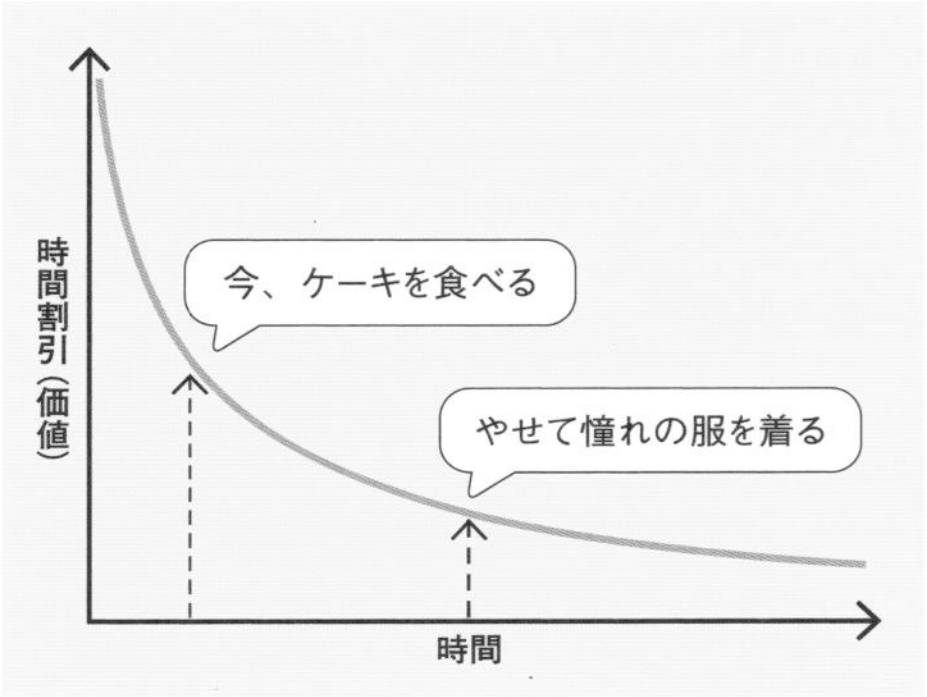

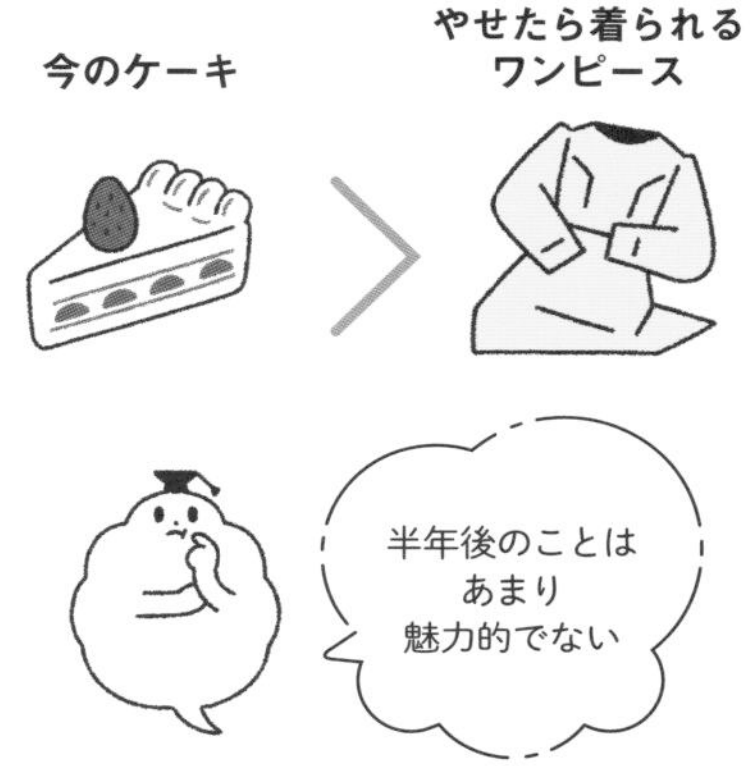

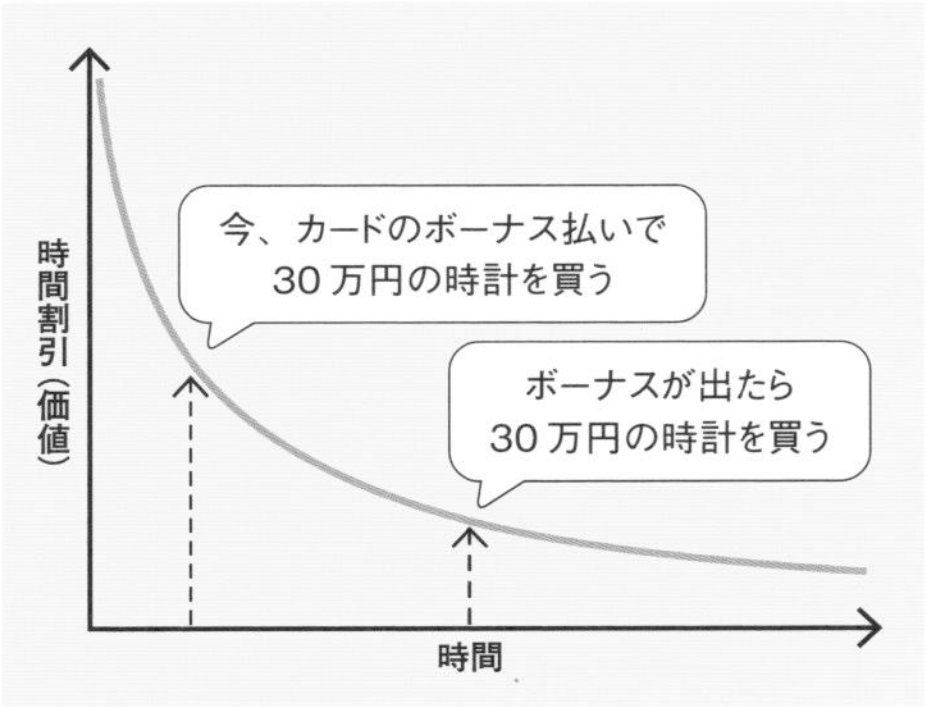

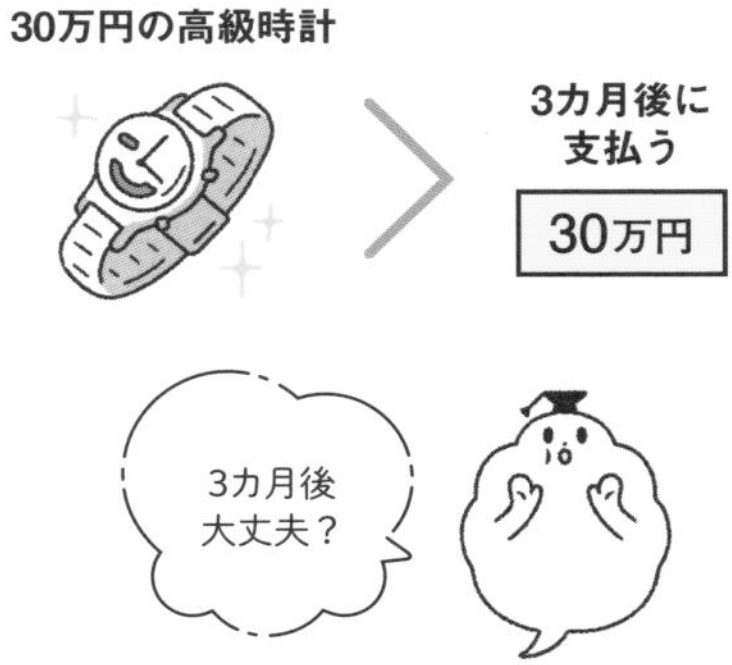

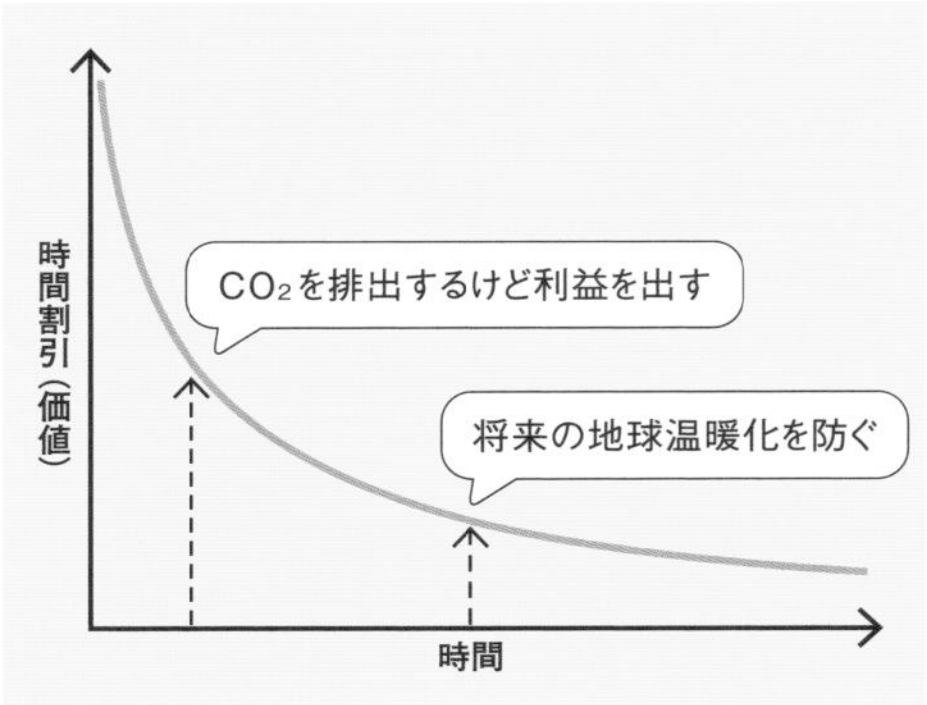

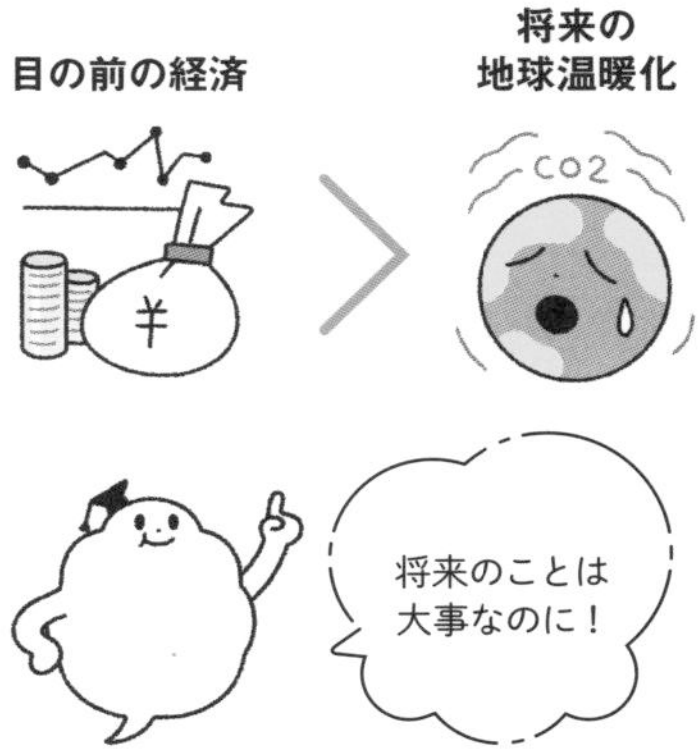

08

自分でつくると価値が上がる

KEYWORD ≫ IKEA効果

手間をかけると愛着がわく

スウェーデンで生まれた世界最大の家具量販店「IKEA（イケア）」で扱う商品の多くは、購入者が持ち帰って組み立てるスタイルです。この店名からとられた心理的バイアスが「IKEA効果」です。この心理は**自分でつくったものを実際以上に高く評価し、他人にとっても高い価値があると感じて**しまうものです。完成に手間をかけるプロセスを経ることによって、人は完成品を買うだけの場合よりも高い満足を感じます。愛着の気持ちが生まれるのです。自分が努力し犠牲を払った結果や、達成した目標を高く評価しようとする心理から生じるものとも考えられます。

消費者の手間を増やして売れたホットケーキ

1940年代のアメリカで、水だけを混ぜて焼く「ホットケーキミックス」を、購入者が自分で卵と牛乳を加えてつくるように変えたところ爆発的に売り上げが伸びました。

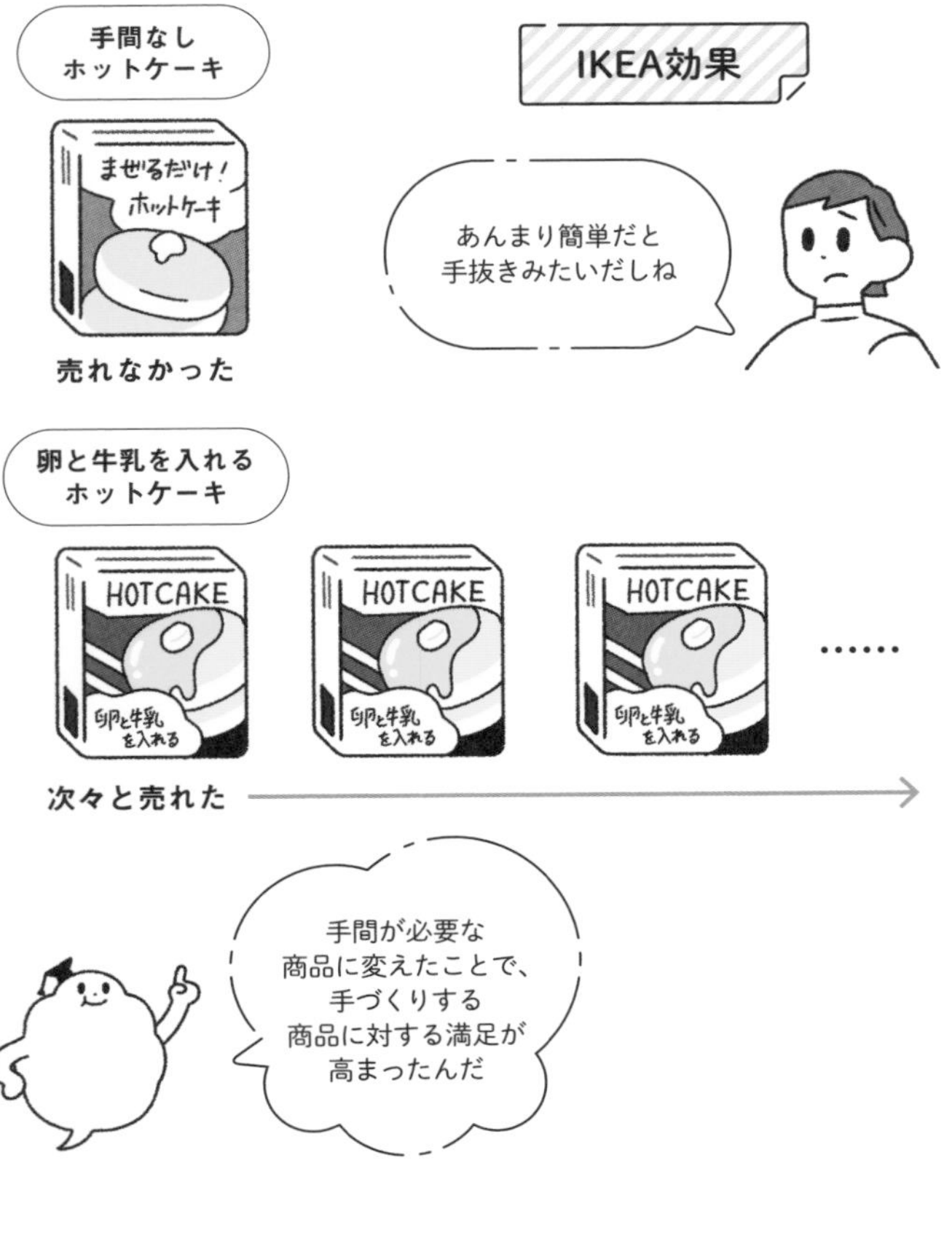

手間なし
ホットケーキ
IKEA効果
まぜるだけ！
ホットケーキ
あんまり簡単だと
手抜きみたいだしね
売れなかった
卵と牛乳を入れる
ホットケーキ
HOTCAKE
卵と牛乳を入れる
HOTCAKE
卵と牛乳を入れる
HOTCAKE
卵と牛乳を入れる
……
次々と売れた
手間が必要な
商品に変えたことで、
手づくりする
商品に対する満足が
高まったんだ

自分で組み立てると愛着がわく

IKEA効果を提唱したアメリカの行動経済学者、ダン・アリエリーは、「組み立ててあった箱の点検をする人」と、「自分で箱を組み立てた人」に分け、それぞれに箱を手に入れるために払ってもいい金額を聞くという実験を行いました。

● 箱に値段をつける実験

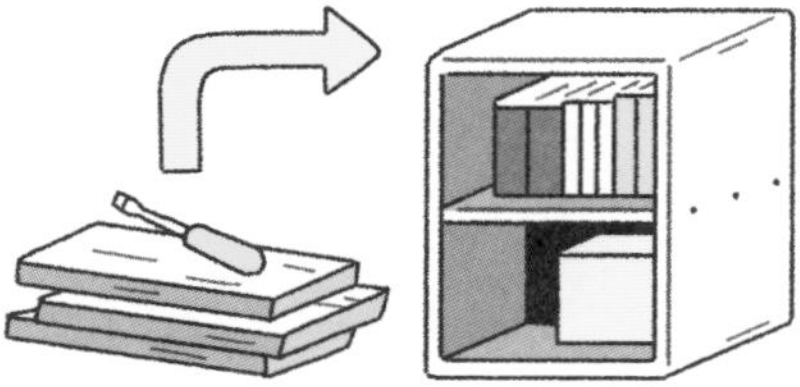

Q. いくらならこの箱に支払える？

点検する人　組み立てた人

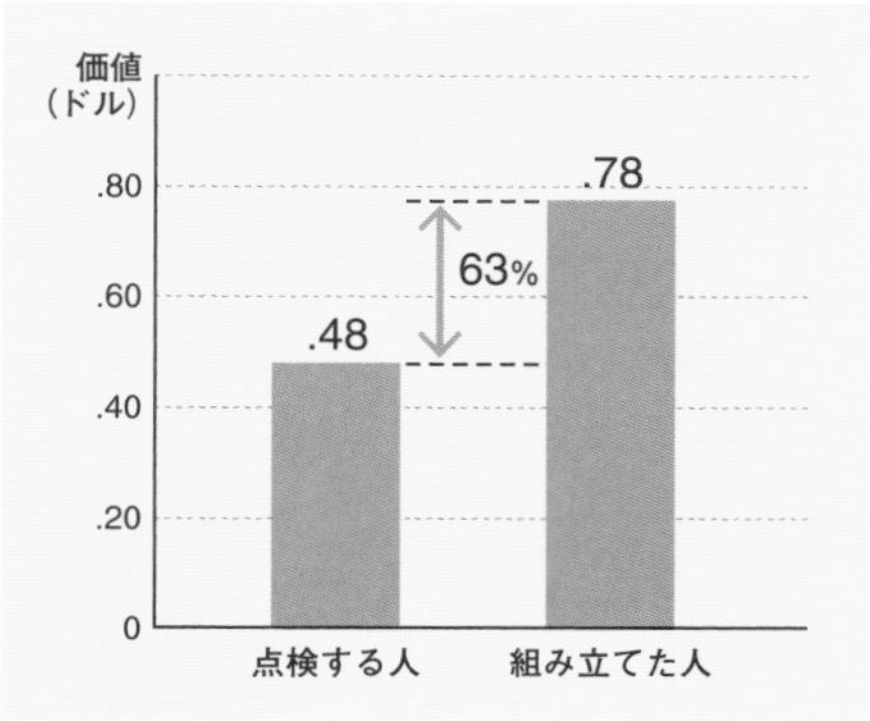

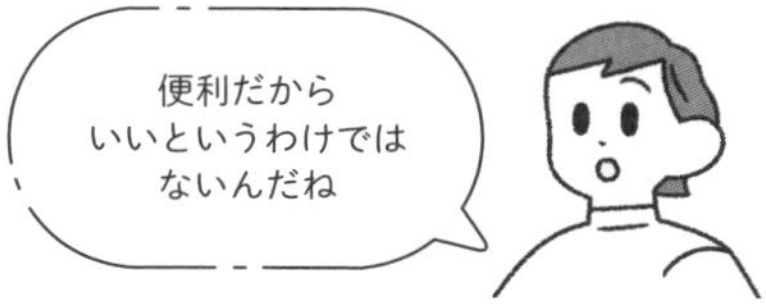

自分で箱を「組み立てた人」は平均78セントと回答し、「点検する人」の平均48セントと比べて63%も高く価格を設定した。自ら手をかけた物事に対して、高い価値を感じたことがわかる。

そのほかにもあるIKEA効果

「手づくり」した本人は、高い価値を感じます。家庭菜園で自ら栽培した野菜、自分でつくったプラモデル、ソーシャルゲームで獲得したアイテムなどさまざまです。

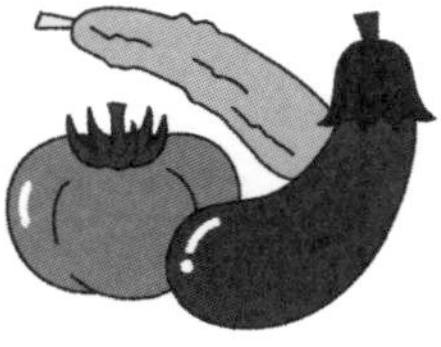

自分でつくった野菜のほうがおいしい

自分でつくったプラモデルに愛着がわく

自分が仕事で携わった企画は、同僚が手がけた企画より優れていると思う

自分がソーシャルゲームで獲得したアイテムは、他の人が獲得したアイテムより価値を感じる

09

なぜ同じ金額でも感じ方が変わるのか

KEYWORD ≫ 感応度逓減性

同じお金の価値が変わるの？

人は環境や刺激などに慣れるものです。お金の損得においても同じような傾向があります。例えば無一文の状態で、1万円もらえば喜びは大きいです。しかし10万円得した後で1万円もらっても、そこまで喜ばないでしょう。**ある程度得をした後では喜びに慣れているため、少々の得では感情は動きません**。これは得の喜びだけではなく、損の悲しみでも同じです。このような心理的バイアスを「感《かん》応《のう》度《ど》逓《てい》減《げん》性《せい》」と呼びます。買い物なら、400万円の車を買う際にオプションのカーナビに20万円払っても気にならないのに、単独でカーナビを購入するなら躊躇するといった例があります。

同じ値引き額でも反応が異なることがある

同じだけ値引きされるとします。同じ金額分の得をするならば、感じる魅力もそれに伴う行動も常に同じはずです。ところが人は状況によって異なる反応をします。

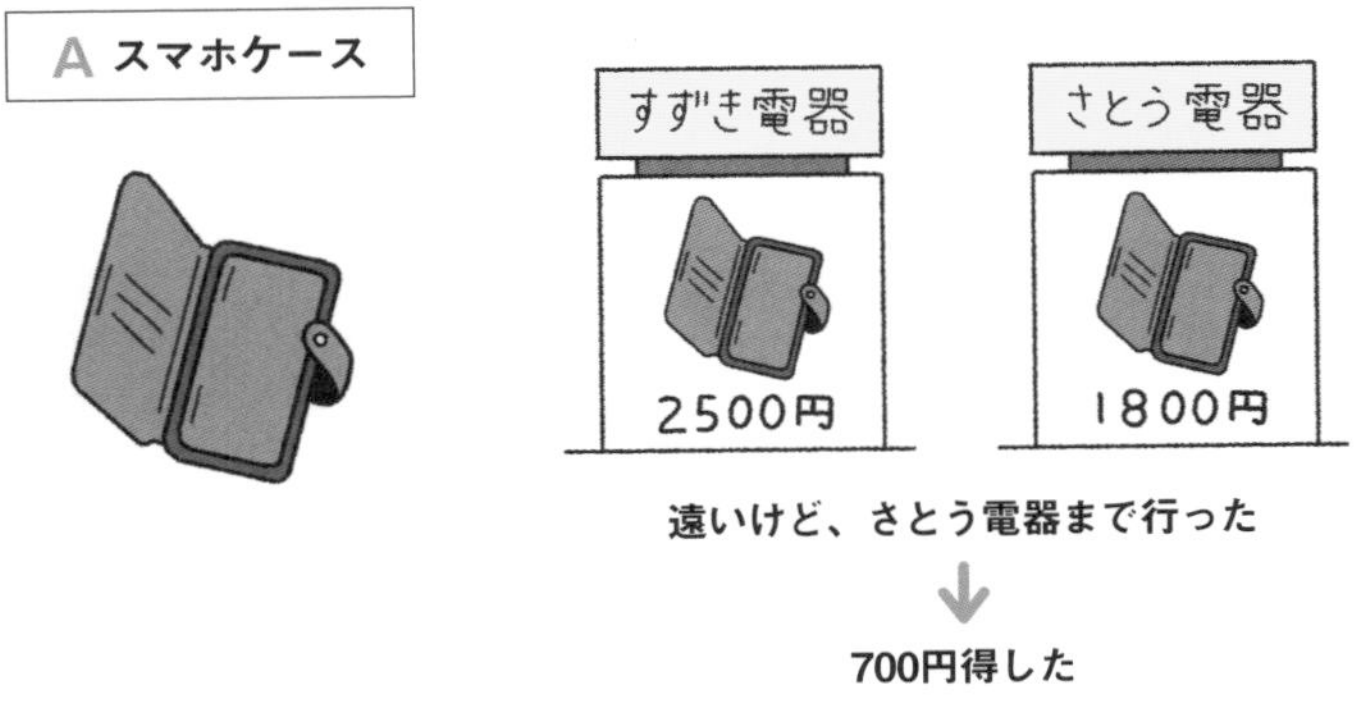

A スマホケース
すずき電器
2500円
さとう電器
1800円
遠いけど、さとう電器まで行った
700円得した

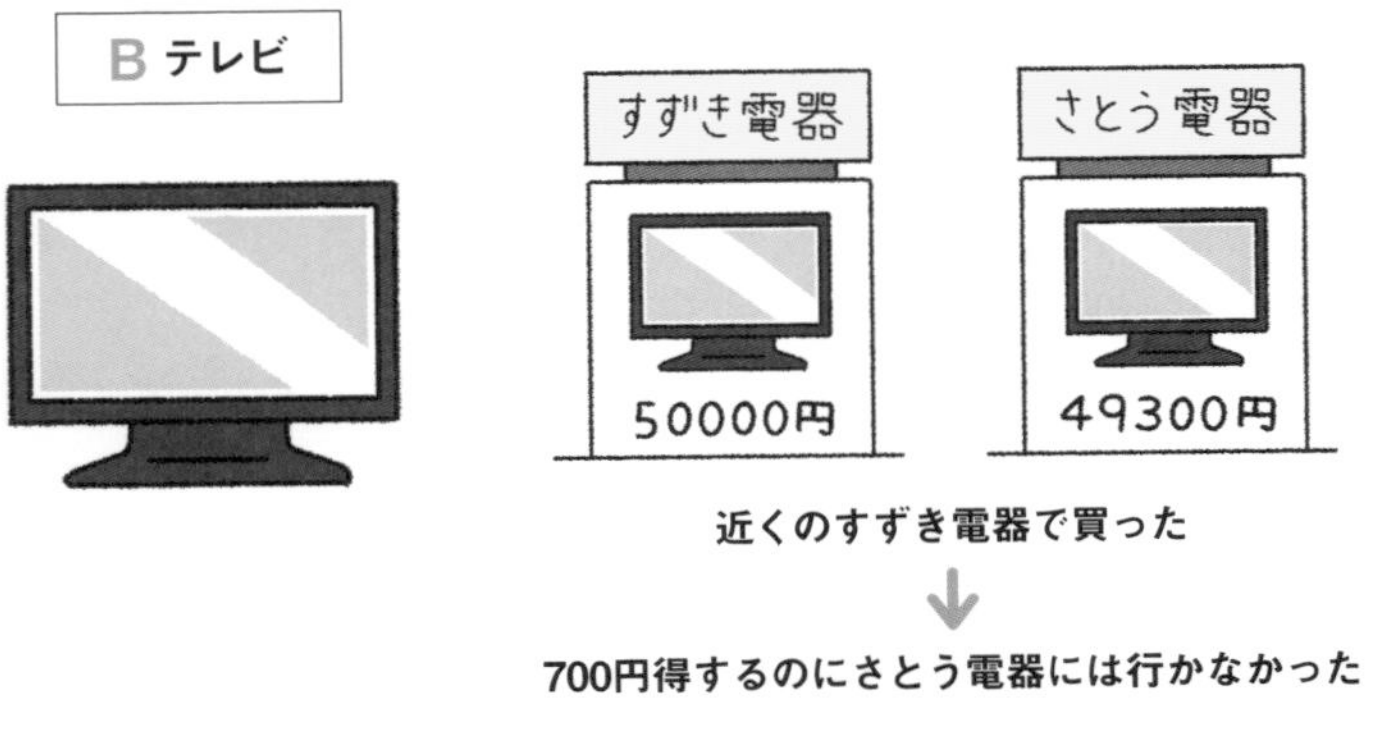

B テレビ
すずき電器
50000円
さとう電器
49300円
近くのすずき電器で買った
700円得するのにさとう電器には行かなかった

価値関数で感応度逓減性を説明すると…

価値関数の曲線は、感応度逓減性も示しています。得が増える＝グラフが右に進んでいくと最初は大きく上昇した満足度が上がりにくくなります。損も同じです。

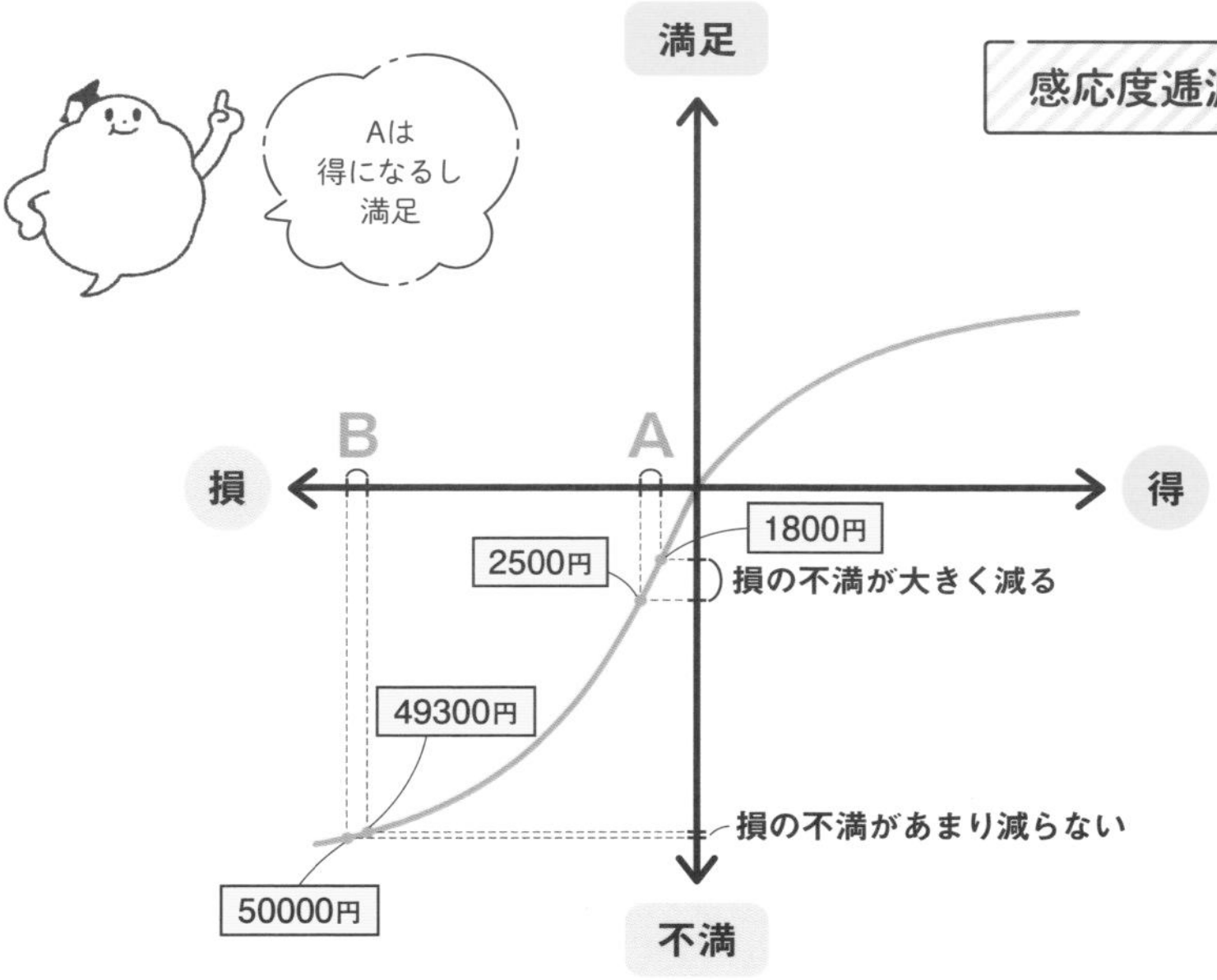

A 2500円分の損から700円分右に移動すると、曲線に沿った上への変化は大きく、お金を失った不満はかなり減ります。

B 5万円分の損から700円分右に移動しても、曲線に沿った上への変化は小さいので、お金を失った不満はあまり減りません。

もっと知りたい

お金を慎重に使う

損や得の金額が増えるにつれ、それに伴う感情の変化は鈍くなります。こうした「慣れ」は買い物のときだけに起きるわけではありません。投資においても、初心者の頃はちょっとした値上がりや値下がりが気になっていたはずが、慣れるにつれ気にならなくなります。またカードローンも同じで、初めて借りるときには罪悪感があったのに、借り入れが増えると麻痺していきます。同じ金額のお金には同じ価値があるのですから、正しく感じられないのは自分の感覚の狂いによるものです。しかも本来ならば、大きなお金が動く時ほど慎重な検討が必要なのに反対の心理が働くのです。

10

KEYWORD ≫ 決定麻痺

種類が多いから選びやすいわけではない

選択肢が多すぎると選べなくなる

ある研究によると、人間が1日に行う選択や決定の回数は3万5千回に上るそうです。朝起きて食べるもの、出かけるときに着るもの、持っていくものなど、無意識のうちに膨大な判断を行っているのです。それにもかかわらず、意識的な判断ができなくなることがあります。**目の前の選択肢が多すぎると、その選択を先延ばしにしたり、選択すること自体をやめたりすることがあります。**この傾向は「決定麻痺」と呼ばれています。こうした行動の裏には、何かを選んで失敗した結果の損失や、その選択をした自分が後悔するような事態を避けたいという心理があります。

ジャムの数でわかる選びやすさの実験

アメリカの行動経済学者シーナ・アイエンガーはスーパーで6種類と24種類のジャムを並べ、どちらのほうが多く試食されるか、また試食後に多く売れたのはどちらかの調査を行いました。

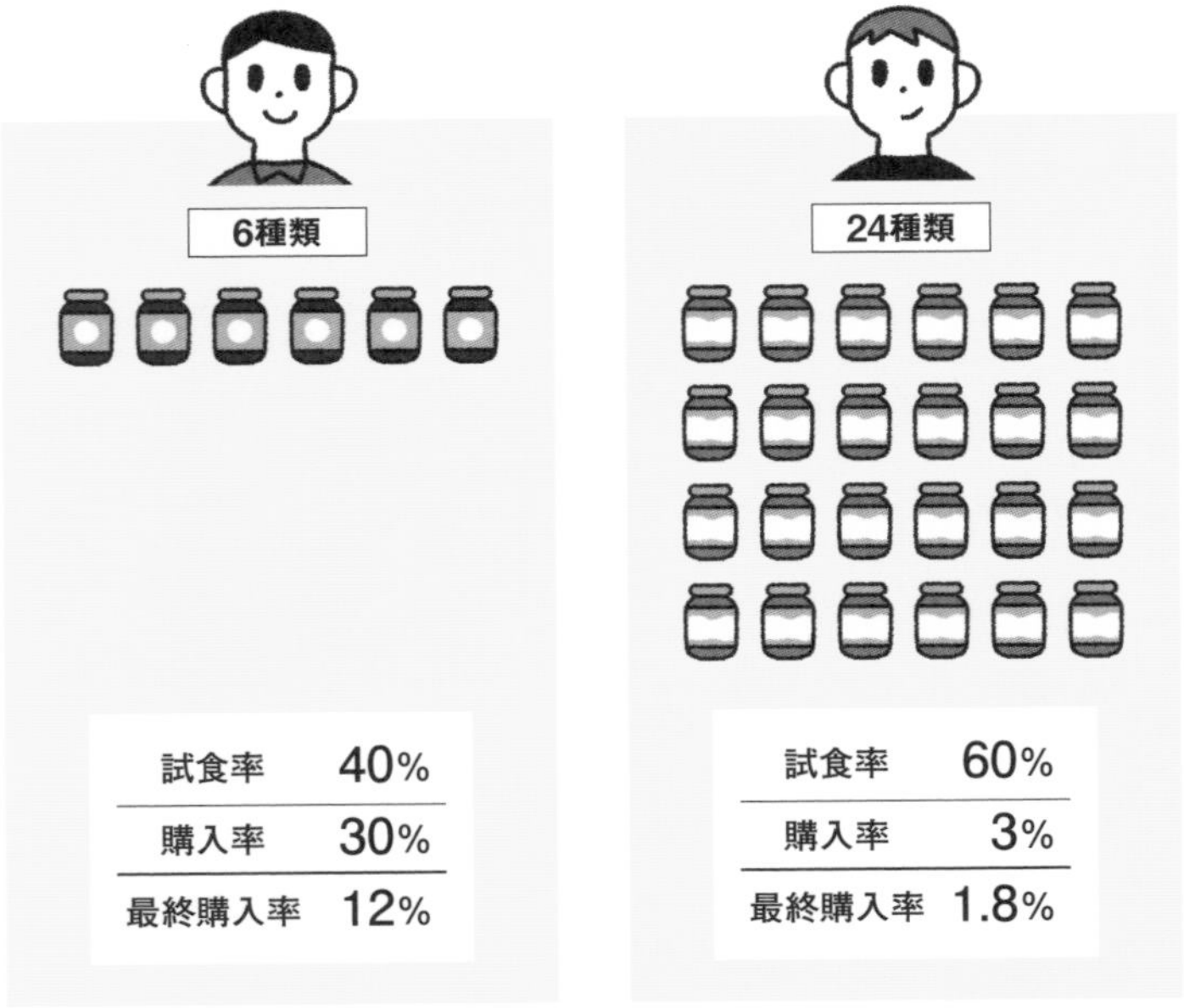

6種類
24種類

6種類	
試食率	40%
購入率	30%
最終購入率	12%

24種類	
試食率	60%
購入率	3%
最終購入率	1.8%

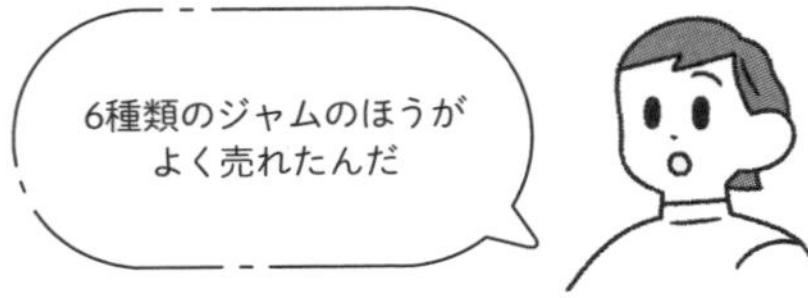

6種類のジャムのほうがよく売れたんだ

「新車購入の際のオーダー」からわかる選びやすさの実験

アメリカの経済学者ジョナサン・レバブの実験があります。新車購入の際のパーツについて、2グループに異なる順で選択させます。一方は選択肢が多く選ぶのが困難なパーツから、もう一方は選択肢が少ないほうから選ぶと、多い選択肢から選ぶ人は「決断疲れ」に陥り標準設定に従うようになります。自分の意志による選択をやめてしまう「決定麻痺」と同じ状態です。

決定麻痺

A グループ

56種類から…ムリ。選ぶことを放棄

- 56種類の内装色
- 26種類の外装色
- 25種類のエンジンとギアボックス
- 13種類のホイールリムとタイヤ
- 10種類のハンドル
- 6種類のバックミラー
- 4種類の内装スタイル
- 4種類の変速ノブ

B グループ

最後まで自分で選択

もっと知りたい

たくさんのものから選ぶときは

自由に選べる選択肢が多いほど満足度が高まるように考えられますが、実はそうではありません。上記の車のパーツを選ぶ実験では、最初に困難な選択をしたグループは途中から自分で選ぶことを放棄し、用意されていたデフォルトの標準設定を選ぶようになりました。決断を重ねることで脳が疲労し、決断の質が下がる「決断疲れ」の状態に陥ったのです。もし多数の中から選択せざるを得ない場面に直面したとしても、この状態は避けなければなりません。対策としては、選択肢に重複があれば減らす、また分類やグループ化をするなどにより、多くの選択肢から一度に選ぶ状態を避ける方法があります。

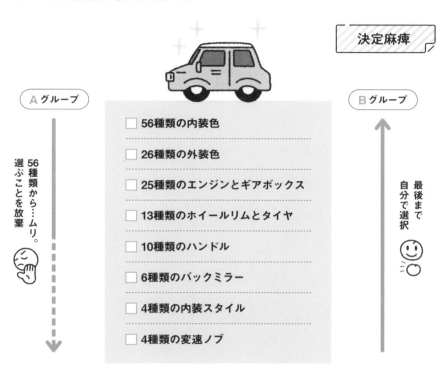

11

KEYWORD 》感情ヒューリスティック

推しのグッズならなんでも買う理由

好き嫌いなど感情で判断してしまう

物事の良し悪し、行動の選択、出現頻度や確率などの**合理的に判断すべき事柄を、好き嫌いなどの感情で判断することがあります**。この心理的バイアスは「感情ヒューリスティック」と呼ばれ、さまざまな場面で影響を及ぼします。ある調査では、全世界の主要株式市場の「株式指数」と「午前中の日照時間」の関係を調べました。その結果、これらが関連していることがわかりました。晴れて気持ちの良い朝には、投資家の気分も前向きになります。リスクがあっても積極的に投資を行うため、株価上昇やリターンが大きくなります。大事なお金を扱う投資においてさえ感情が強く影響するのです。

好きになったら欲しくなる

気に入れば欲しくなるのは当然ですが気に入った商品を優れている、買うべきだなどと根拠なく思い込んでしまう場合は「感情ヒューリスティック」が働いています。

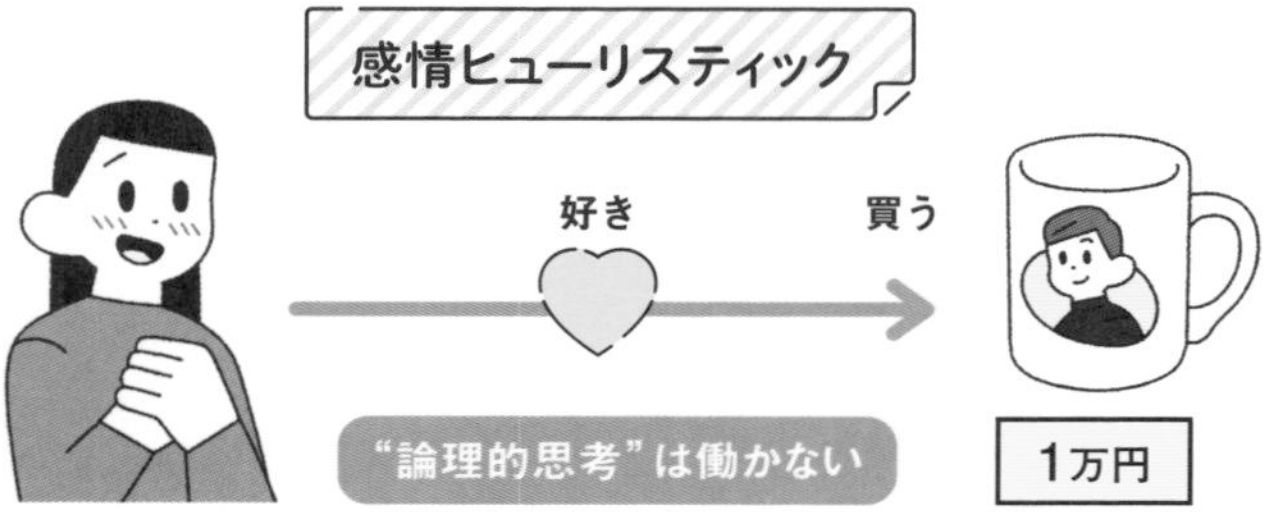
感情ヒューリスティック
好き
買う
"論理的思考"は働かない
1万円

対策

「感情ヒューリスティック」を避けるには、好意を抱いた対象の良くない点を探す、あまり好きではないものの良い点に目を向けるなど、できるだけ論理的思考にもとづいて決めるとよい。

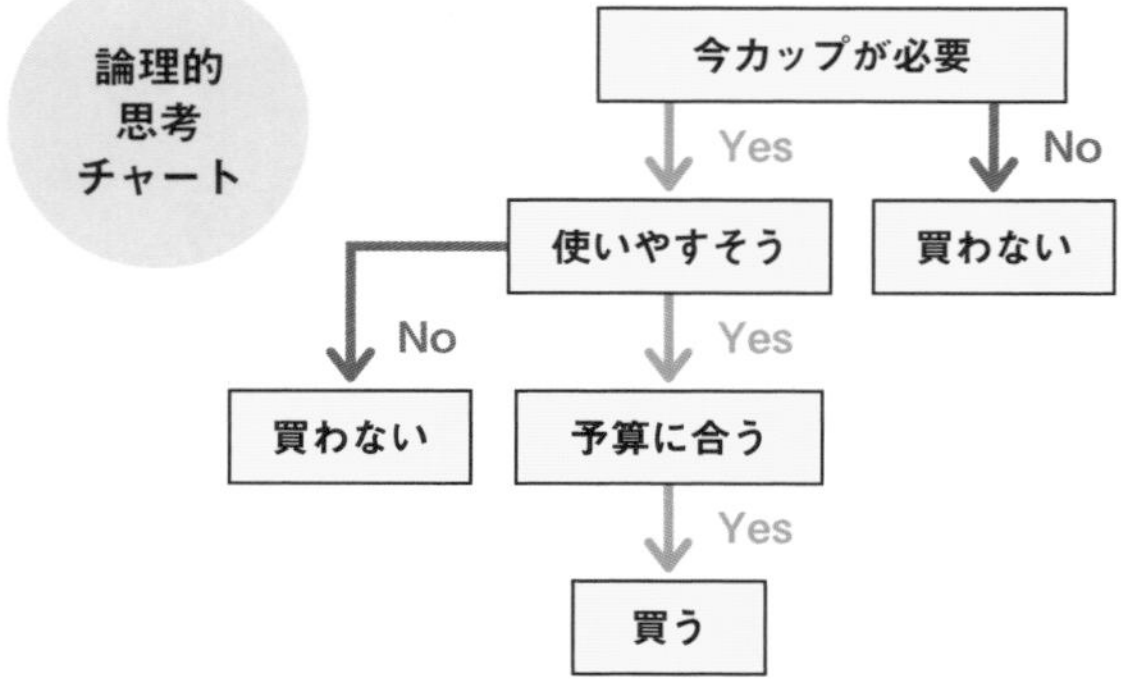
論理的
思考
チャート
今カップが必要
Yes
No
使いやすそう
買わない
No
Yes
買わない
予算に合う
Yes
買う

感じのいい営業担当者から買ってしまう心理的バイアス

「感情ヒューリスティック」が働くと、感じのいい営業担当者に勧められた商品は効能が高いと思い込みます。さらに売買自体がリスクの低い安全なものと思い込むのです。

営業担当者に感じた「好感度」によって、「商品の効能」や「売買リスク」という無関係な要素までが好ましい方向に判断される。

犯罪に利用される感情ヒューリスティック

一般的な詐欺師は、笑顔や親しげな振る舞いで接しながら、嘘を信じさせます。容姿や態度の好ましさにだまされてしまうのは「感情ヒューリスティック」が原因です。

- 好意を抱くとメリットに目が向いてしまう
- よく考えない

「感情ヒューリスティック」が働くと、「容姿に感じる好感」と「話す内容の正しさ」という全く別のことが、関連づけて判断される。

12

KEYWORD ≫ サンクコスト効果

ビュッフェで食べすぎてしまうのはなぜ?

人はすでに払ったお金に執着する

支払って、再び戻ってこないお金のことを気にしても仕方ありません。忘れて、今後のお金の使い方を考えるべきなのですが、それを気にして、無駄にしたくないと考えるのです。この心理は行動経済学における「サンクコスト効果」の影響です。サンクコスト（Sunk Cost）とは、**過去に支払った取り戻せないコスト**のことです。このときのコストはお金のみではなく、時間や労力など、さまざまな形で費やしたものが含まれます。この心理が働くと、**損をするとわかっていても、やめられなくなります**。サンクコストを切り離したうえで、未来まで価値が続くのか考えるべきなのです。

ビュッフェで楽しむより食べることが優先

食べ放題形式のビュッフェでは、最初に支払った代金がサンクコストになります。食べても食べなくても代金は戻りません。そのお金を無駄にしないように行動しがちです。

5000円
自分で
チケットを買った
元を取らなきゃ！
もっと
食べなきゃ損！

「サンクコスト効果」が働くと、楽しむことも忘れ、食べすぎてしまうことも気にせず、食べられるだけ食べようと考えてしまう。

5000円
チケットを
もらった
さすが
一流ホテルの
料理は違う

チケットをもらった場合はサンクコスト効果は働かず、純粋に食事を楽しむことができる。

付録つきパートワークのしくみ

付録に興味をもって、最初は軽い気持ちで始めるパートワーク。確固たる継続の意志があるわけでもないのに数回購入した分の費用がもったいなくなり、やめられなくなります。

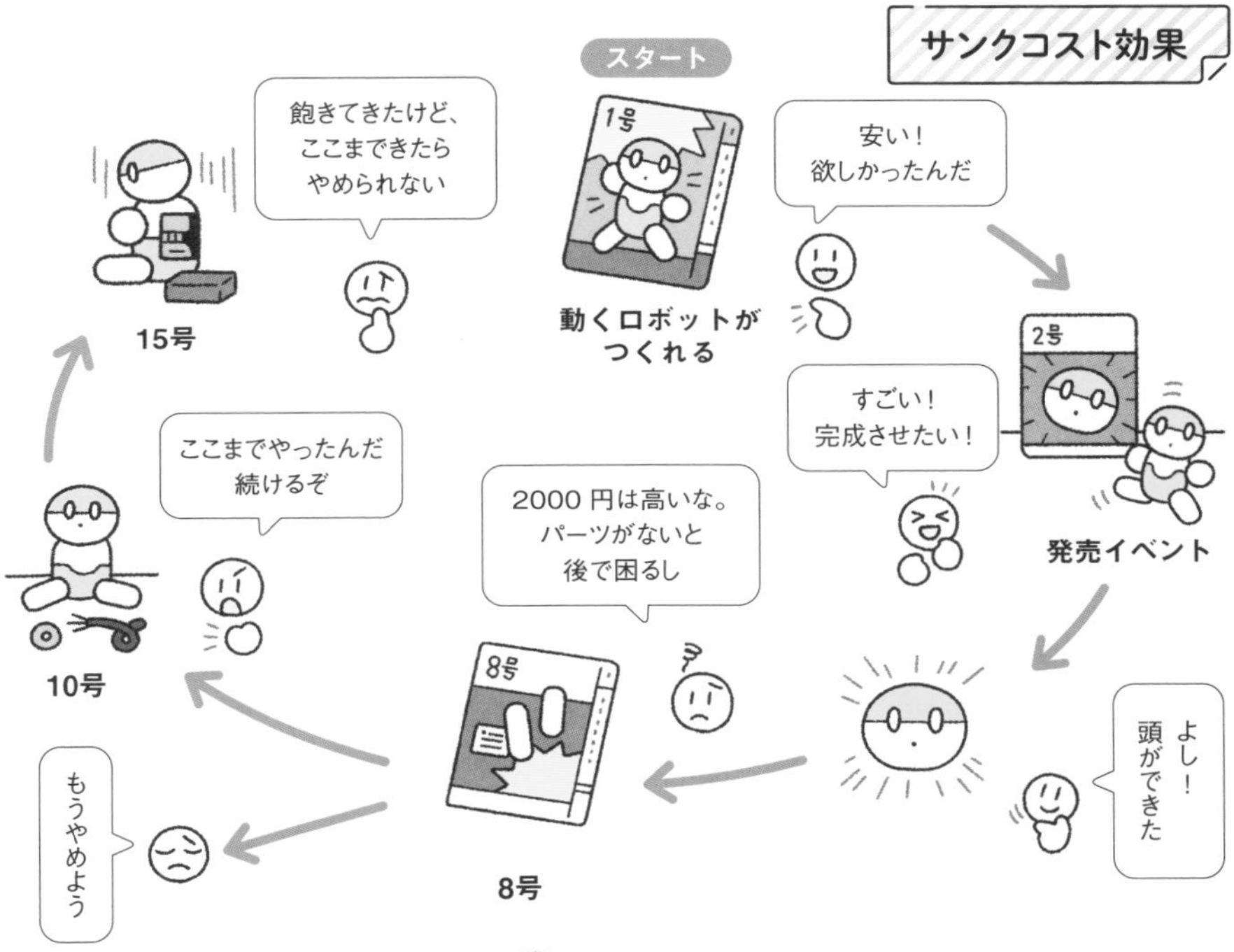

本来考えるべきは、続けた際にかかるであろう全体的な費用だが、それよりはるかに安い、最初の数回で払った費用のほうが重要に思え、結果的に損失が広がってしまう。

もっと知りたい

サンクコスト効果に影響されるとき

「サンクコスト効果」は、さまざまな場面で影響を及ぼします。例えばサイズが合わない靴を、捨てられないのもこの心理によるものです。また、ソーシャルゲームを続けると、お金や時間を費やして得たアイテム、ステイタス、テクニックなどを無駄にしたくなくなります。その結果ゲームを続けて、出費が増えるのも「サンクコスト効果」が原因です。企業や役所が事業を始めると関係者が時間と労力を費やしますし、投資も必要です。途中で事業が失敗に終わることがわかっても、この心理が働くとやめられません。これらすべての原因は「過去にかかったコストに固執してしまう気持ち」です。

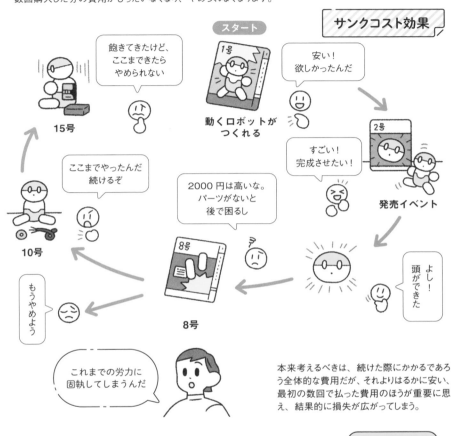

13

KEYWORD ≫ 現状維持バイアス

人は変化を嫌う

変化によって得するより損を避けたい

特に頑固な人でなくても、**多くの人が変化を避けようとします**。未知なもの、未体験のものを受け入れず、現状を保とうとする「現状維持バイアス」が働くためです。例えば、レストランでいつも同じメニューを選んだり、飲みに行くのは必ず行きつけの店だったりする人もいます。気に入ったファッションを長く着続ける人もいます。これらの行動は「現状維持バイアス」に影響されている可能性があります。現状を保つのが最善とは限りませんが、未知のリスクにさらされることもありません。**何か変化があると、損をする可能性が生まれます。これを無意識に避けようとする行動なのです。**

失敗したくない思いが現状を維持させる

「現状維持バイアス」は、損する悲しみが得する喜びを上回る「損失回避」の心理が関連しています。変化することで損を避けたい気持ちが強く、変化を拒むのです。

給料が安い会社
転職した未来
割高だけど前も使っていたブランドのバッグ
少し安い別のブランドの新商品
少し狭いけど引っ越さない
環境を変えて広い部屋に引っ越し

5 人は小さなことでも変化を嫌う

カナダの経済学者ジャック・クネッチによる実験では2クラスの学生に別々の謝礼を用意し、後から、もらっていないほうの謝礼との交換を望むか調べました。ある程度の交換希望者が出て不思議はありませんがほとんど申し出ませんでした。

① アンケートに答えて謝礼をもらう

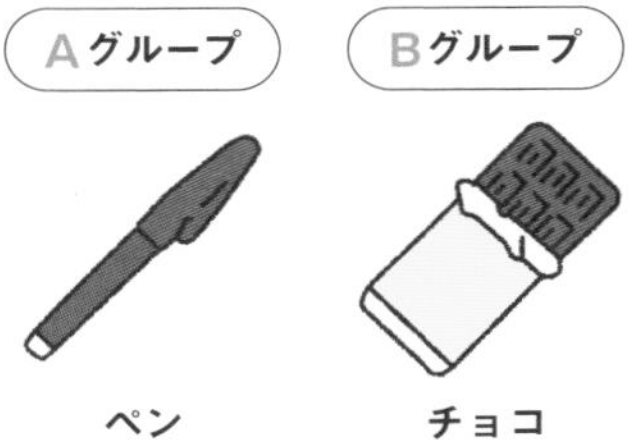
Aグループ
Bグループ
ペン
チョコ

② 実験終了後、もう1つの謝礼を見せて、希望者は交換できることを告げる

③ 交換を希望した学生は10%

約90%が、謝礼の交換を希望しないという結果に。多くの人が、どちらの謝礼が欲しいのかについて考えることなく、現状を維持した。

現状維持バイアス

一度
手にしたら
変えたくない

もっと知りたい

サブスクがじわじわ増えているのは

最近増えている「サブスク」も、この心理と関係があります。このサービスは定期的に定額料金を支払い、動画や音楽、アクセサリーやファッションなどを視聴や利用できるものです。利用し始めると、その習慣を維持したい心理を突いたサービスです。ただし「現状維持バイアス」は、使い方次第で良い効果を及ぼします。例えば財形貯蓄のように、一度始めるとやめにくい貯金は長続きします。また運動の習慣がなかった人が毎月定額を支払ってトレーニングジムに通うのも続ける方法として有効でしょう。自身に働くこの心理をうまく使えば、ストレスなく〝良い現状を維持〟できるのです。

14

KEYWORD ≫ スノッブ効果

みんなが持っているものは欲しくない

自分だけの特別感に惹かれてしまう

偶然に他の人と同じような服装になってしまう「かぶりコーデ」状態になると気まずい思いをする人は多いようです。その裏側には、**他人とは違うものが欲しいという心理**が働いています。このように、他の人が持っていない商品が欲しくなり、誰もが簡単に入手できる商品は欲しくなくなる心理を「スノッブ効果」と呼びます。この心理が働く人は、**他人に対して差別化したいと思っており、限定商品や希少性の高い商品に価値を感じます**。例としては、初回限定版のゲームやCD、本などがあります。また、航空会社マイレージプログラムの上級会員なども特別感や希少性があります。

特別感たっぷりで客の心をくすぐる

普通の商品でも数量限定、期間限定、地域限定、購入対象者限定などにして希少性を演出することは可能です。「スノッブ効果」に影響された人は買うでしょう。

スノッブ効果
お一人ずつ計測
世界にたった1つ
この商品だけに限定された素材
10名様限定
クラブ会員様限定

限定販売であることで「スノッブ効果」が働く。さらに、それが限られたチャンスであることを目立つようにアピールすることで効果がより強くなる。

手に入れにくいものは欲しくなる

地域限定で販売されている商品、販売時間を限定する商品、個数限定で販売する商品などは、決められた場所やタイミングに合わせなければ買えない貴重な商品です。そこに魅力を感じます。

● 地域限定のものは大人気

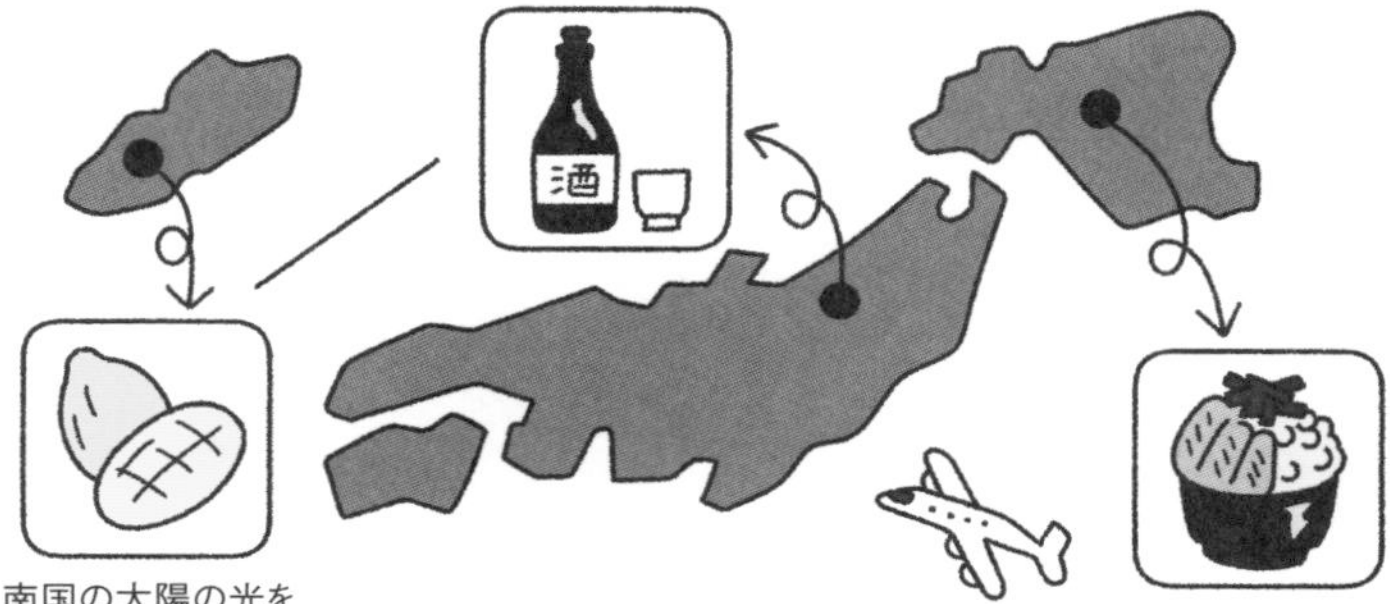
雪解け水の日本酒
酒
南国の太陽の光を
浴びたマンゴー
北の海の海鮮丼

わざわざその場所まで行かないと買えない地域限定販売の商品は、他地域の人にとっては希少性ある商品。

● 希少価値を演出して販売

10時まで10個限定プリン

販売時間を限定する商品や、個数限定で販売する商品は、限られたタイミングに合わせなければ買えないので貴重な商品。

カモにならない

特別感に気分良くさせられて

「スノッブ効果」に従う人は、外部から影響されやすい人ともいえるでしょう。他人と差別化したい欲求は、他人の存在を意識して生まれます。こうした動機による買い物は、その商品の価値を正しく判断した結果とは限りません。また希少性があるから買うという行動も、結果的に満足できる買い物になるかは疑問です。なぜなら、良い商品なら買う人が増えるのは自然だからです。多くの人が買う商品に対して「スノッブ効果」に影響された人は魅力を感じないでしょう。良い商品なのに買わない結果になるわけです。もちろん何を買うかは自由ですが、自分の判断に基づいて買うことが重要です。

15

KEYWORD ≫ 損失回避

「無料だからお得」って本当？

「無料」にするために お金を使う？

同じだけの損と得があったときに、**損する悲しみが得による喜びより大きいことから無意識に損を避ける心理**が「損失回避」です。この影響を受けると、安く買える、サービスを受けられるなどのチャンスを逃すことを損失ととらえ、結果的に損することがあります。例えば「まとめ買い」は安く買えることもありますが、消費に時間がかかるものは使い切るまでの置き場所に困ったり、食料品などは賞味期限が切れたりすることがあります。また無料で入手した「クーポン券」を無駄にしないために買った商品が不要だったと、後から気づくこともあります。必要な商品を必要な量買うべきなのです。

駐車料無料のための買い物は得か

駐車場代を払うべきか、追加で1000円買い物するべきか、冷静に比較できればいいのですが、駐車場を無料にすることしか考えられなくなりがちです。

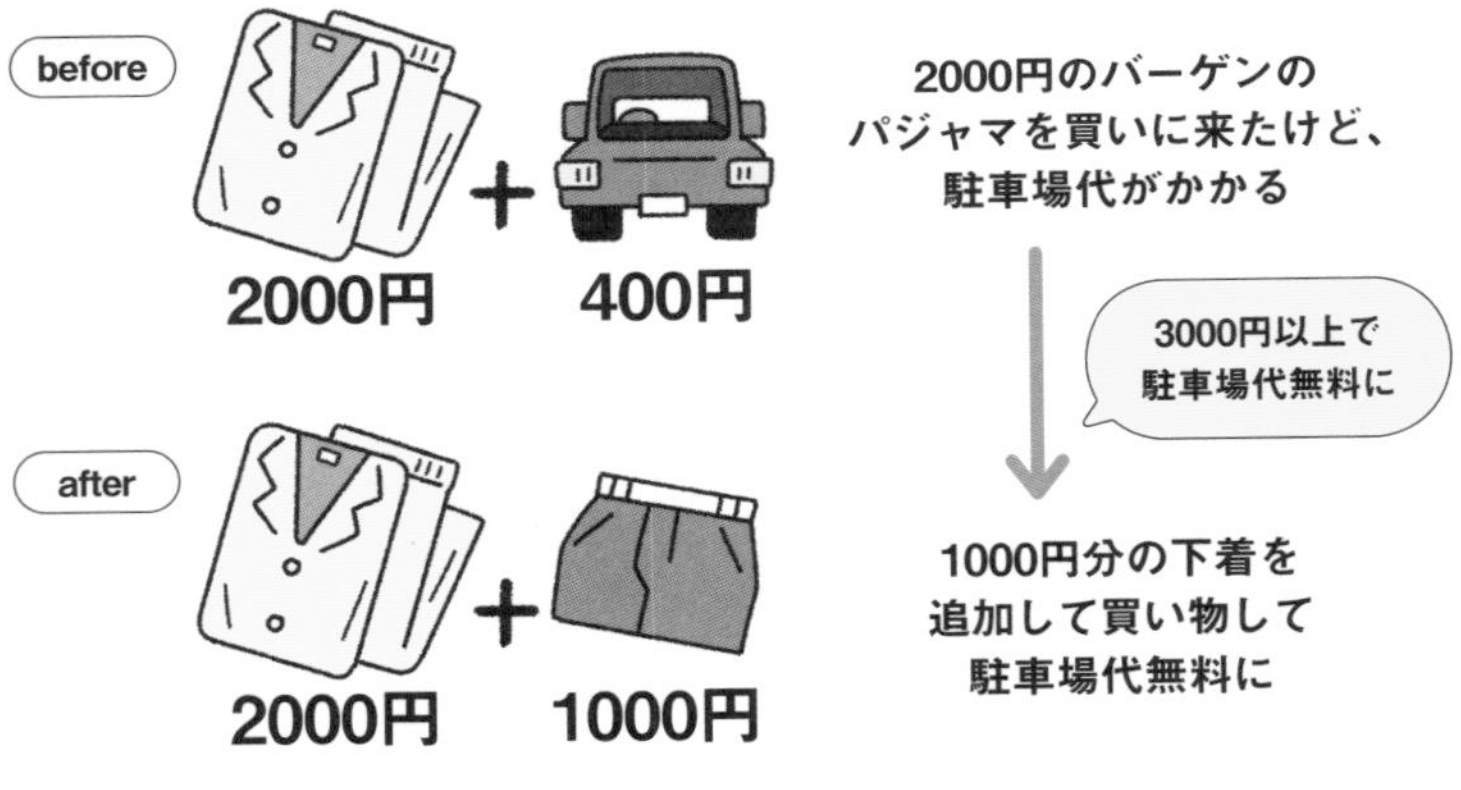

before
2000円
400円
2000円のバーゲンの
パジャマを買いに来たけど、
駐車場代がかかる
3000円以上で
駐車場代無料に
after
2000円
1000円
1000円分の下着を
追加して買い物して
駐車場代無料に

before　2000円 ＋ 駐車場代 400円 ＝ 2400円

after　2000円 ＋ 1000円 ＋ 駐車場代無料 ＝ 3000円

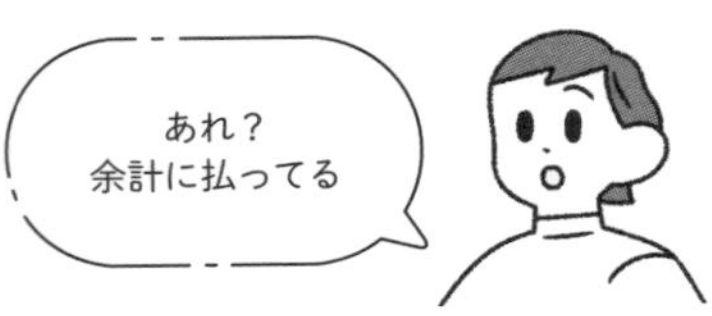

あれ？
余計に払ってる

「3000円の買い物で1時間分の駐車場代400円が無料」の店で、2000円分の買い物後、あと1000円分買えば駐車場代400円が無料になると気づいて、無料のチャンスを逃すのは「損失」だと考えて余計な買い物をすることが、より大きな損につながる。

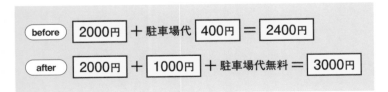

2着買ったら全体の会計から20%オフは得なのか

追加で2着目を買えば20%割引と聞くと、その場であわてて追加で買う商品を探します。割引を受けるために、その額に合う商品を探す行動を取ってしまいます。

損失回避

before

10000円のジャケットを買いに行った

2着買うと全体の20%オフになりますよ

after

オーソドックスな白シャツ8000円を追加で買った

追加で買った商品が、必要なものや気に入ったものであればいいが、よく考えずにその場で決めた買い物は失敗に終わることが多い。

before 10000円 の出費

after 18000円 → 14400円 の出費

カモにならない

「無料」や○○%オフは「得だ」と思いがち

「無料サービス」や「割引」を受けられる可能性があると知ると、それ以外のことが見えなくなります。本来は、最終的にいくら支払うことになり、その結果何が得られるのかを考えるべきです。また無料や割引のために追加の出費が必要な場面では、とりあえず金額さえ合えばどんな商品でもいいと考えてしまいます。お金を払ってものを買うのでなく、単にお金を使う対象を探そうとします。本来は、本当に欲しいものを買うべきであり、それがないならば買うのをやめることが必要なのです。「損失回避」の心理が働くと「買わないと損」という方向に思考や行動が偏ります。目前の損得にこだわるべきではないのです。

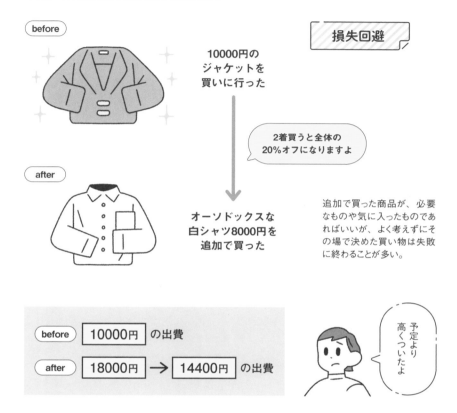

16

KEYWORD ≫ ブレークイーブン効果

人は損得ゼロにして不満を埋めたがる

人は得するより、損得ゼロまで戻すほうがうれしい

投資の世界では有名な「やれやれ売り」とは、損した株などの値が戻るのを待ち続けて、プラスに転じたところで売り抜けたときの、ほっとした心境を表す言葉です。**最終的に大きな利益が出なくても、損がなくなるだけでうれしくなります**。このように、一度損をした後にゼロに近づいたり、プラスに転じたときに大きな喜びを感じる心理を「ブレークイーブン効果」と言います。最近流行の「フリマアプリ」で自分のものが売れたときの喜びも、これに近いです。自分が使えないものや使わないものを、損失覚悟で捨てるしかない状況から、若干でも利益が得られたら、喜びは大きいはずです。

ギャンブルで負けた直後、人はどう行動を取る

シカゴ大学の実験で「ギャンブルで30ドル負けた直後」という設定で、2つの質問をし、AとBの、どちらを選ぶ人が多いかを調べました。損得ゼロに戻るなら賭けに出る人が多いようです。

実験①　9ドルもらえるか失う確率が50%のときどうする

A 40%の人

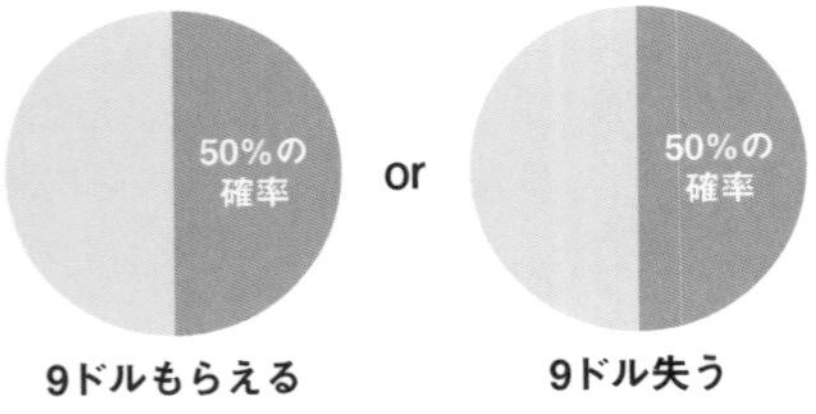
50%の確率
or
50%の確率
9ドルもらえる
9ドル失う

B 60%の人

何ももらえないし失わない

➡ 40%の人がAと答えた

実験②　33%の確率で30ドルもらえるときどうするか

A 60%の人

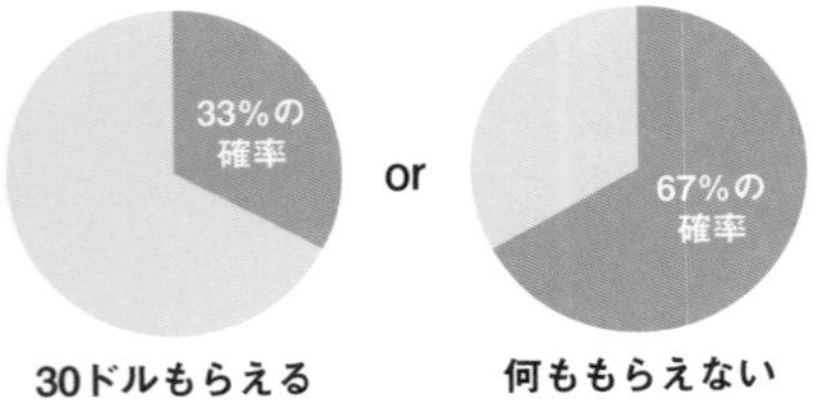
33%の確率
or
67%の確率
30ドルもらえる
何ももらえない

B 40%の人

何ももらえないし失わない

➡ 60%の人がAと答えた

30ドル分の損を取り戻す可能性がないならば、リスクある選択はしない（実験①より）。一方、実験②のように、損得ゼロに戻せる可能性があるならばギャンブルを選ぶ。

損失分を取り返そうとして積極的にリスクをとる

損した状態から、同じだけの損得の可能性がある賭けにおいては、得した場合の喜びは、同じだけ損した悲しみをはるかに上回ります。

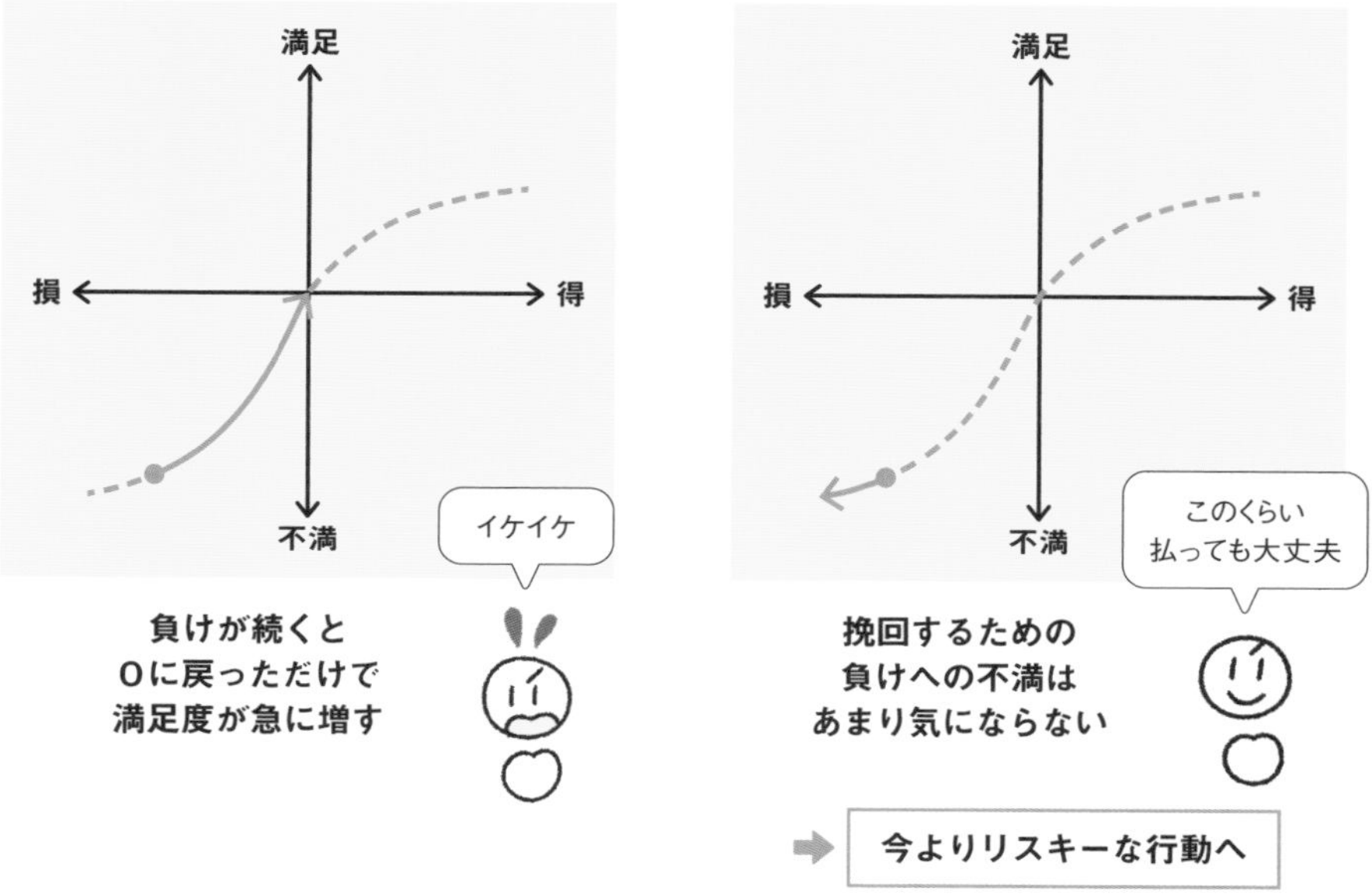
満足
損
得
不満
イケイケ
負けが続くと
0に戻っただけで
満足度が急に増す
満足
損
得
不満
このくらい
払っても大丈夫
挽回するための
負けへの不満は
あまり気にならない
今よりリスキーな行動へ

ブレークイーブン効果

グラフの左側「損した」状態から中央の「損得ゼロ」の状態まで戻ったとき、グラフの下側の「不満」状態から中央の「満足も不満もゼロ」まで戻る「満足度の上がり方」が急で魅力を感じる。

気分も挽回ブレークイーブン効果

コロナ禍の自粛で自由な活動を失った損失状態が続いた後、制限緩和で自由を得たときに行う爆買いは「リベンジ消費」といわれます。日常（＝損得ゼロ）に戻った解放感を満喫しようとする消費行動です。

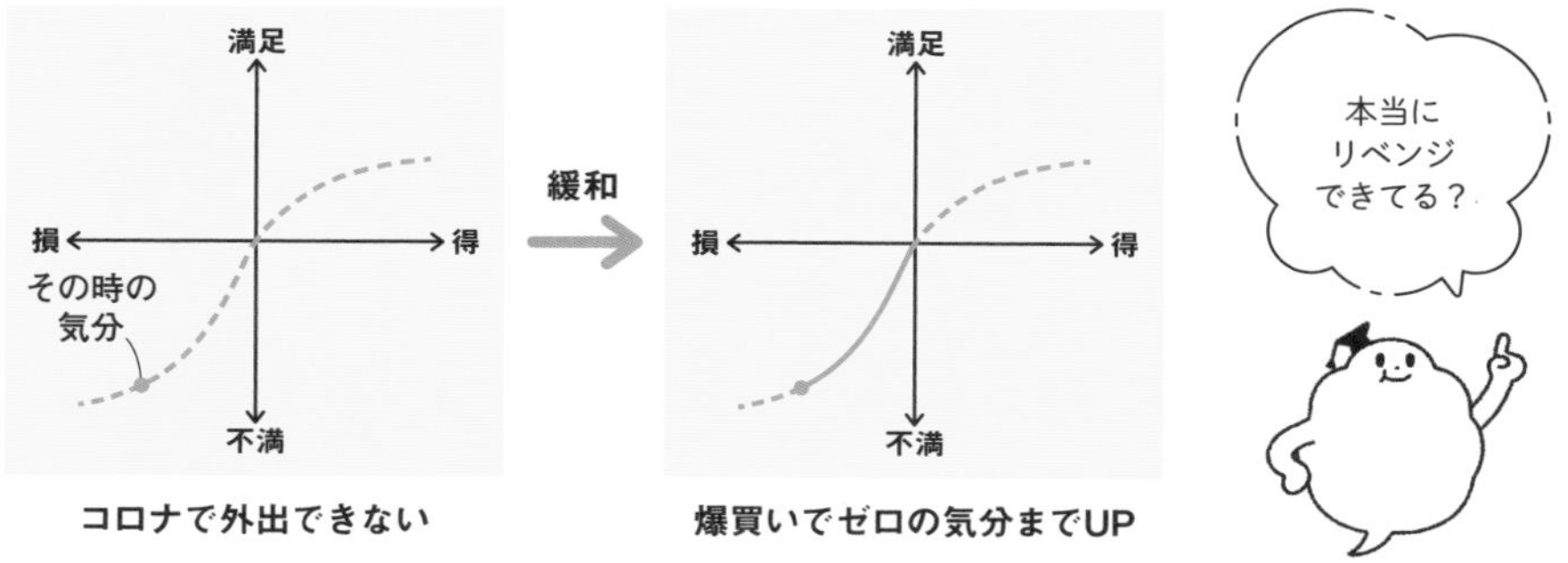
満足
損
得
その時の
気分
不満
コロナで外出できない
緩和
満足
損
得
不満
爆買いでゼロの気分までUP
本当に
リベンジ
できてる？

橋本先生が答える

行動経済学的

お買い物相談室

Q モデルさんが着るとかわいい服でしたが、私が着るとかわいく見えません。

ファッションサイトを見ていたら、かわいい服があったので、すぐに買いました。着てみたら、全然かわいく見えません。モデルがかわいかったから、服もかわいく見えたのでしょうか。 (25歳・女性・会社員)

A こちらの質問には、「ハロー効果」でお答えできます。「ハロー効果」の“ハロー”とは、後光のことです。対象が持つ顕著な特徴に商品の印象が影響されることもあります。同じ服でも着ているモデルの印象で変わります。ご自分でおっしゃるように、ファッションサイトを見たときに服がかわいく見えたのはモデルの影響があったからかもしれません。ただ、ご自分で実際に着てみた印象は、プロのモデルと比較した印象に影響されてはいませんか？　自分に対する自信のなさが「ハロー効果」の形で、服の印象に影響していないか気になります。心理的バイアスを取り除く方法の一つは客観的評価を受けることです。試しに一度着用して、周りの意見を聞いてみるのもよいかもしれませんね。

⇨P.24

Q いろいろ考えて買ったマンション、これでよかった？

中古マンションを購入しました。人気エリアや新築も憧れでしたが、結局、予算内のハザードがやや心配なエリアに決めました。駅から少し歩くせいもあるのか、昨今の相場より安いと思います。公園が近くて子育て環境が良く、学区も良好、室内の設備も悪くなく、それなりに満足しています。自分に言い聞かせているだけでしょうか。 (38歳・女性・会社員)

A 人は無意識に、自分の意見や信念を曲げてでも、多数派に従おうとする傾向があります。しかしこれは時に、自分で判断することを放棄する危険な判断になりかねません。住宅の購入は多様な条件や費用が複雑に絡み合うため難しいものです。「同調効果」に影響されて、一般的に良いと言われる基準で判断する人もいます。しかし、多様な条件をリストアップし、メリットとデメリットを明確にし、その上で譲れない条件を取捨選択し、予算を考慮して判断されたのでしょう。心理的バイアスに惑わされない素晴らしい判断ですね。

⇨P.116

Chapter

2

賢い消費者になるための行動経済学

行動経済学の理論が最もわかりやすいシーンが消費行動です。

人の不合理な行動の理由がわかれば、対策をとって賢い消費者になることが期待できます。

1000
1000
保険
続きはWEBへ
1粒でリセット!

01

KEYWORD » 極端回避性

お弁当でなぜ「竹」を選ぶのか

真ん中を選んでしまう心理

お弁当やお寿司の「松・竹・梅」など、品質と値段が異なる3種類が用意されると、値段と質が最も高い選択肢や、最も低い選択肢を避けて「真ん中」を選ぶ傾向があります。なぜなら、一番高い商品は支払うお金が高くなるので損をした気持ちになるためです。逆に一番安い商品は満足できなくなりそうで損をした気持ちになるため、選ぶことを避けます。**極端な選択による損失の可能性を避けようとするのです**。この心理を「極端回避性」と言います。人間は三段階の選択肢を提示されると「無難」な真ん中の選択肢を、そこそこ安く、ある程度質も良いと考えて選ぶのです。

値段が3つ並んでいると選びたくなるのは？

どんな料理がどれくらいの量で出てくるかわからない場合は、損失の可能性が頭に思い浮かびます。中間の選択肢は最もリスクが低いと判断されます。

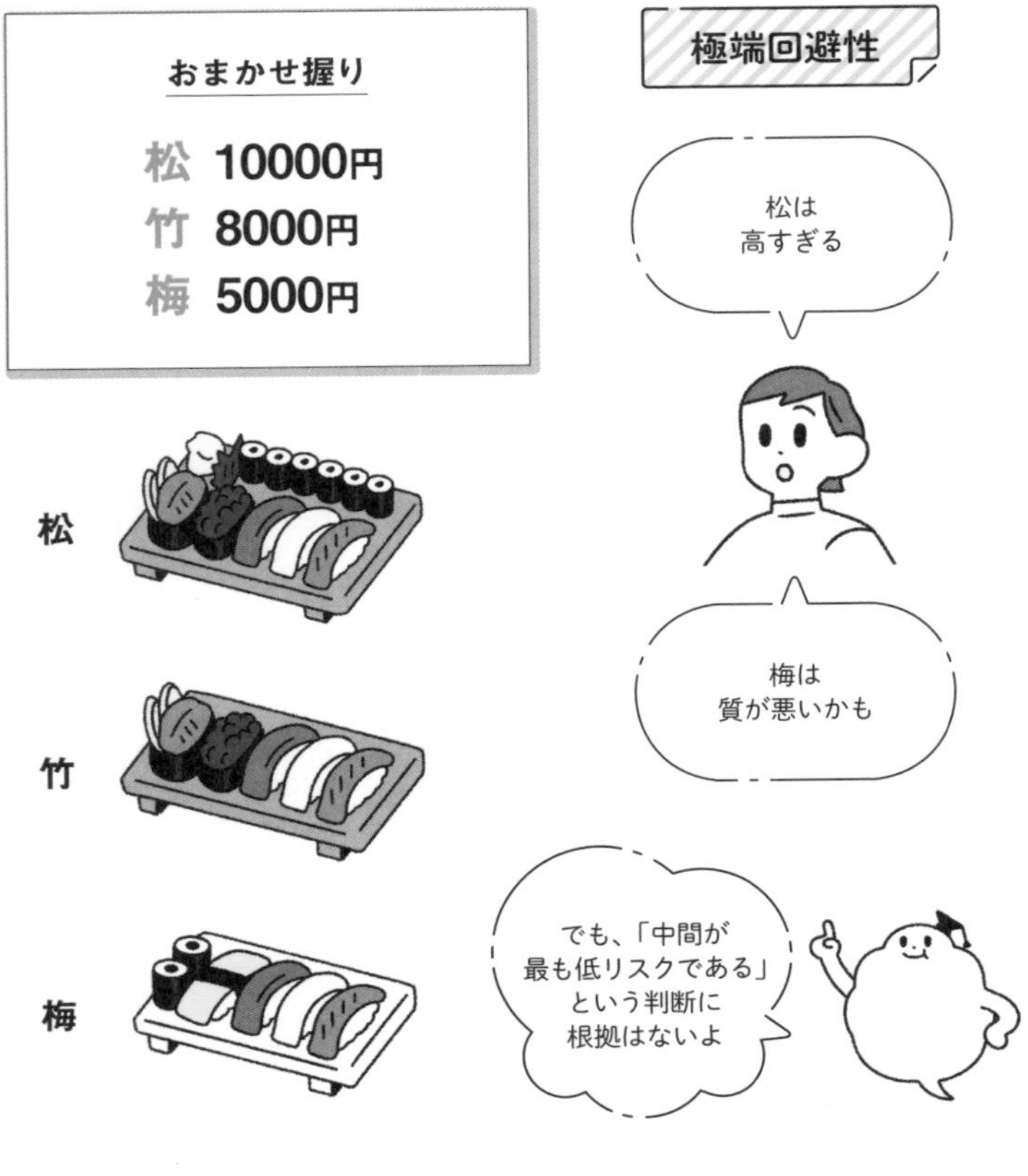

おまかせ握り
松 10000円
竹 8000円
梅 5000円
極端回避性
松は高すぎる
梅は質が悪いかも
松
竹
梅
でも、「中間が最も低リスクである」という判断に根拠はないよ

「どの金額を選ぶか」の実験

アメリカの行動経済学者エイモス・トベルスキーが行った実験をもとに改編した結果があります。価格も機能も低いカメラと価格も機能も中程度のカメラでは、どちらを選ぶかと質問すると回答は半々でした。ところが価格も機能も高いカメラを選択肢に加え三択にして尋ねると、大半の人がその中間を選びました。

● 同じブランドのカメラが並べられている

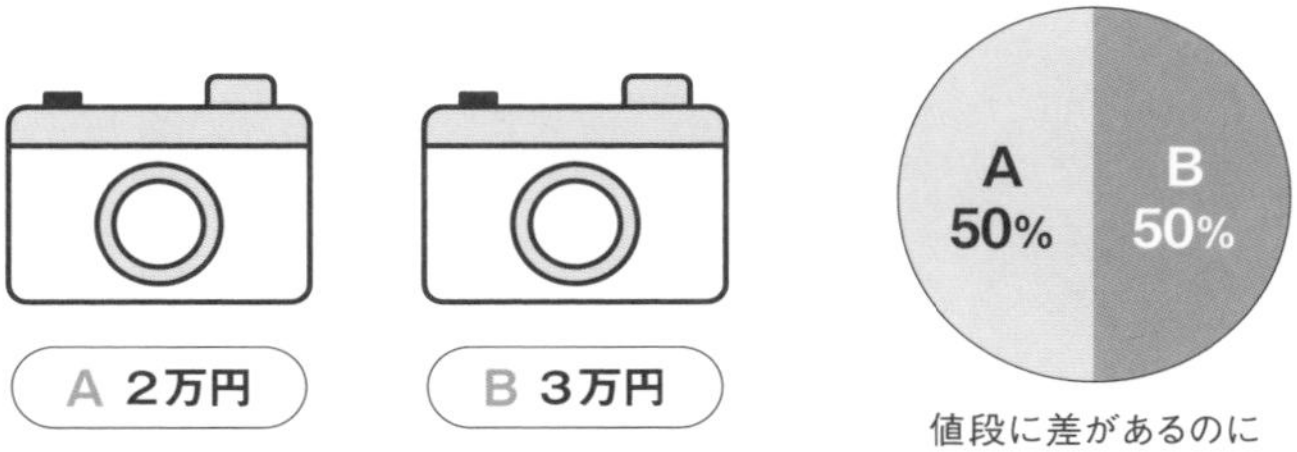
A 2万円
B 3万円
A 50%
B 50%

値段に差があるのに
選ぶ人は同数。

● 6万円のカメラも並べてみると…

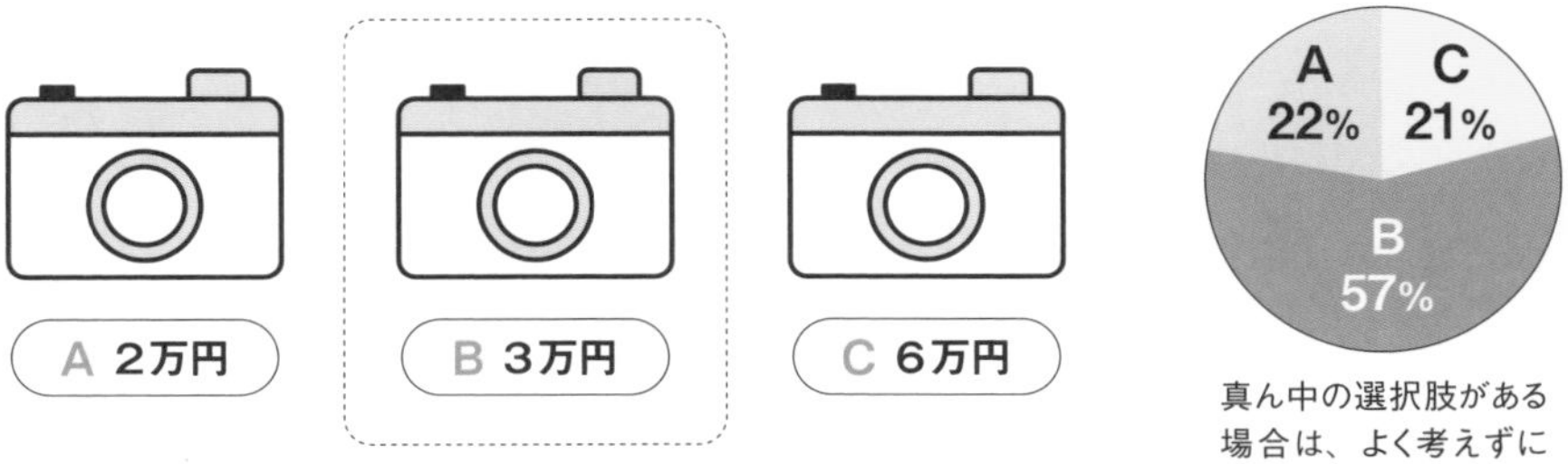
A 2万円
B 3万円
C 6万円
A 22%
C 21%
B 57%

真ん中の選択肢がある
場合は、よく考えずに
中間の選択肢を選ぶ。

カモにならない

選ばされていない？

売る側が消費者の「極端回避性」を知っていたなら、売りたい商品を買わせて利益を上げる方法を取ることが可能になります。例えば、中間の選択肢を値段のわりに質の低いものとして、利益率が最も高くなるようにできるでしょう。あるいは2種類の商品ラインアップがある場合に、売れる可能性が低くても、あえて高額の商品を並べる方法もあります。売りたい商品を中間の選択肢にすれば、買われる可能性が上がります。このように自分で選んでいるようで、選ばされる可能性はあります。自分の意思で買いたいと思った商品でも実は売り手にコントロールされている場合もあると意識するべきでしょう。

02

KEYWORD » アンカリング効果

安くなった高級バッグ、本当に欲しかった？

安くないのに安く感じてしまう

何らかの判断や予測をするときに、最初に示された数字やもの、過去に経験した記憶などの情報に強い影響を受けてしまう心理的バイアスを「アンカリング効果」と言います。「アンカー」は「船の錨」を意味します。**初めの情報が錨のようになって、その後には錨を下ろした船と同様に、錨の近くの狭い範囲内でしか判断や予測ができなくなる**のです。短時間で判断することが必要な場合に、人は最初に〝あたり〟をつけます。その後でより正しい判断が下せるように「調整」を行います。ところが、最初の〝あたり〟がアンカリングの影響を受けていると調整を行っても正確な判断から離れてしまうのです。

消されていた数字が情報になって安く感じる

セール販売の商品などで、元の値段が表示されたまま線で消され、値引き後の値段が書かれていることがあります。消されている数字がアンカーとなり、安く見せるのです。

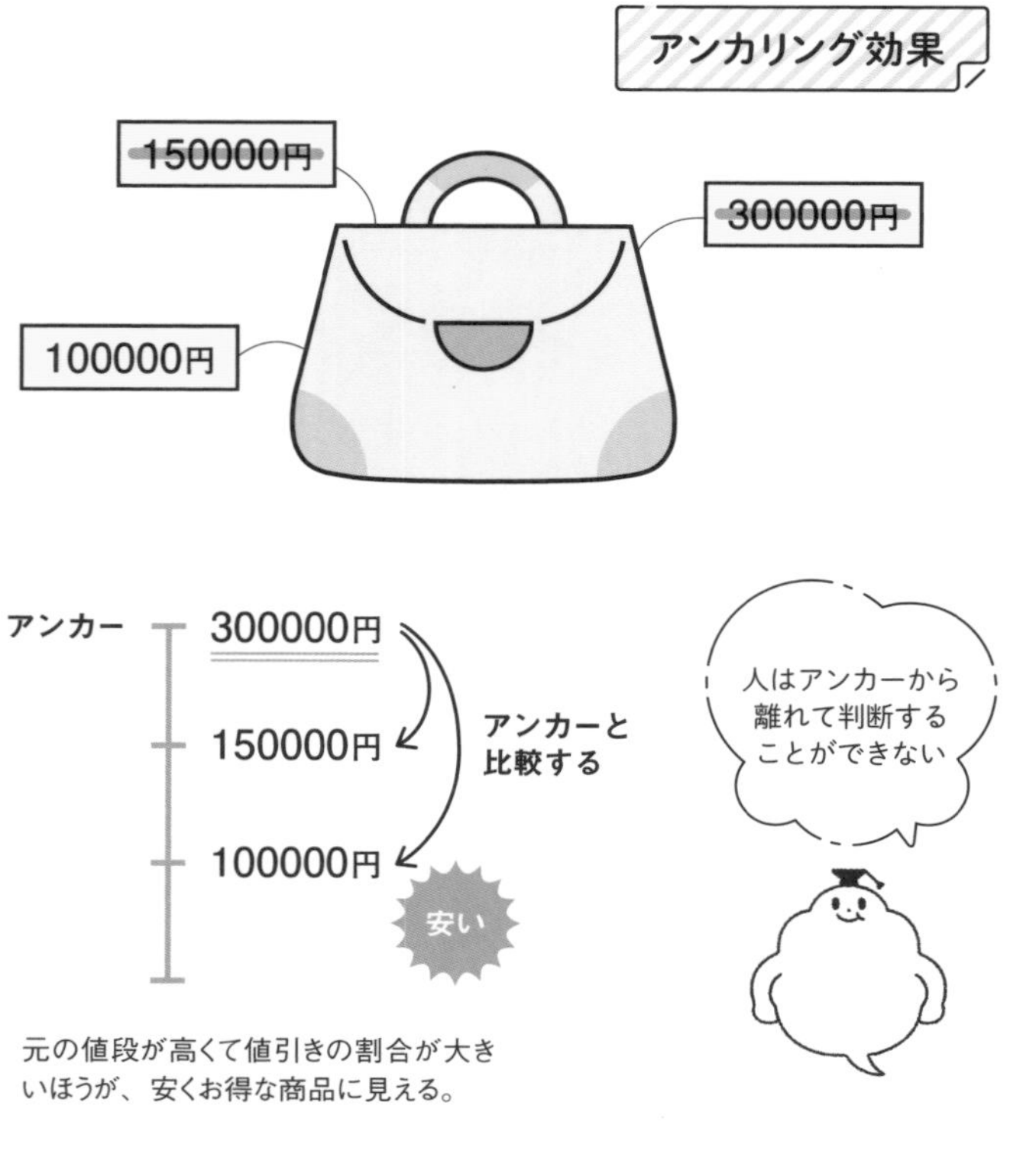

アンカリング効果
~~150000円~~
~~300000円~~
100000円
アンカー
300000円
150000円
100000円
アンカーと比較する
安い
人はアンカーから離れて判断することができない

元の値段が高くて値引きの割合が大きいほうが、安くお得な商品に見える。

海外での値段交渉でもアンカーで判断してしまう

海外旅行中の買い物などで、地元の売り手と交渉になる場合があります。実際の金額とはかけ離れた金額をふっかけてくることもあるので注意が必要です。

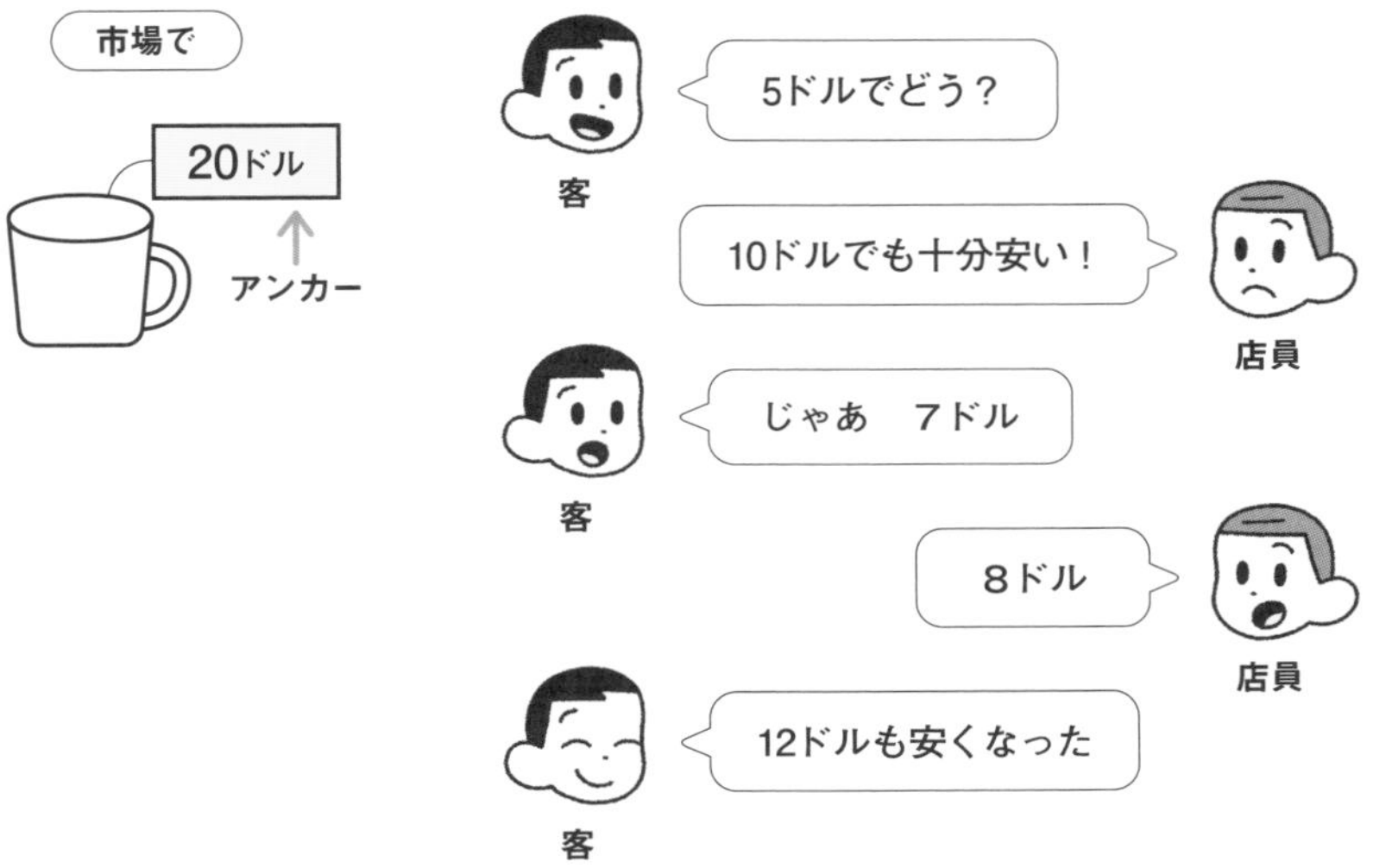
市場で
20ドル
アンカー
5ドルでどう？
客
10ドルでも十分安い！
店員
じゃあ　7ドル
客
8ドル
店員
12ドルも安くなった
客

スーパーでは
もっと安い
かもね

対策

海外での買い物は、本来の価格を見極めるのは難しいかもしれない。だが相手がアンカリングを使う可能性があることは、心得ておくべき。

カモにならない

人はどんなときにアンカリングに惑わされる？

値引き販売では、過去に販売されていた金額がアンカーとなって現在の価格を安く見せます。本来なら、アンカーとなっている元の値段は、今の買い物には関係のないものです。これにとらわれてしまうことは、目の前の現実でなく、過去にとらわれていることを意味します。しかも、自分でも気づかないうちに、売り手に価格の判断基準を設定されてしまっているのです。値引き率が高いからという理由で買ってしまう人が、このバイアスの影響を受けやすい人といえるでしょう。値段に惑わされず、本当に自分はその商品を買いたいのか考えるべきです。

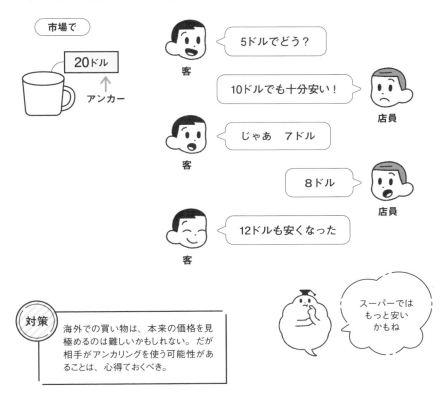

03

KEYWORD 》確率加重関数

当たる確率は低いのに宝くじを買う

人は確率を正しく感じられない

「実際に起きる確率」と、人が「主観的にそれが起きると感じる確率」は同じではありません。その違いは、左ページの「確率加重関数」で表せます。横軸は「実際に起きる確率」を示し、縦軸は「主観的にそれが起きると感じる確率」を示します。特に実際の確率が0％や100％に近いときに感覚とのズレが大きくなります。宝くじが当たる極端に低い確率を実際以上に高く感じるのもこれが理由です。「宝くじは買わなければ当たらない」といった言い方も、〝ゼロ〟と〝わずかだけれどゼロ以上〟の違いに注目したものです。事実ですが、実際の当選確率は、限りなくゼロに近い値です。

人は確率を勘違いしやすい

宝くじで1億円が当たる確率は0.00002%といわれており、限りなく低いのですが0%ではありません。この確率は実際の確率より高く感じ当選を期待させます。逆に99%直る治療では治癒の可能性は高いものの100%ではありません。実際の確率以上の不安を感じます。「実際の確率」と「感じる確率」は異なるのです。

● ゼロの確率は過大評価される

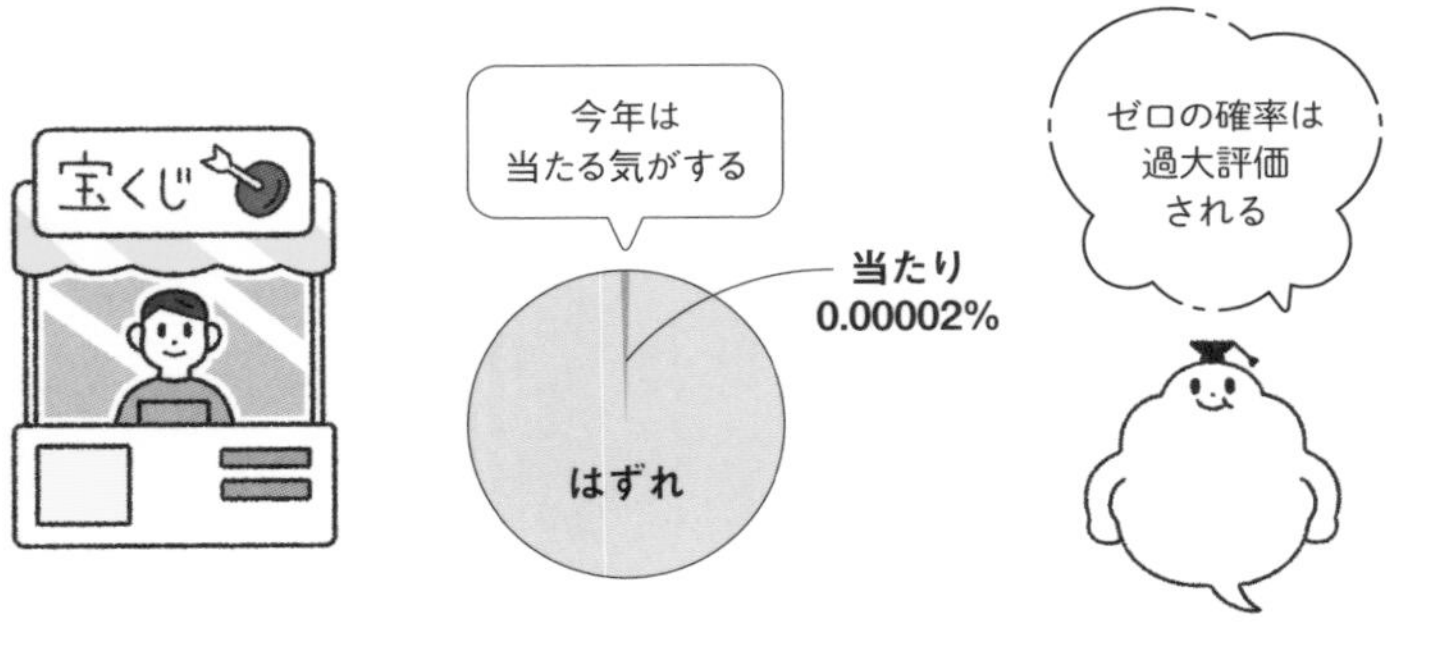
宝くじ
今年は当たる気がする
当たり 0.00002%
はずれ
ゼロの確率は過大評価される

● ほぼ確実なときに過小評価してしまう

このことを表したのが次のページの確率加重関数だよ
99%治ります
治らないこともあるんですか?
治る
不安

人が確率を勘違いする理由

実際の確率と感じる確率が完全に一致するのは、0%や100%などごくわずかです。70〜90%台くらいで起きる事柄は実際より低く、0〜20%台くらいの確率の事柄は実際より高く感じます。

確率加重関数

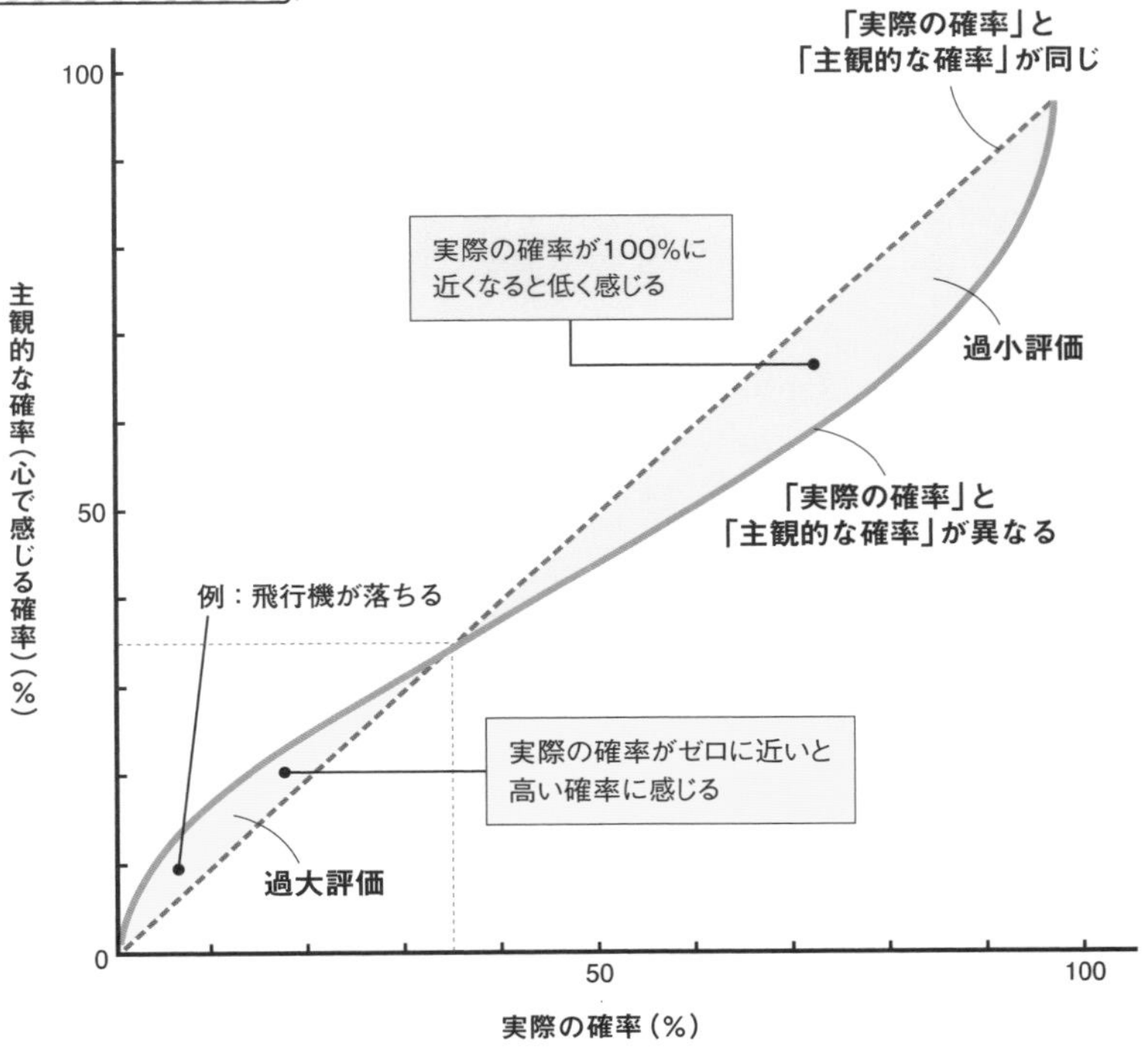

もっと知りたい

行動経済学の理論を構成する要素を構成する「確率加重関数」

行動経済学は、不確実な状況では、人は合理的な判断ができないことを明らかにしています。ノーベル経済学賞を受賞したダニエル・カーネマンは、この心理を「プロスペクト理論」と呼びました。この理論に含まれる主な二つの考え方の一つが「価値関数」です。これは損得と、それに伴う感情のゆがみを示します。もう一つが本ページで解説した「確率加重関数」で、これは人が確率を、実際の数値とは異なった主観的な感情で判断していることを示します。人は確率を数値でとらえてはいません。「可能」「不可能」「可能性がある」などのおおまかな区分で、直感的に判断しているのです。

04

KEYWORD » フレーミング効果

「1日たった100円」なら保険に入る?

同じものでも見え方が違う

人は物事を全方位から把握するのでなく、一つの枠を通して見るかのように一面的な見方をします。同じ対象でも見え方が変われば異なる受け取り方をし、判断が変わることもあります。この心理的バイアスを「フレーミング効果」と呼びます。フレーミングは英語でいう「枠(フレーム)」に由来する言葉です。人の判断は見え方(フレーム)に左右されますが、自分ではそのことを意識しません。

例えば、コップ半分のジュースを「半分も残っている」と言えば「まだ飲める」と思うでしょうし、「半分しかない」と言えば「残り少ない」と思えます。表現によって印象は変わるのです。

どこに注目させる「言い方」か考えてみる

この効果を用いれば、売りたい商品の印象を変えることができます。「1カ月3000円」と「1日当たり100円」は、同じ額の支払いですが後者のほうが安い印象を与えます。

● 1カ月3000円と1日100円の保険

フレーミング効果

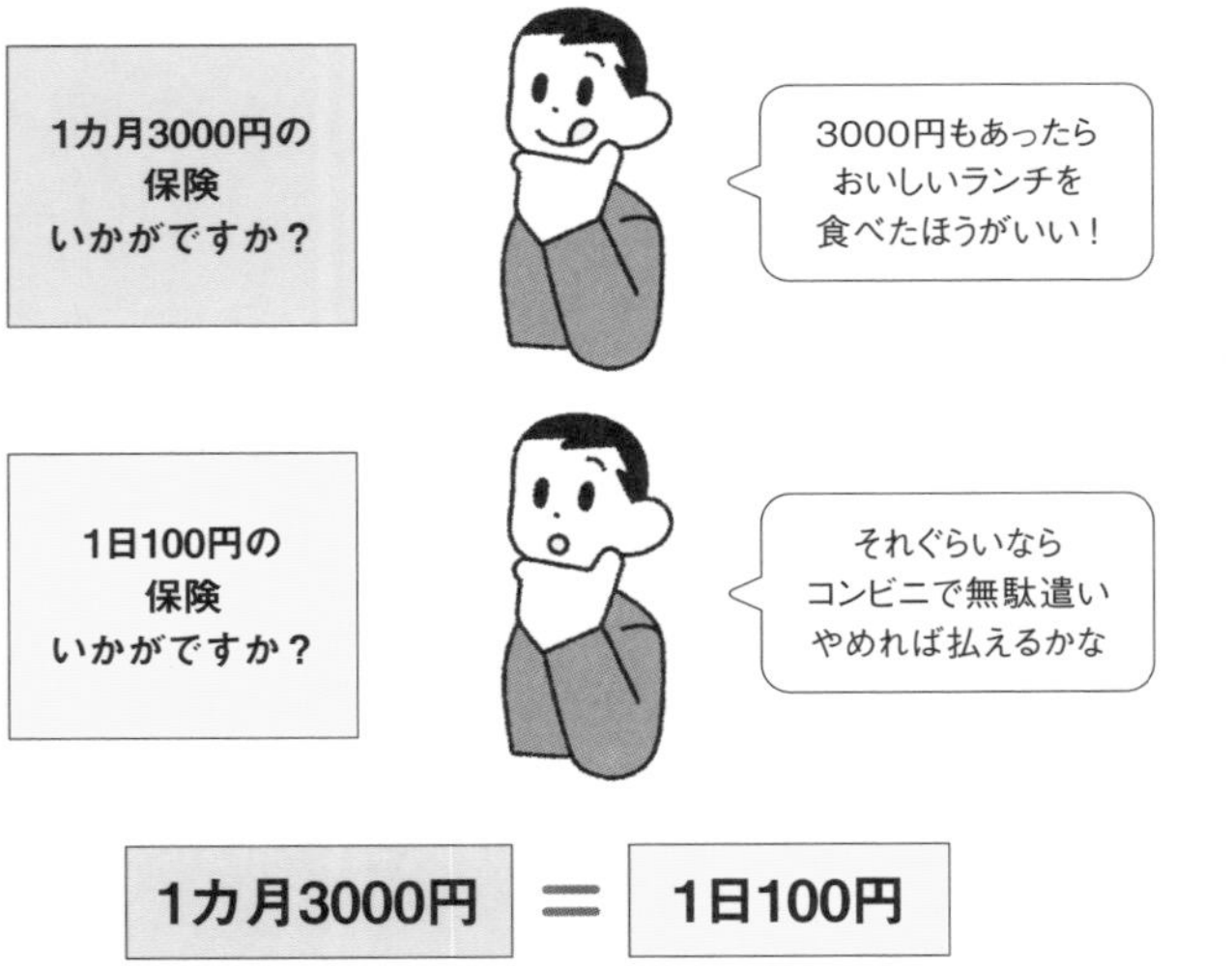
1カ月3000円の保険いかがですか?
3000円もあったらおいしいランチを食べたほうがいい!
1日100円の保険いかがですか?
それぐらいならコンビニで無駄遣いやめれば払えるかな
1カ月3000円
=
1日100円

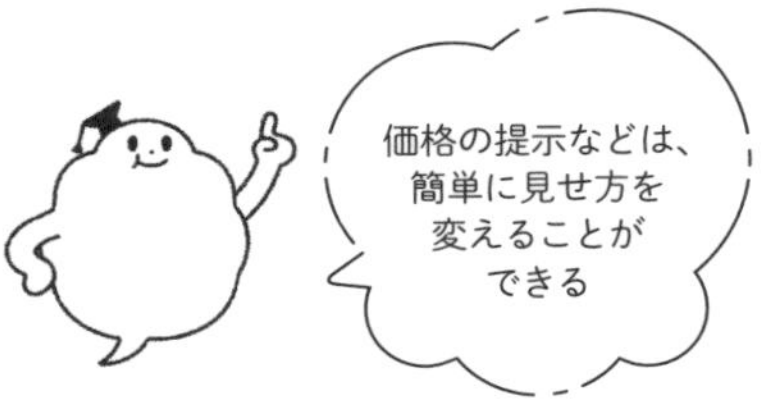
価格の提示などは、簡単に見せ方を変えることができる

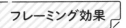

● 2重サッシで光熱費を節約

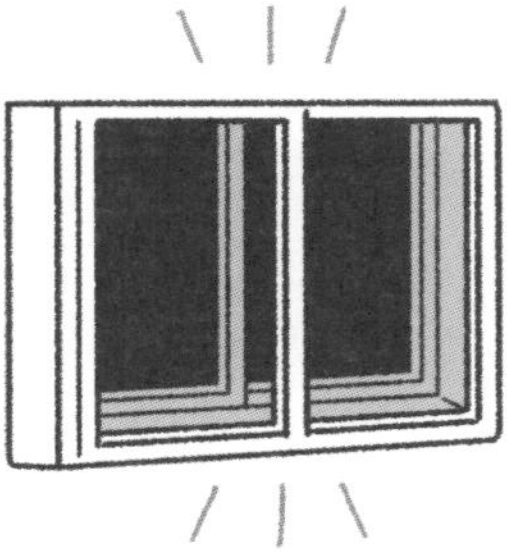

2重サッシのリフォームによる断熱効果
10年間で15万円も冷暖房費が節約

1カ月 1250円

1年間 1万5千円

↓

実はどちらも同額

1年間1万5千円 ＝ 1カ月1250円

1年間で「1万5千円の節約」と言われるよりも、10年間で「15万円の節約」と言われたほうが、得だと思う。

表現の違いで感じ方が変わる

広告などでは、注目度を高めて販売につなげるためにさまざまな工夫をします。商品が安いことを伝えたい場合、商品の量が多いと思わせたい場合などには、売り手の意図が強く伝わるよう「フレーミング効果」が働く表現を使います。

● 売り文句の違いで買う理由も変わる

閉店在庫処分セール

バーゲンセール

閉店在庫処分と言われると、安い理由が明確なので選びやすくなる。この「フレーミング効果」では「理由に基づく選択」という心理も関係する。

● 数字が大きいと量が多い気がする

タウリン1000mg

タウリン1g

「タウリン1000mg 配合」の栄養ドリンクは、「タウリン1g配合」と書かれるよりも効果がありそうに感じる。同じ量でも「1000」という数字で印象が変わる。

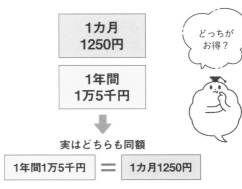

05

KEYWORD 》 貨幣錯覚

「25％お得」でキャンペーンが成功

同額の補助でも表現の仕方でアピール

「フレーミング効果」は対象の見え方や焦点のあて方によって判断が変わる心理的バイアスでした。お金に関する「フレーミング効果」の一つが「貨幣錯覚」です。これは、お金の実質的な価値ではなく、額面の数字など、表面的な価値に影響される心理です。お金は誰にとっても関心事なので、損するか得するかは小さな変化でも気になります。ところが実際は実質的な損得を見落とすことが多いです。企業は利益を上げるためにこの心理をふまえた販売促進策を行います。経済活性化のような国の施策においても、この心理を活用してものをたくさん買いたくなるよう誘導することがあるのです。

補助する金額は同じだが2通りの表現が可能

「20000円使った人に5000円支援」は「25%お得」です。「25000円の買い物を20%割引」と言うこともできますが、気分の良くなるほうで表現されています。

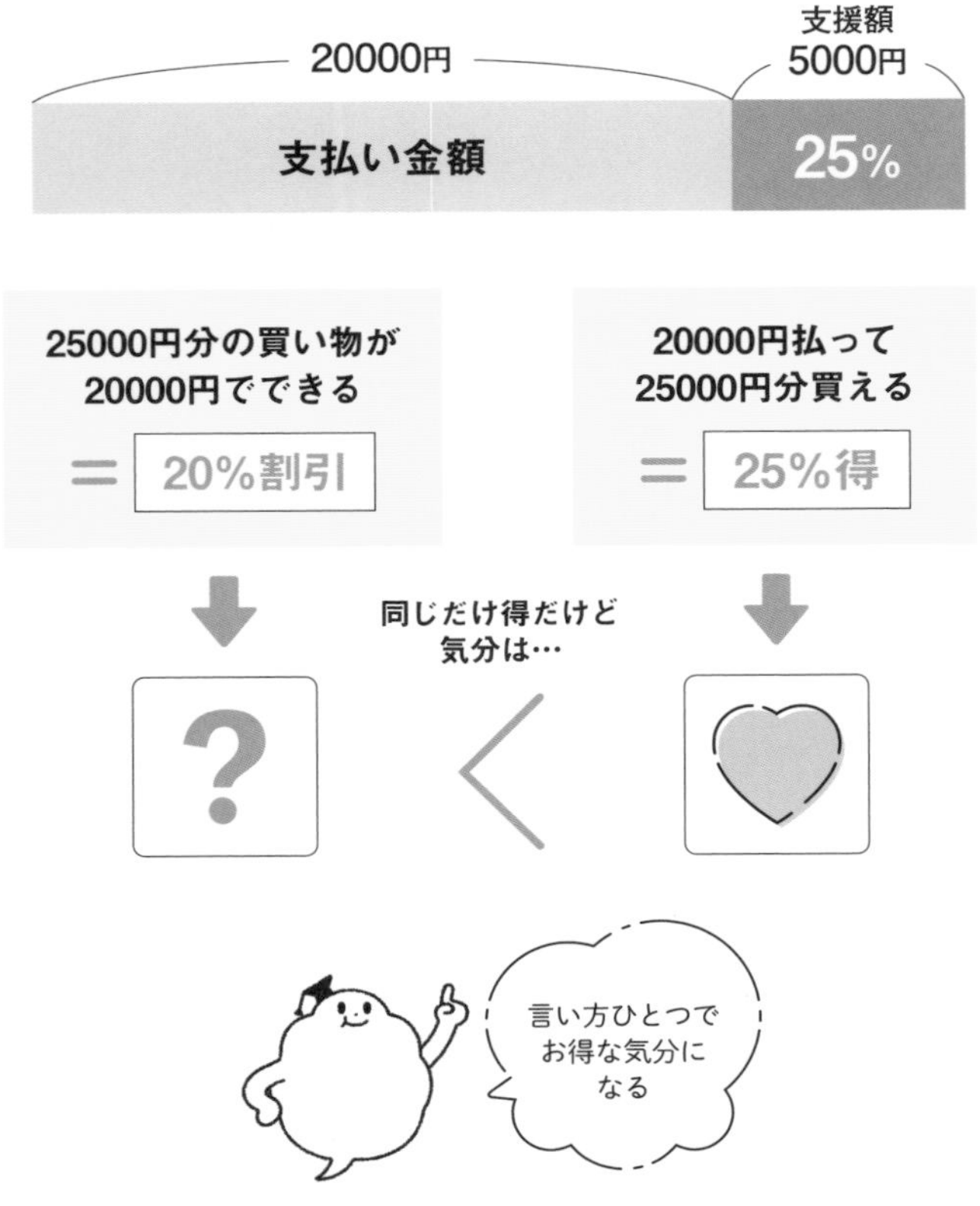

名目の価値で判断しないようにする

給料も物価も、同じように倍増したならば、購買力は増えません。しかし、単純に給料の額が増えるとたくさん買えると勘違いしてしまいます。

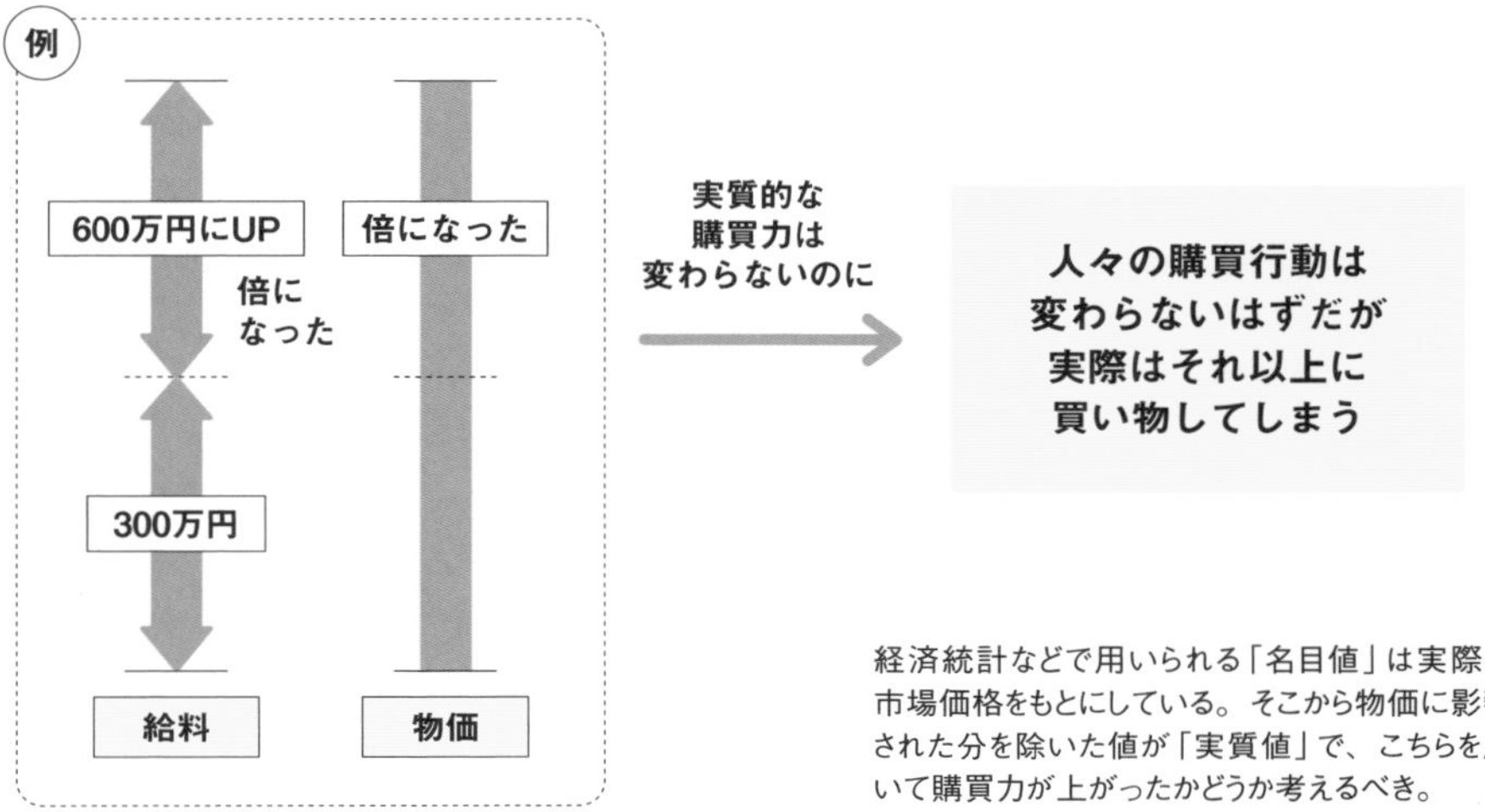
例
600万円にUP
倍に
なった
300万円
給料
倍になった
物価
実質的な
購買力は
変わらないのに
人々の購買行動は
変わらないはずだが
実際はそれ以上に
買い物してしまう

経済統計などで用いられる「名目値」は実際の市場価格をもとにしている。そこから物価に影響された分を除いた値が「実質値」で、こちらを用いて購買力が上がったかどうか考えるべき。

わかりやすい数字に影響されると「実際の割引率」が見えない

「貨幣錯覚」に影響されると、わかりやすい金額だけを見て判断してしまいます。給料が上がったり下がったりすると、差額がわずかでも気になってしまうものですが物価の変化も見てみましょう。

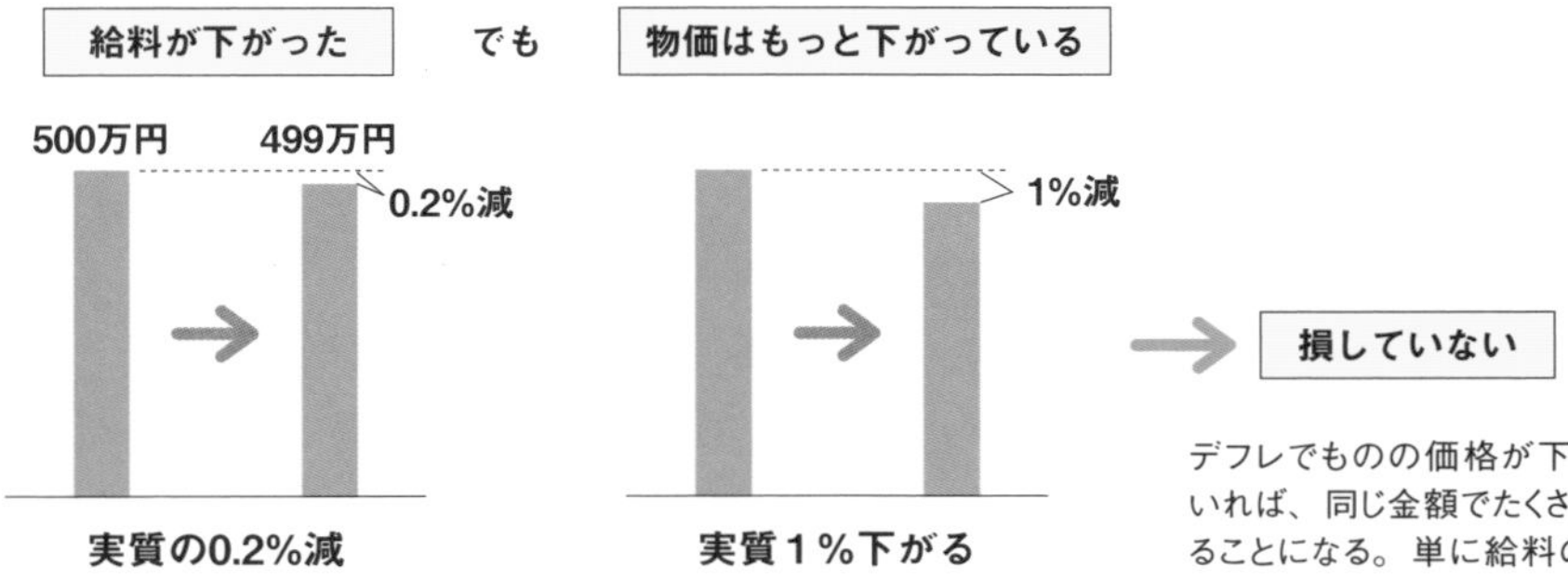
給料が下がった
でも
物価はもっと下がっている
500万円
499万円
0.2%減
1%減
損していない
実質の0.2%減
実質1%下がる

デフレでものの価格が下がっていれば、同じ金額でたくさん買えることになる。単に給料の上下だけを気にするのではなく、物価の上下も注意すべき。

1万円
減額のほうに
注目してしまう

06

旅先のお土産は惜しまない理由

KEYWORD ≫ メンタル・アカウンティング　あぶく銭効果

お金の価値は、何に使うかで決まる

お金に関する判断において、同じ金額でも、どんな方法で入手したのか？ 何のために使うのか？ など、名目や位置づけによって、その**価値の感じ方が変わることがあります。その結果、お金の使い方も変わります。**この心理を「メンタル・アカウンティング」と呼びます。典型的な例として、ギャンブルでもうけたお金は堅実に貯金せず、散財する、といった行動があります。これも「メンタル・アカウンティング」の一つですが、特に「あぶく銭効果」とも呼ばれています。これらは皆、よく考えずに狭い枠の中で判断してしまう心理的バイアスであり、「フレーミング効果」の一つです。

心のなかにはいろんな財布がある

「メンタル・アカウンティング」による行動は、心のなかにいくつもの“財布”があるために起きるようです。同じお金でも“すぐに開ける財布”や、“なかなか開けない財布”があります。

メンタル・アカウンティング

旅先の
土産物
デートの
ディナー
ランチ
車用貯金
通信費
海外旅行
被服費

どれも同じ
お金なのに

使いやすい財布の中に入っているお金は、無駄遣いしてしまいがちなので要注意。

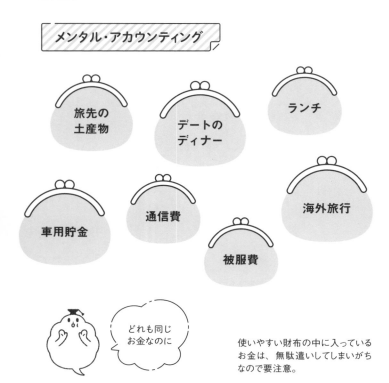

予定外の出費を嫌がる心のなかの財布

例えばマイホームを買うために貯めている貯金は大事なものと意識され、心のなかの“使いにくい財布”に入っています。別の出費が必要なときでも、そのお金を使うのはためらわれます。

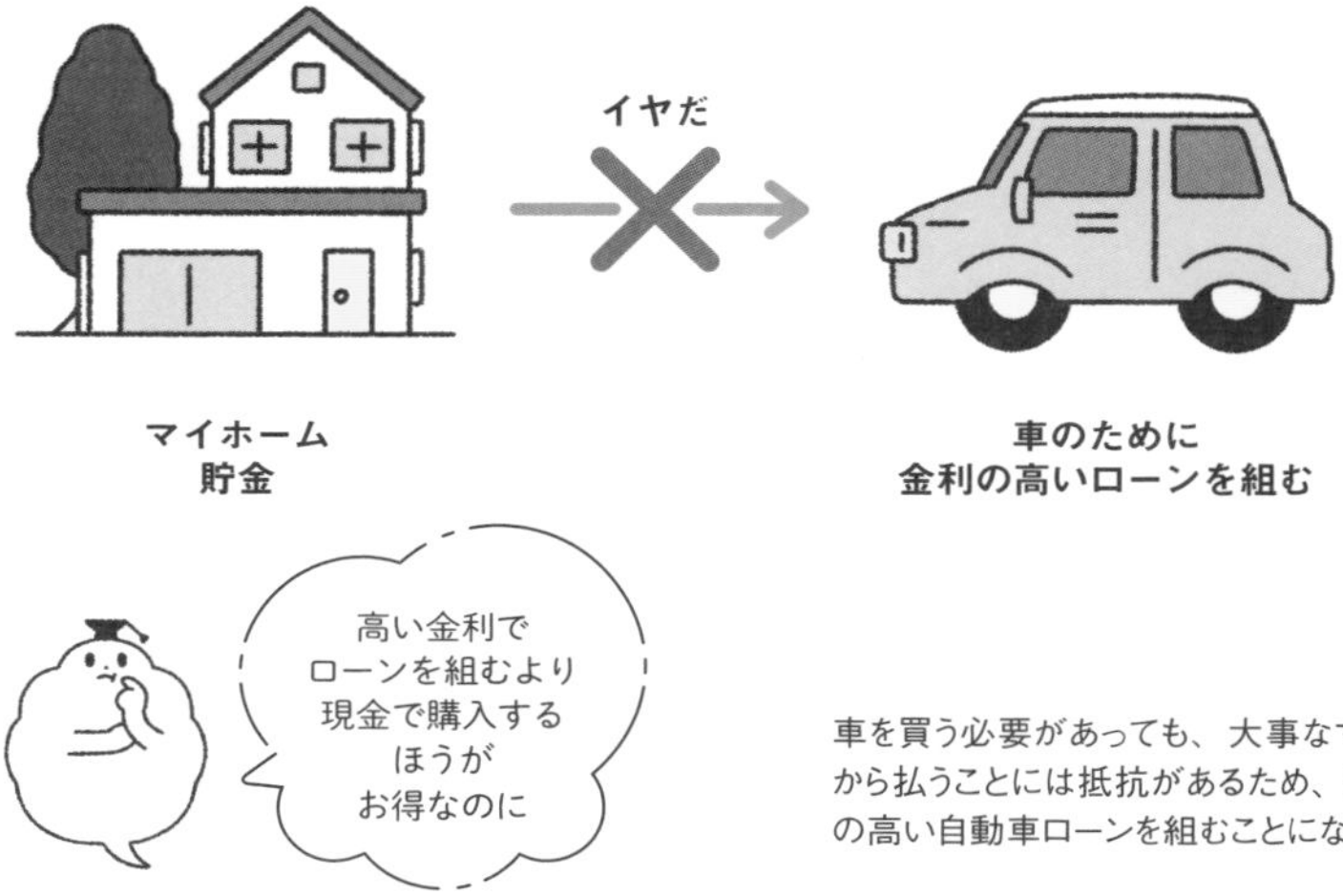
イヤだ
マイホーム
貯金
車のために
金利の高いローンを組む
高い金利で
ローンを組むより
現金で購入する
ほうが
お得なのに

車を買う必要があっても、大事なマイホーム貯金から払うことには抵抗があるため、結果的に金利の高い自動車ローンを組むことになる可能性も。

苦労したお金とギャンブルのお金

同じお金でも努力して手に入れたお金なら大切に使いますが、楽をして手に入れたお金は大切にしません。この「あぶく銭効果」は、特に注意が必要です。

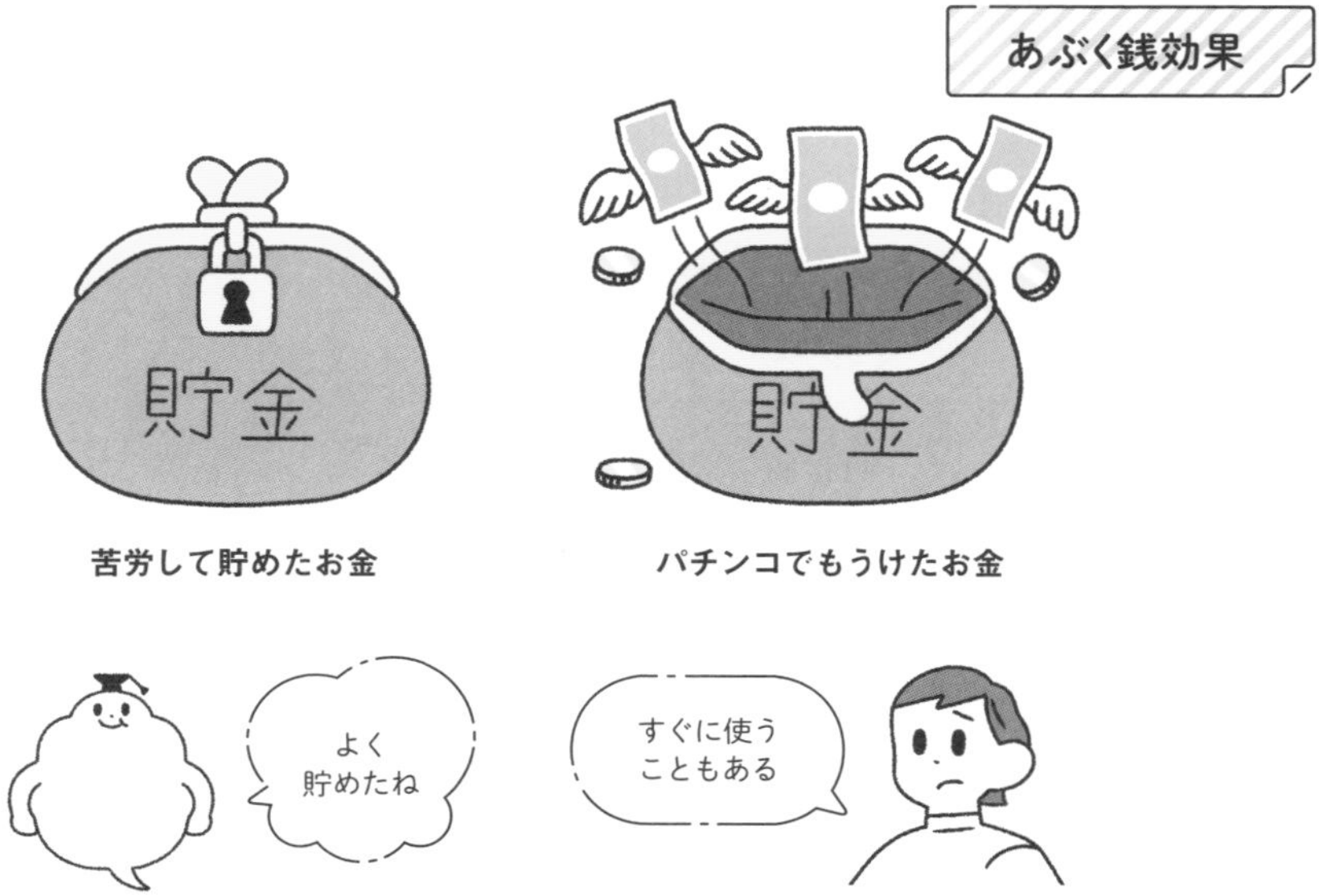
あぶく銭効果
貯金
貯金
苦労して貯めたお金
パチンコでもうけたお金
よく
貯めたね
すぐに使う
こともある

07

KEYWORD ≫ プライミング効果

アップテンポのBGMで早歩きになる理由

直前に起こった出来事に影響される

事前に見聞きした物事などが、その後の判断や行動に影響を与える効果を「プライミング効果」と呼びます。この語源となる英語のPRIMEという動詞には「前もって教え込む」という意味があります。**先に受けた刺激が記憶に残って、無意識に後の行動に影響する**のです。スーパーの食品売り場で、音を立てて調理しているソーセージを見て、その匂いを嗅ぐと思わず試食したくなりますよね。これもまたプライミング効果によるものです。他にもアップテンポなBGMの店では、来店した客の移動速度が速くなり、逆にゆっくりした曲では遅くなるなど、プライミング効果は多様な影響力があるのです。

直前に受けた刺激に影響を受ける

プライミング効果をもたらす原因は、目で見た情報、匂い、音など、さまざまです。五感で受けた刺激がこの効果を及ぼすことが、さまざまな実験で確かめられています。

実験❶ クッキーを食べてもらう

A. 部屋にはかすかに洗剤の香り（掃除…）

B. 無臭の部屋

➡ Aの人たちは食べかすを掃除して帰った

※オランダの心理学者、ハンク・アーツらによる実験

実験❷ 力仕事をする前に

A. スポーツドリンクを見せる（がんばろう）

B. 見せない

➡ Aのほうが忍耐強かった

※アメリカの心理学者、ロン・フリードマンによる実験

実験❸ 高齢者をイメージする文章を読んでから歩く

➡ 歩くのが遅くなった

※アメリカの心理学者、ジョン・バルフによる実験

直前に受けた刺激に影響を受けた

対象に働きかける刺激

刺激を受けると、無意識に何かを欲しくなったりします。このときの刺激を「プライマー」と呼びます。この刺激に影響されて起こった変化の対象が「ターゲット」です。

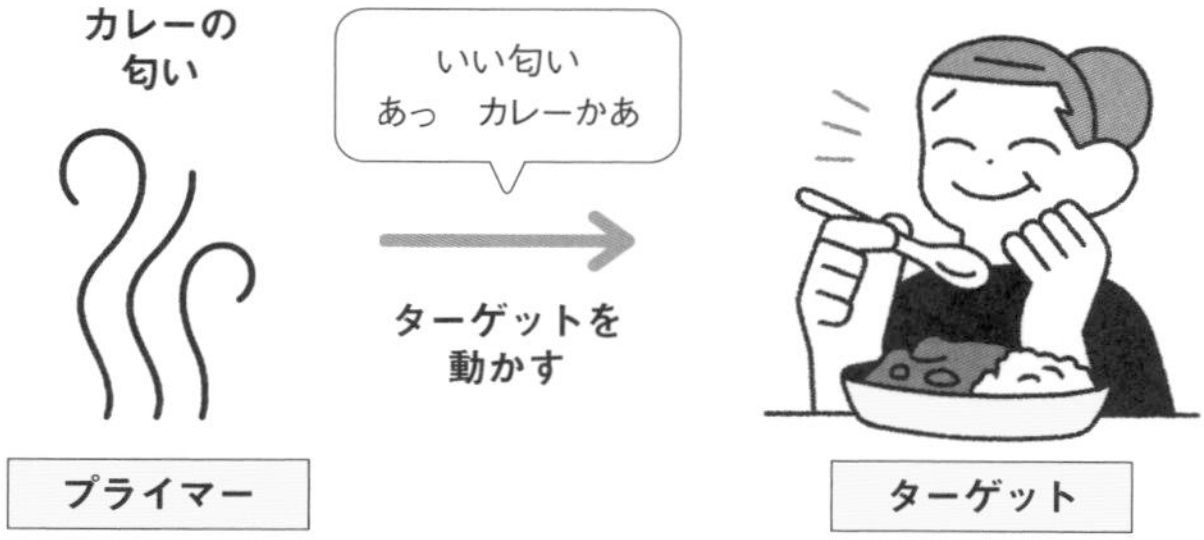
カレーの
匂い
いい匂い
あっ　カレーかあ
ターゲットを
動かす
プライマー
ターゲット

プライミング効果

プライミング効果を用いて、うまく刺激を与えれば、意識させることなく行動を誘導することができる。

刺激の種類はさまざま

商品を売りたい企業などがこの効果を用いて商品を売り込むことがあります。商品自体を直接的にアピールしたり、顧客が気づかないうちに刷り込むのです。

● 直接的

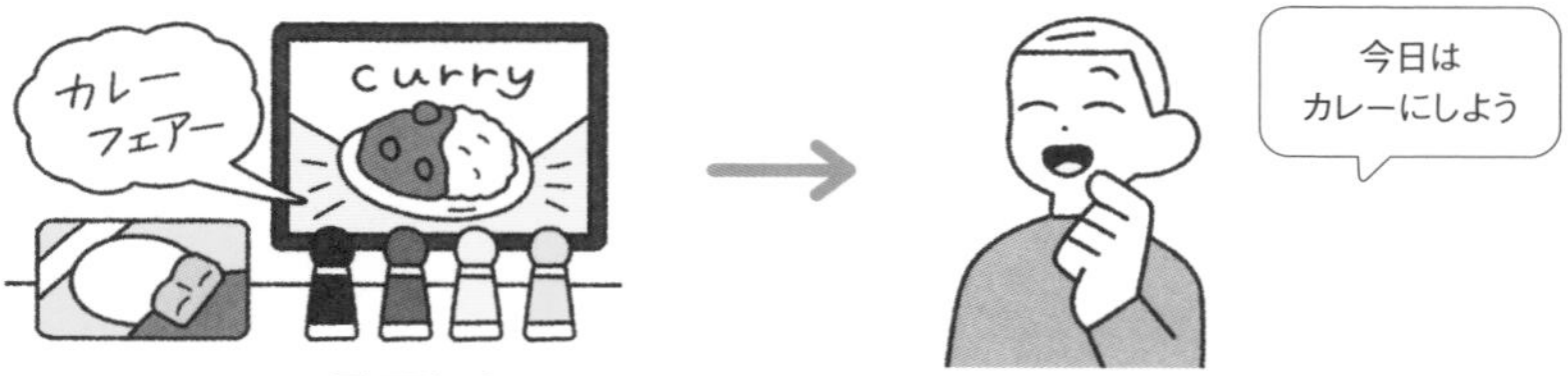
カレー
フェアー
curry
今日は
カレーにしよう

スーパーの展示陳列

● 間接的

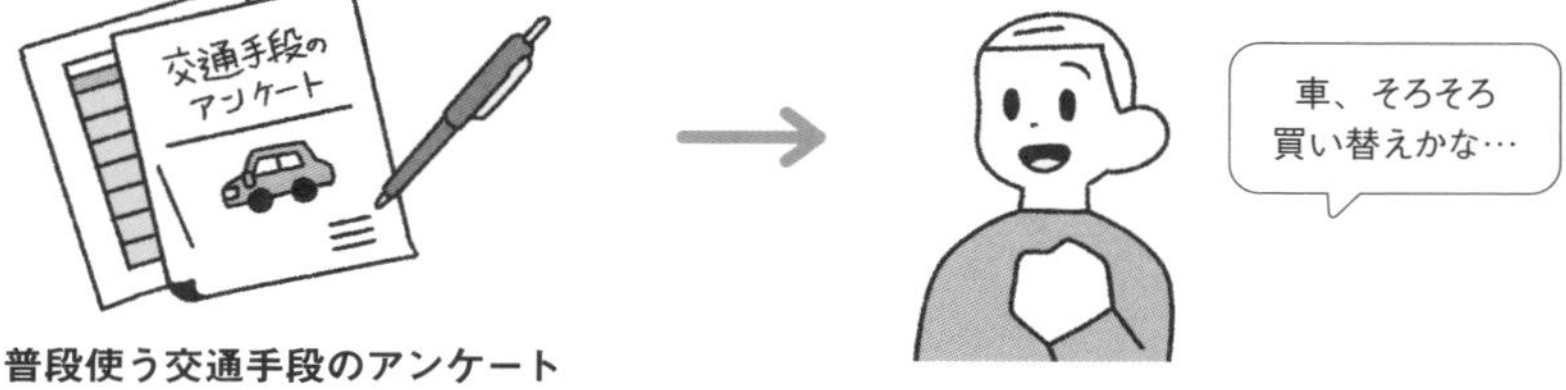
交通手段の
アンケート
車、そろそろ
買い替えかな…

普段使う交通手段のアンケート

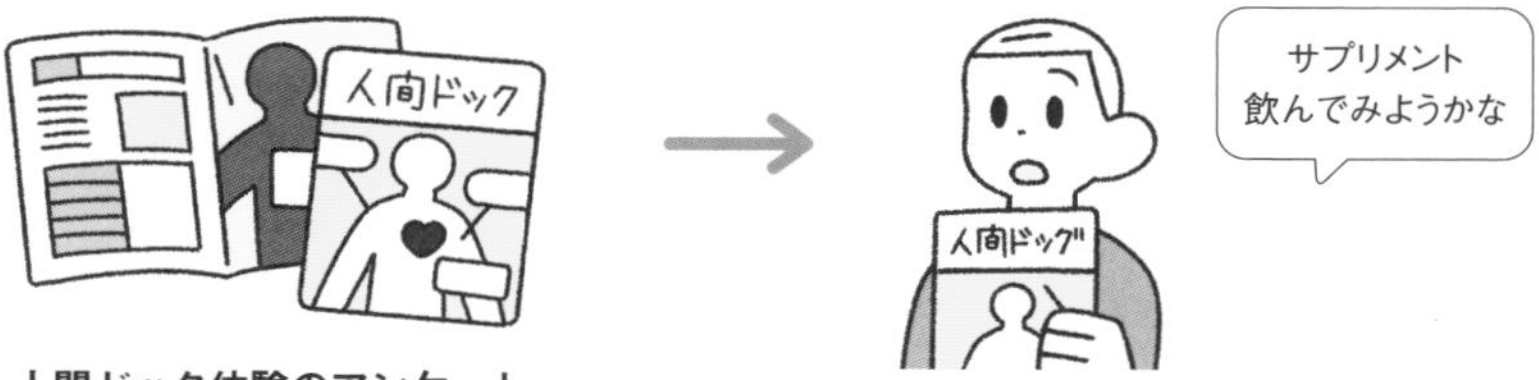
人間ドック
人間ドッグ
サプリメント
飲んでみようかな

人間ドック体験のアンケート

08

KEYWORD おとり効果

選び方は誘導されている

ホントに自分で選んでる？

人が何かを選ぶとき、選択肢の数や内容に強く影響されます。例えば二つの選択肢のどちらかを選ぶ状況において、第3の選択肢（おとり）があることで、選択肢が二つだけだった場合と異なる判断をすることがあります。ここで働くのが「おとり効果」です。二つの選択肢のどちらかと似た内容でありながら、明らかに見劣りする選択肢を「おとり」として選択肢に入れるのです。この第3の選択肢が判断を歪めることによって、元からあった二つの選択肢の片方が魅力的に見えてきます。もし企業がこの「おとり効果」をうまく用いれば、消費者の選択を誘導することも可能なのです。

週刊経済誌の定期購読プランを選ぶ実験

アメリカの行動経済学者ダン・アリエリーによる下記のような実験があります。オンライン版と印刷版の2種類がある雑誌購読の選択で、A：安いオンライン版と、C：高い併用版の2つの選択肢の間に、B：高いのに印刷版のみの選択肢を置きます。

おとり効果

1回目の実験　雑誌の３つの購読プラン（A,B,C）を提示し、最も魅力的なプランを選ばせた

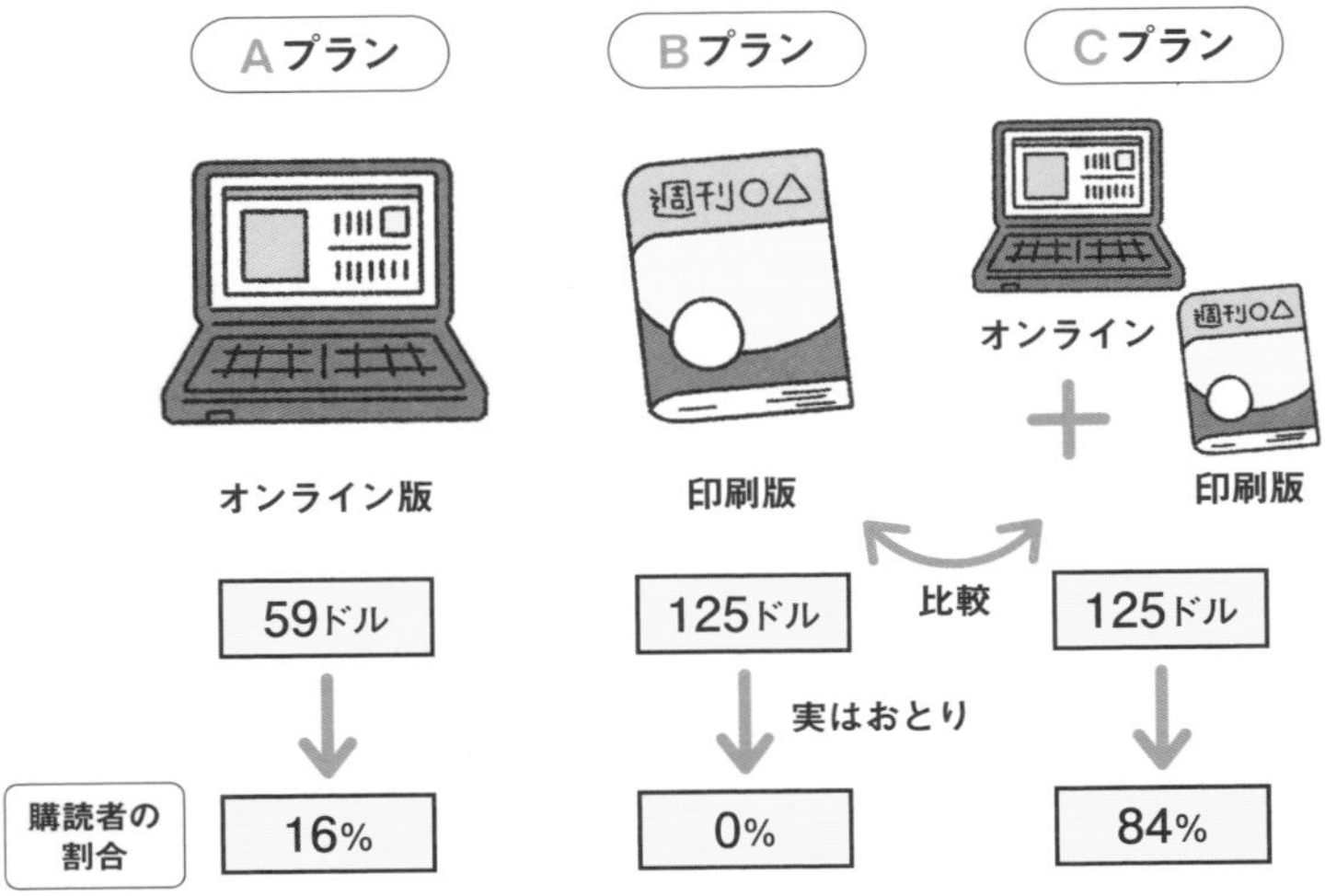

Aプラン
Bプラン
Cプラン
週刊○△
オンライン
週刊○△
オンライン版
印刷版
印刷版
比較
59ドル
125ドル
125ドル
実はおとり
購読者の割合
16%
0%
84%

明らかに劣るBがあることによって、同じ価格でオンライン版も印刷版も読めるCが、実際以上に良く見える。

2回目の実験 雑誌の２つの購読プラン（A,C）を提示し、より魅力的なプランを選ばせた

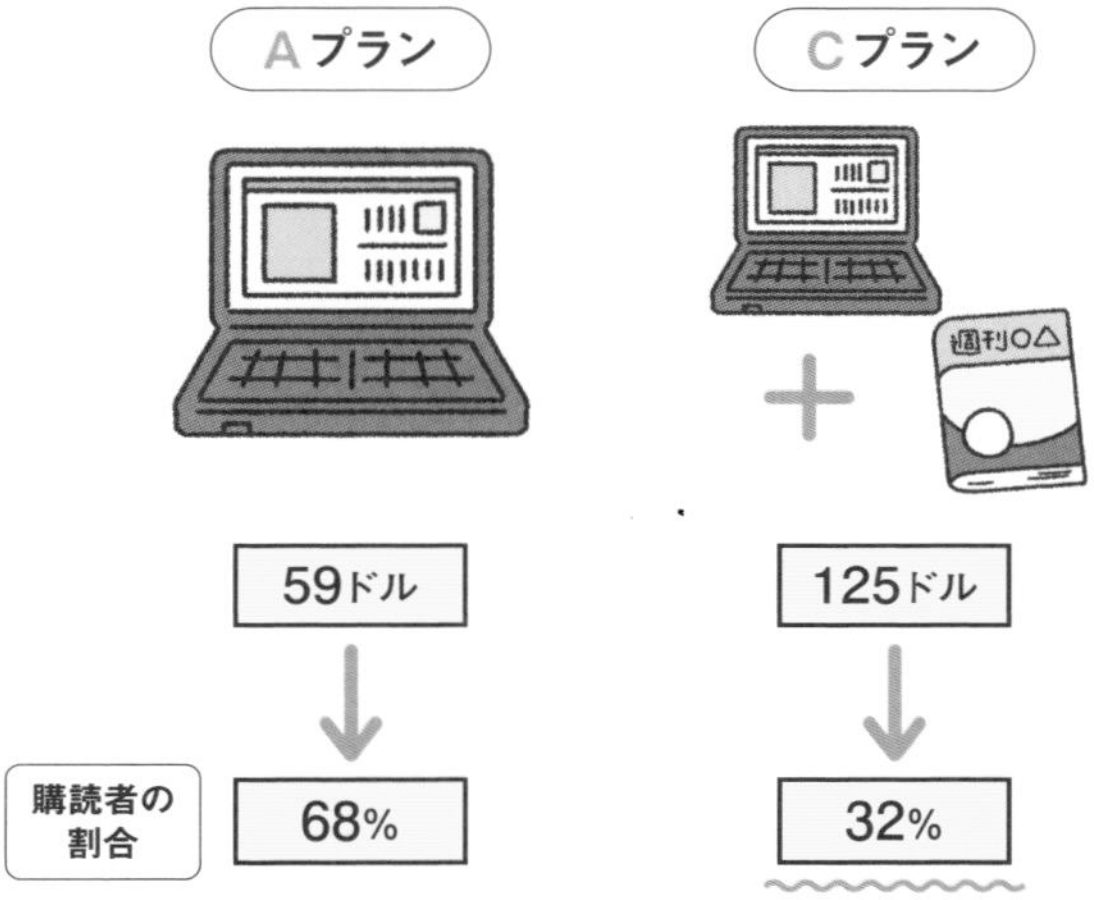
Aプラン
Cプラン
週刊〇△
59ドル
125ドル
購読者の割合
68%
32%

1回目 → BがCの魅力を高めた

2回目 → AとCを比べ、Aプランが増えた

最初からおとりがない選択肢の場合

Bという“おとり”がなく、A安いオンライン版とC高い併用版という2つの選択肢だったら、価格と内容を比較し、かなり安くて内容がさほど劣らないAを選ぶ人も増えます。

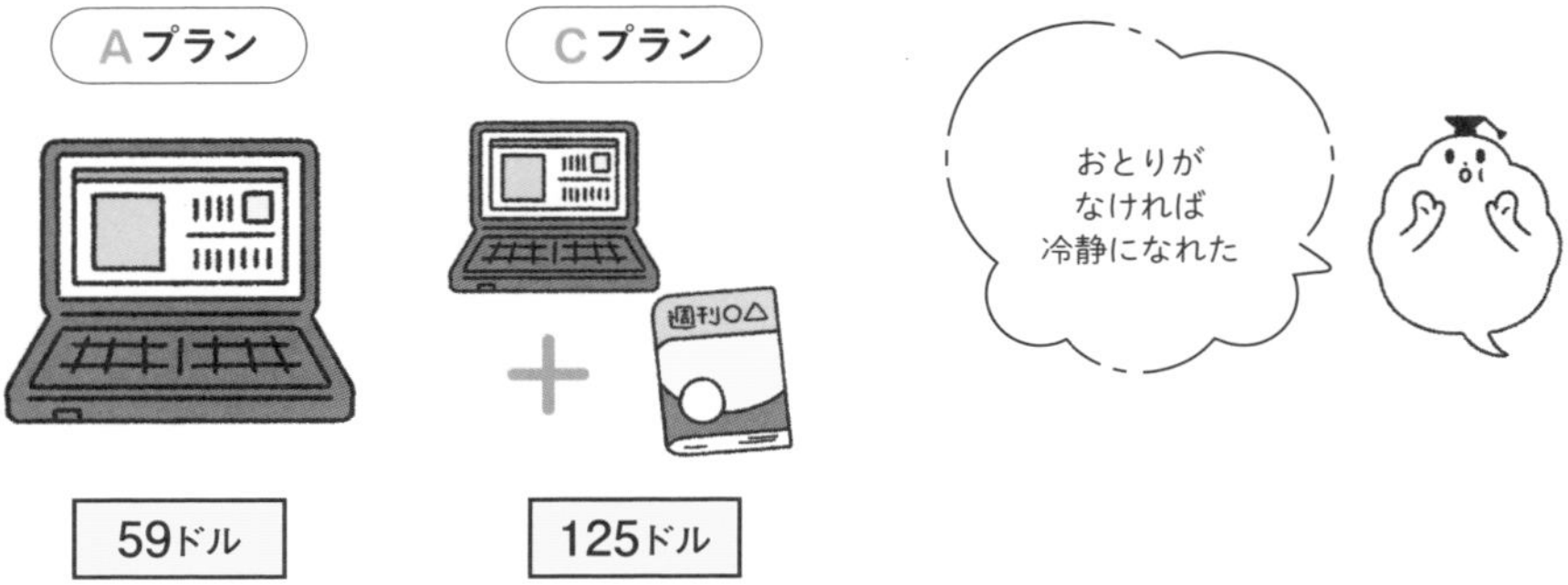
Aプラン
Cプラン
週刊〇△
59ドル
125ドル
おとりがなければ冷静になれた

09

KEYWORD ≫ 確実性効果

無料なのになぜもうかる？

無料は人を取り込む有力な戦略

58ページの「確率加重関数」では、「実際に起きる確率」と「それが起きると感じる確率」にズレがあると解説しました。特にズレが大きいのは、実際の確率が0％や100％に近い状況でした。人は、**0か100かを特に重視し、敏感に反応します**。企業がこの心理を活用することもあります。最初は無料で商品を手に入れていたのに、気づくとお金を払っていた経験がある人は多いでしょう。無料（＝0円）は強い魅力です。広告でアピールすれば、多くの消費者に〝お試し〟させ、顧客になる可能性がある〝見込み客〟にすることができるのです。これが「確実性効果」です。

人は「無料」が大好き

アメリカの行動経済学者ダン・アリエリーによるこんな実験があります。高級チョコを15セント、安いチョコを1セントで販売すると、大半が高級チョコを選びました。ところが次に14セントと無料にすると人気が逆転したのです。

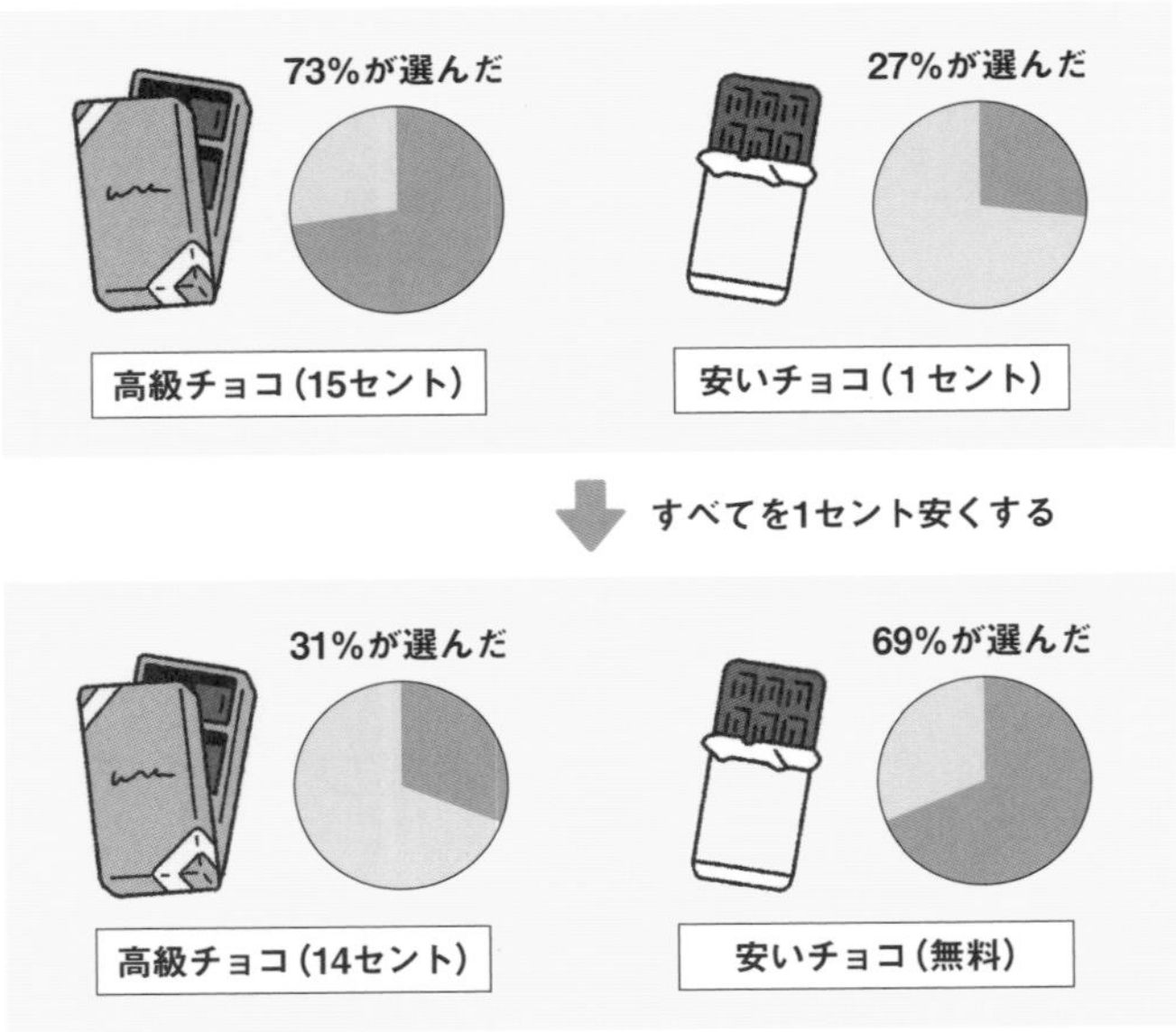

73％が選んだ
高級チョコ（15セント）
27％が選んだ
安いチョコ（1セント）
すべてを1セント安くする
31％が選んだ
高級チョコ（14セント）
69％が選んだ
安いチョコ（無料）

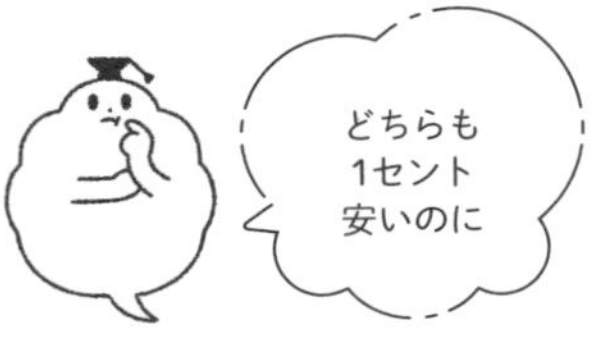

どちらも
1セント
安いのに

同じ値段分、値下げしただけなのに人気が逆転した理由は、安いチョコの値段が無料、即ち0セントになったため。

無料のお試しセットでもうかるわけ

人は「無料」に対して強く反応します。無料ならば、と心のハードルが一気に下がります。こうして申し込むことで、企業の“見込み客リスト”に載ることになります。

消費者は

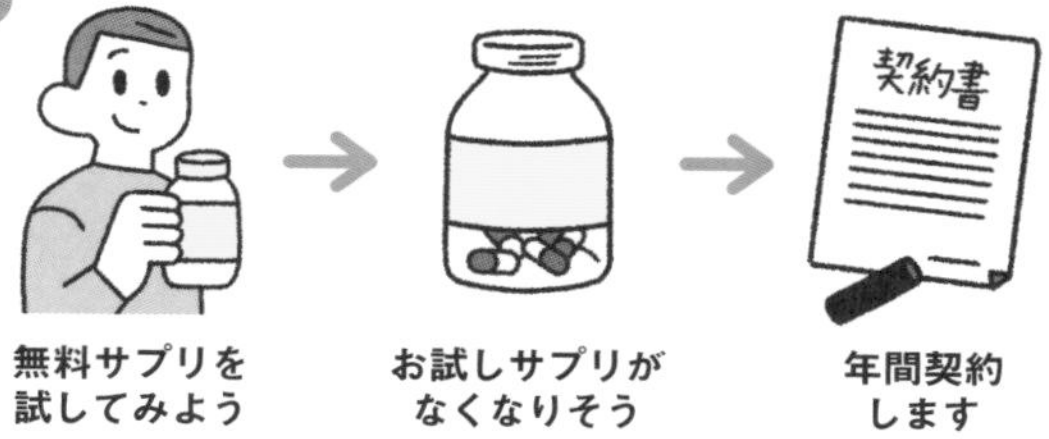
契約書
無料サプリを試してみよう
お試しサプリがなくなりそう
年間契約します

無料で飲み始めたサプリが良い商品であったり、飲用が習慣化されると、続けたくなる。無料だから始めたものが、いつしかお金を払って買うことになる。

企業は

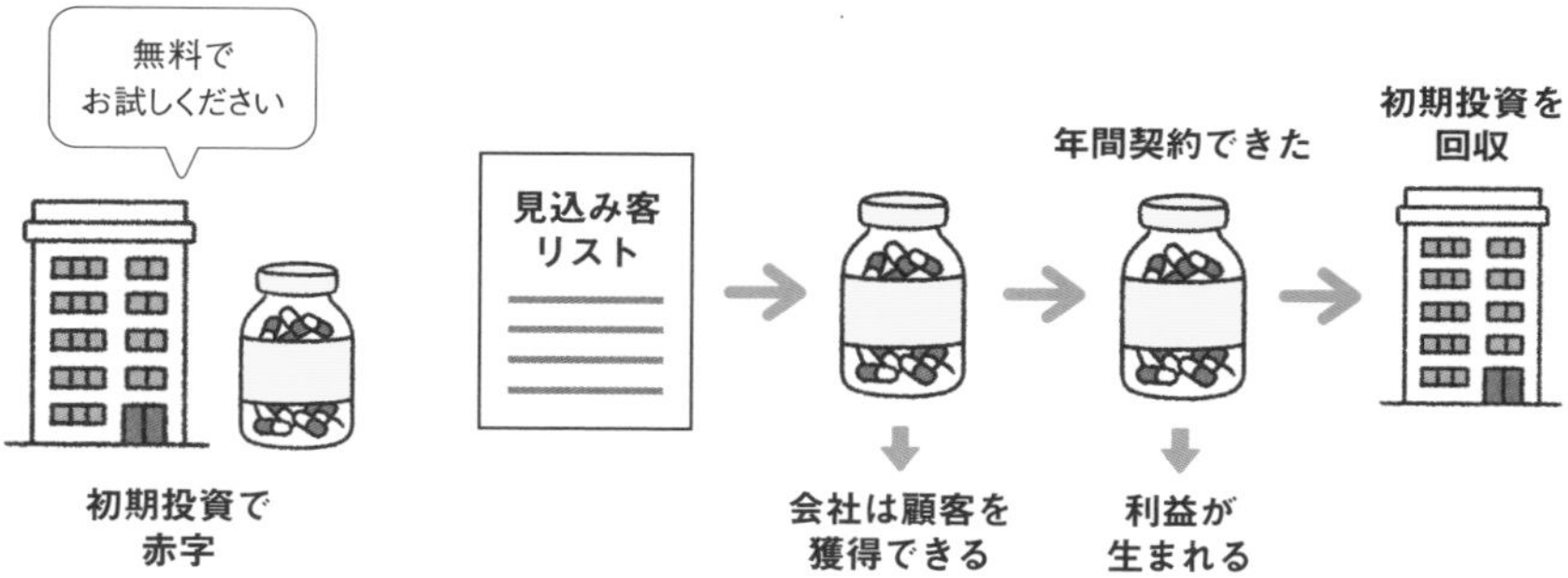
無料でお試しください
初期投資で赤字
見込み客リスト
会社は顧客を獲得できる
年間契約できた
利益が生まれる
初期投資を回収

長く購入してくれる顧客を獲得できるならば、最初の無料お試しセットにかかる費用は回収でき、さらに利益も生まれる。

カモにならない

無料に飛びついて損しないように

身の回りを見渡すと、スマホのソーシャルゲーム、パソコンのソフトウェアなど、無料で使える商品やサービスはたくさんあります。これらが成立するには理由があります。例えば、基本のサービスのみ無料にして、機能のレベルアップは有料にすることで企業は採算を取ります。また一部の利用者が支払う代金でサービス全体の運営をまかなうことで、多くは無料で利用できるケースもあります。

これらは「フリーミアム」というしくみですが、いずれにしろ企業が提供するものには、狙いがあるのです。

10

KEYWORD » ツァイガルニク効果

“くわしくはWebで”が気になる理由

途中までしか言わないなんて気になる

テレビ番組のエンディング近くで、「続きはCMの後で！」と中断されると、チャンネルを変えずに待ってしまうことがあります。また全10巻のコミックを9巻まで読み進めたときに最後の10巻がないと気づいたら、読みたくてがまんできなくなることでしょう。**人は達成できなかった事柄や中断している事柄を、達成できた事柄よりもよく記憶する傾向にあります**。完了しないアクションは頭から離れず、終わらせなければならない気持ちが生まれます。やり終えるまで脳の緊張状態が続き、終えたい欲求もなくならないのです。この心理は「ツァイガルニク効果」と呼ばれています。

“続きはWebで”で会員登録させる

CMの最後に「続きはWebで」と告げられて、アクセスしてしまうのも「ツァイガルニク効果」の影響です。CMの情報が不完全なため、最後まで知りたくなるのです。

ツァイガルニク効果

続きはWEBで

Webにアクセスしてみると

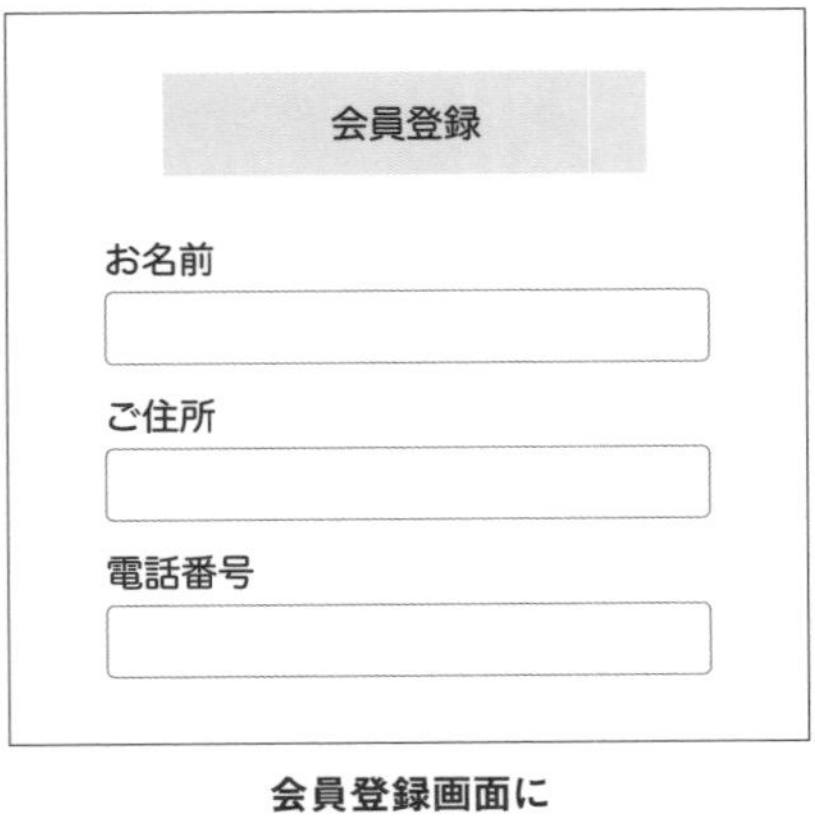
会員登録
お名前
ご住所
電話番号

会員登録画面に

ツァイガルニク効果はWebとの相性もいいんだね

企業が単に広告を打ってもWebへ誘導するのは簡単ではないが、最後まで知りたいという欲求を刺激するとアクセスを促せる。

1回のイベントですべての情報を与えない

講演などのイベントで、1回の参加ですべての内容を知ることができなければ、2回目以降も参加したくなります。内容の構成次第で、興味を持続させることは可能です。

今日はここまでです。
この先を知りたい方は
2回目以降も
申し込んでください
ツァイガルニク効果で次の参加を促された

え！？気になる

講演にすべて参加し最後まで終わったときには快さを感じる。

地域観光もすべては見せない

地域振興を目指す場合、観光客に向けて次の季節の祭事を予告することが効果的です。すべて見たいと思う観光客がリピーターになってくれることでしょう。

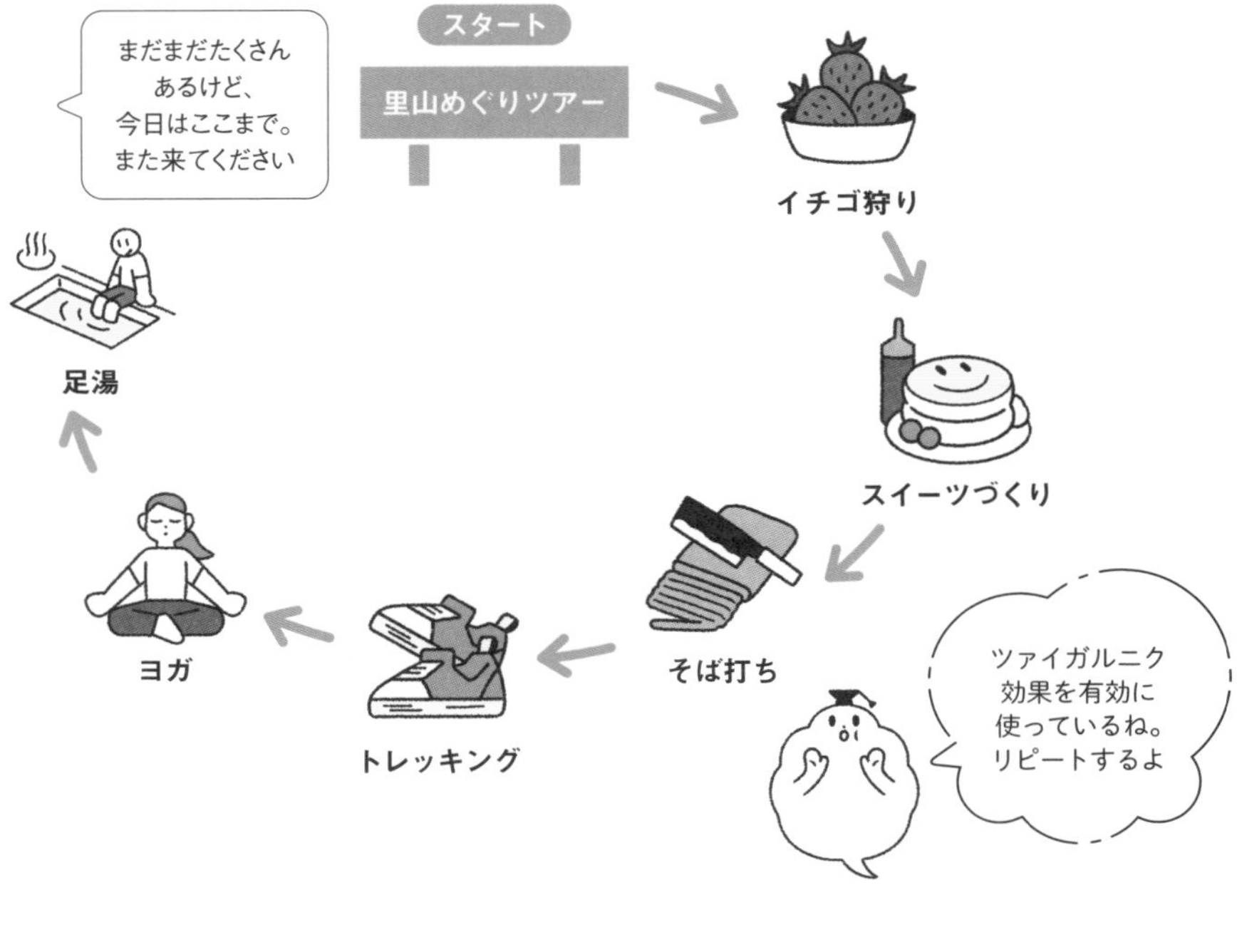
スタート
里山めぐりツアー
イチゴ狩り
スイーツづくり
そば打ち
トレッキング
ヨガ
足湯
まだまだたくさんあるけど、今日はここまで。また来てください
ツァイガルニク効果を有効に使っているね。リピートするよ

11

KEYWORD » エンダウド・プログレス効果

ちょっと進んでいるとやる気が出る！

前進したと感じるとがんばれる

マラソンなどでは、ゴールに近づくほどがんばろうという気持ちが高まります。**人はゴールに向けて前進したと感じると、進み続けたくなります**。この心理を「エンダウド・プログレス効果」と呼びます。エンダウドは「与えられた」、プログレスは「進捗」という意味です。**初めに進捗を与えられると目標達成への意欲がわきます**。ある実験では「8個のスタンプをためるカード」と「10個ためるが、最初に2個のスタンプが押されているカード」で、どちらを完成する人が多いか比べました。結果は後者が上回りました。押すべき数は同じでも、最初から押されているカードが、意欲を高めたためです。

前に進んでいると感じると、もっと進みたくなる

少しでも進んでいると思えるだけで人のモチベーションは上がります。さまざまな場面で「エンダウド・プログレス効果」は活用されています。

エンダウド・プログレス効果

STAMP CARD
2
3
4
5
6
7
8
9
10
11
12
13
14
15

集め始めようとするときに、1つでもスタンプが押されていれば、続けてスタンプを集めようという意欲がわく。

STAMP CARD
6
7
8
9
10
11
12
13
14
15

こうしてスタンプが集まり始めると、進んだ分を無駄にしたくないという「損失回避」の心理も働き、さらに集める意欲が高まる。

少しでも始めるとやる気が出る

学習を続けるのはなかなか難しいものです。また、Webの申し込み画面に入力するのは面倒で、最後まで入力するのをやめてしまうこともあります。少しでも前に進んでいることがわかることが大切なのです。

● 学習アプリの進度を示すプログレスバー

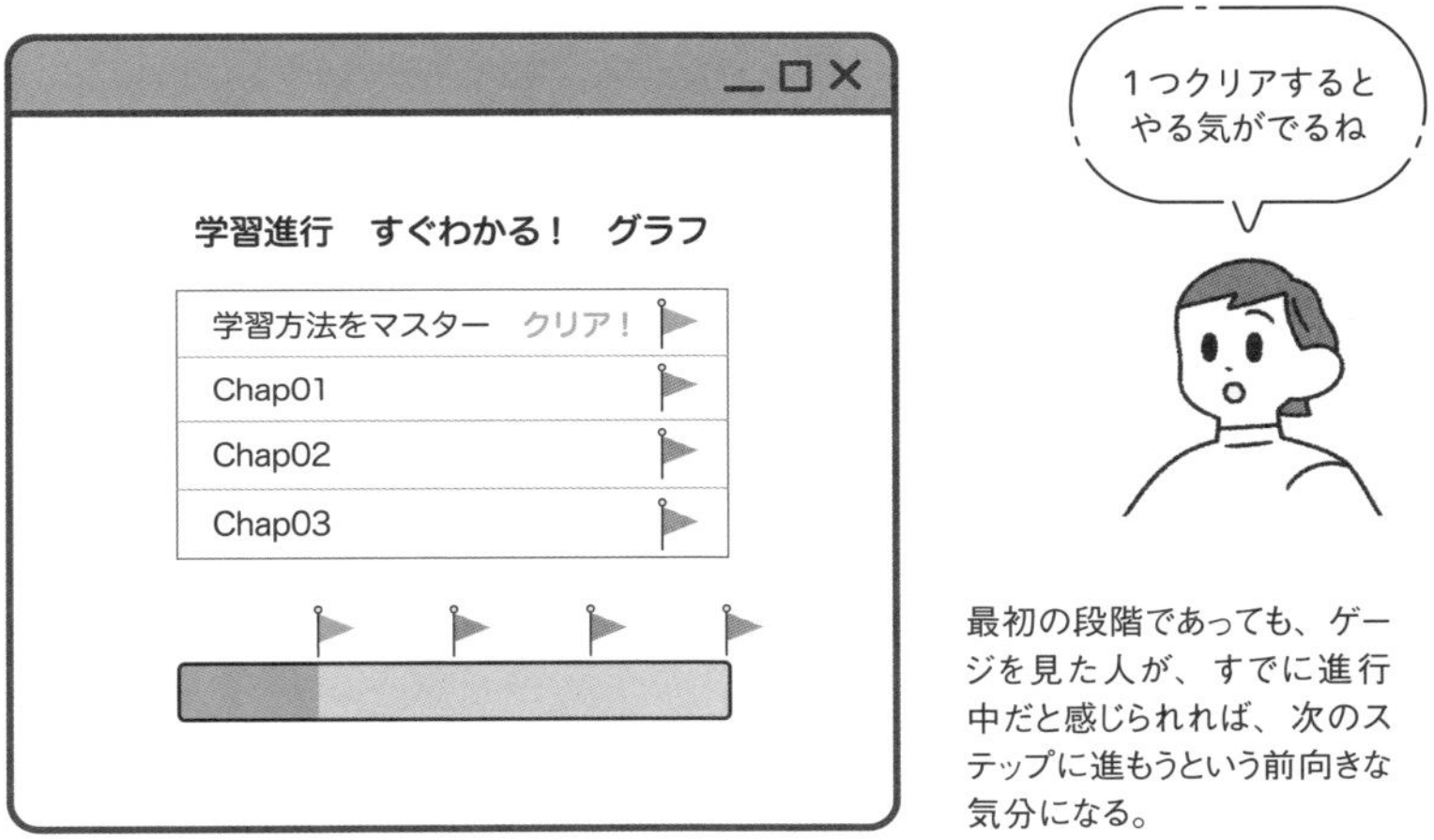
学習進行　すぐわかる！　グラフ
学習方法をマスター　クリア！
Chap01
Chap02
Chap03
1つクリアすると
やる気がでるね

最初の段階であっても、ゲージを見た人が、すでに進行中だと感じられれば、次のステップに進もうという前向きな気分になる。

● Web申し込みのプロフィールがある程度入力されている

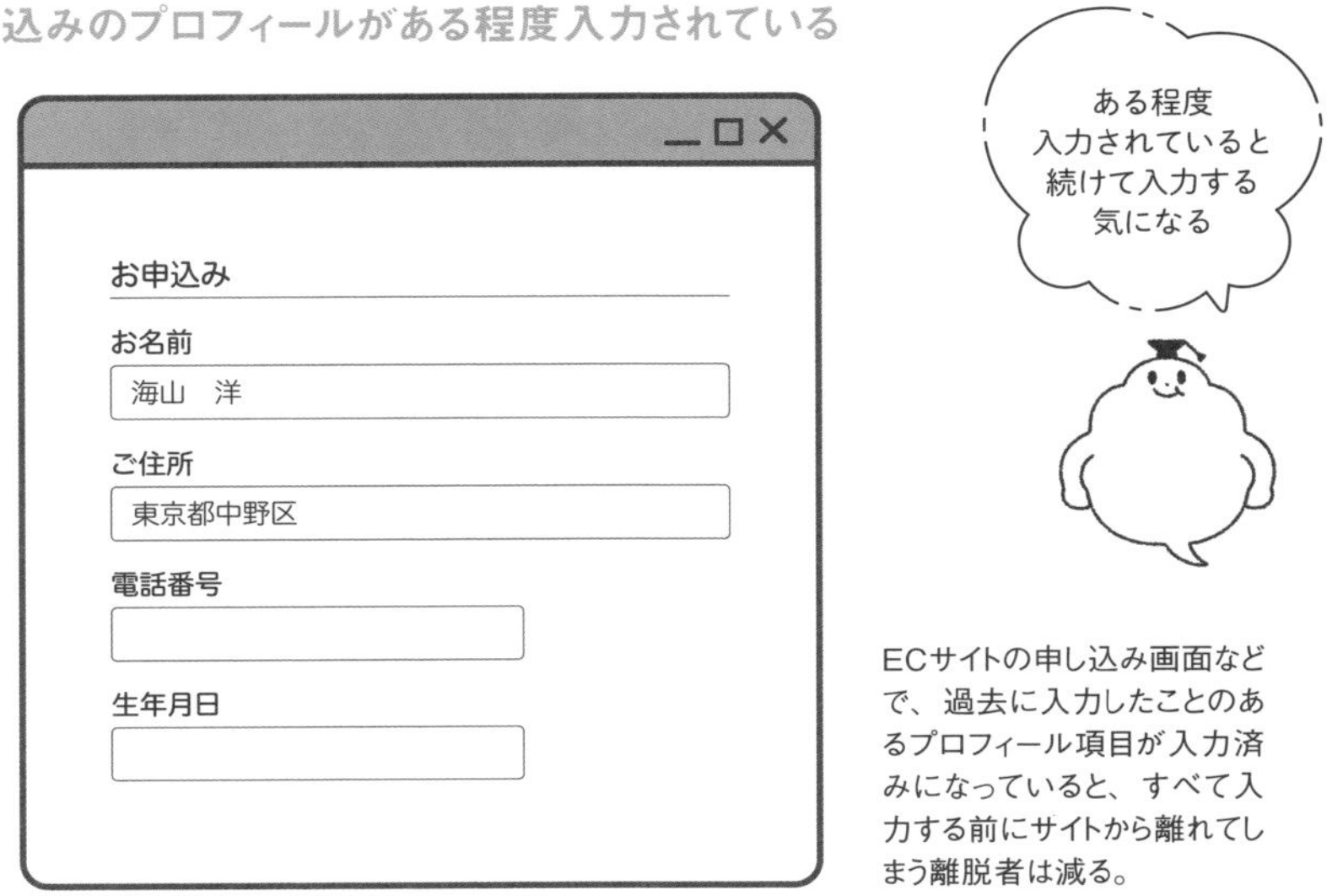
お申込み
お名前
海山　洋
ご住所
東京都中野区
電話番号
生年月日
ある程度
入力されていると
続けて入力する
気になる

ECサイトの申し込み画面などで、過去に入力したことのあるプロフィール項目が入力済みになっていると、すべて入力する前にサイトから離れてしまう離脱者は減る。

12

KEYWORD » 反転効果

リスクに訴えると……人は動く

人は損していると賭けに出る

一日を競馬場で過ごし、最終レースを迎えたと想像してください。うまく元手を増やしているならば冷静に、一か八かの危険な賭けは避けます。ところが負け越して最終レースを迎えた場合、当たれば損が帳消しになる大穴に賭ける可能性があります。**損している状態で人は冷静でいられず、挽回に向けてリスクの高い賭けに出ます。逆に得している場面ではリスクを避け、過剰に安全を求めます。**このように状況が損か得かによって、次の行動が正反対になるのが「反転効果」です。特にギャンブルの最終レースの場面で起きる「反転効果」は「最終レース効果」と名づけられています。

あなたの家のキッチンスポンジ大丈夫?

ターゲットとなる消費者に対して、自分が損をしているかのような気分にさせます。これはメーカーが商品を売るときに「反転効果」を活用する典型的な方法です。

汚いスポンジで
洗っていませんか?
反転効果
うわぁ、
気持ち悪い

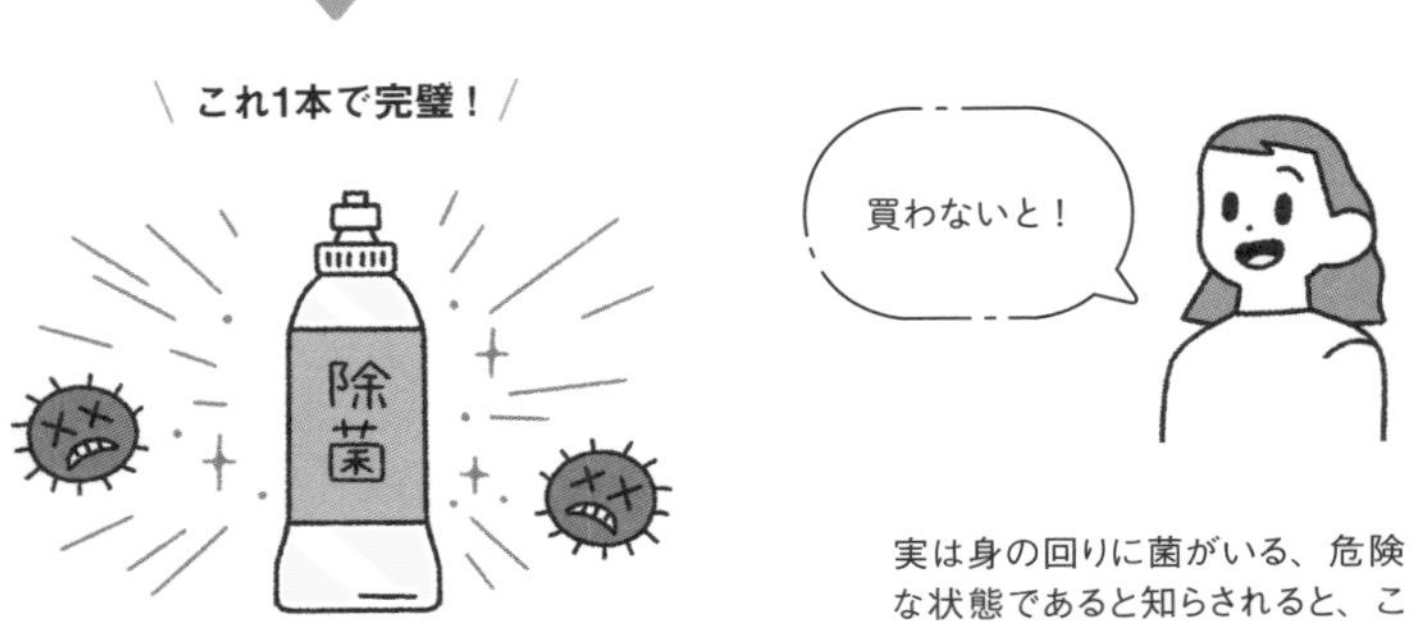
これ1本で完璧!
除菌
買わないと!

実は身の回りに菌がいる、危険な状態であると知らされると、これに対抗できる除菌剤を、“効果はわからないけれど買ってみよう”と判断する。

5 リスクのあるほうを選ばせる反転効果

行動経済学者ダニエル・カーネマンらは「反転効果」を検証するため、架空の伝染病の大流行に備えている状況での、人の判断に関する実験を行いました。

質問① ある病気が突発的に流行し、放置すると600人が死ぬと予測されている。これに対して2種類の対策がとられている

対策A 200人が救われる

対策B ⅓の確率で600人が救われる
⅔の確率で誰も救われない

➡ 72%がAを選ぶ

質問② 同じ病気への対策として

対策C 400人が死亡する

対策D ⅓の確率で1人も死なない
⅔の確率で600人が死亡する

➡ 78%がDを選ぶ

対策A と 対策C …200人が生存、400人が死亡

対策B と 対策D …全員生存⅓、全員死亡⅔の確率

結論 「200人も助かる可能性がある」質問①の状況では、リスクを避けて対策Aを、「400人も死亡する可能性がある」質問②の状況では、可能性に賭けて対策Dを選ぶ。

カモにならない

「先週、魚料理が3回未満の方へ」の戦略

上記の伝染病の実験では、対策AとC、対策BとDは同じことを意味しています。それにもかかわらず、質問①ではリスクを避け、質問②ではリスクを選ぶという反対の行動を取ります。この不合理さは「反転効果」の影響です。この心理を活用した販売促進事例の一つが、右ページのように「身の回りに菌がいる」と知らせることでした。このパターンは他にもあります。ある健康食品の広告コピーには「先週、魚料理が3回未満の方へ」とありました。狙いは「魚を食べる回数が少ないと健康を損なう可能性がある」と思い込ませることです。こうして効果が不明な健康食品を買う決断へと誘導するわけです。

13

KEYWORD ≫ 保険文脈

日本人はどうして「保険」が好き？

なぜか保険に入ってしまうしくみ

日本人は保険好きだといわれています。**欧米などでは、いざというときに貯蓄でまかなおうと考える人が多いです**。一方の日本では、結婚した、子供ができたなどの機会で保険に入る習慣があります。保険に加入すれば当然、定期的に保険料を払わねばならず、いわば確実に「損」をすることになります。しかし保険に加入するか検討する際に、〝事故に遭う、ケガする〟などの確率は実際には低いかもしれないなどとは考えず**〝いざというときに〟といったあいまいな考え方をもとに保険に入ります**。このように「保険」として示されると、加入してしまう傾向を「保険文脈」と呼びます。

保険と聞くとなぜか入ってしまう

下の2つの質問はA：保険で壊れたパソコンを修理、B：保険をかけず壊れるかは運に任せると考えると同じ意味です。「保険」という言葉がポイントです。

質問①

1%の確率で壊れるパソコン
保険料1000円を払えばどんなときも
無料で修理してくれる

A. 保険をかける

B. 保険をかけない

10万円

質問②

どちらを選びますか？

A. 100%の確率で1000円を失う

B. 1%の確率で10万円失うが
99%の確率で何も失わない

保険文脈

質問① 「保険をかける」と答える人が多い

質問② Bが多い

結論

質問①では、「保険」と表現されると1000円の損失が気にならず、Aを選ぶ。質問②のように単に損失と表現されると、避けたくなる。

「確率加重関数」でも証明される保険の“魅力”

「確率加重関数」によれば、損失の可能性が0%であることは非常に印象に残ります。つまり「保険」によって補償されることで損失が0になるとすれば、非常に魅力を感じるのです。

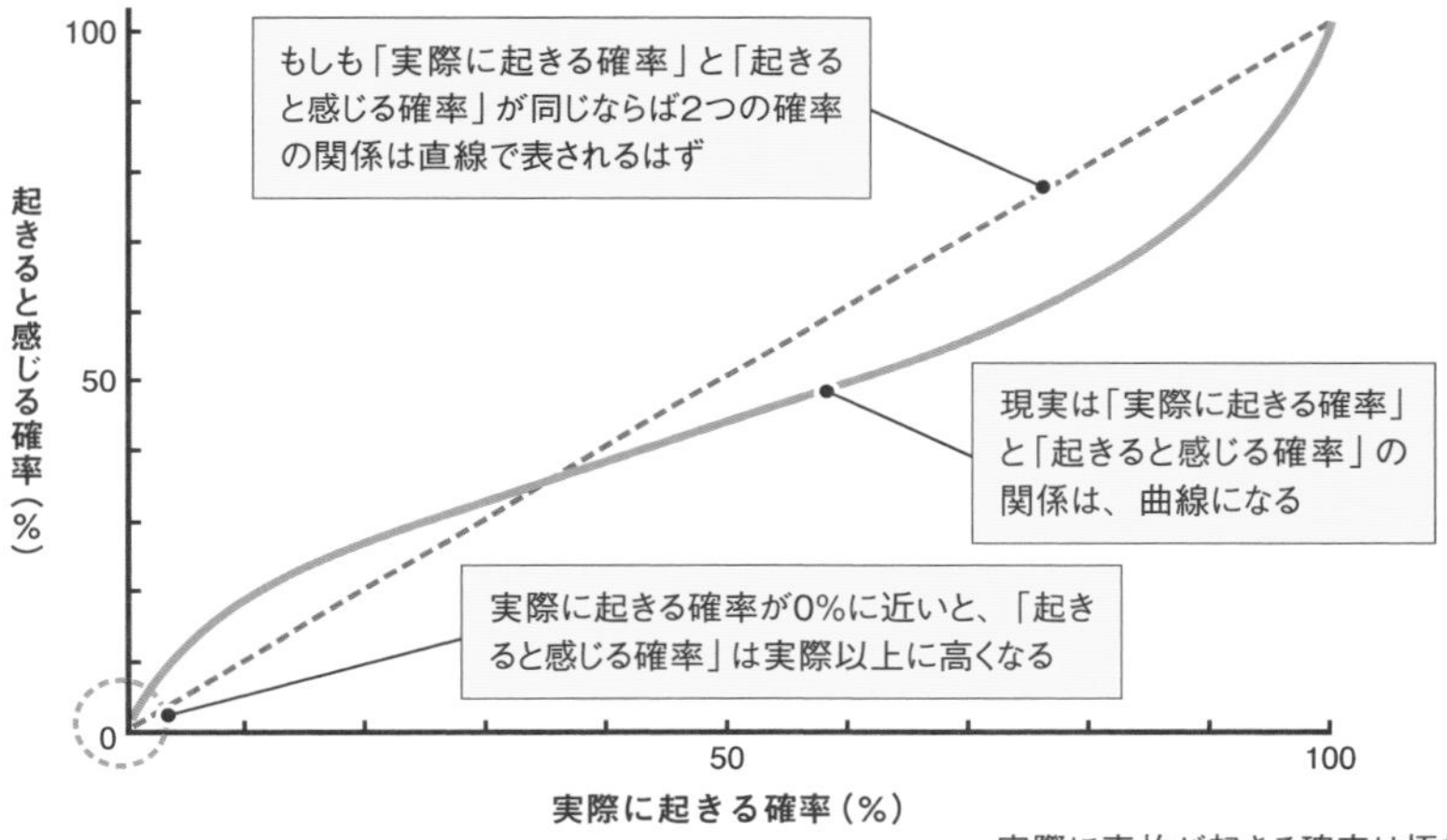

100
50
0
起きると感じる確率（%）
50
100
実際に起きる確率（%）
もしも「実際に起きる確率」と「起きると感じる確率」が同じならば2つの確率の関係は直線で表されるはず
現実は「実際に起きる確率」と「起きると感じる確率」の関係は、曲線になる
実際に起きる確率が0%に近いと、「起きると感じる確率」は実際以上に高くなる

実際に事故が起きる確率は極端に低いが、0%ではない。人は、保険によって損失を0%にしようとして加入する。

自動車事故も
実際の確率以上に
高く見えるよ

● 保険加入の判断は?

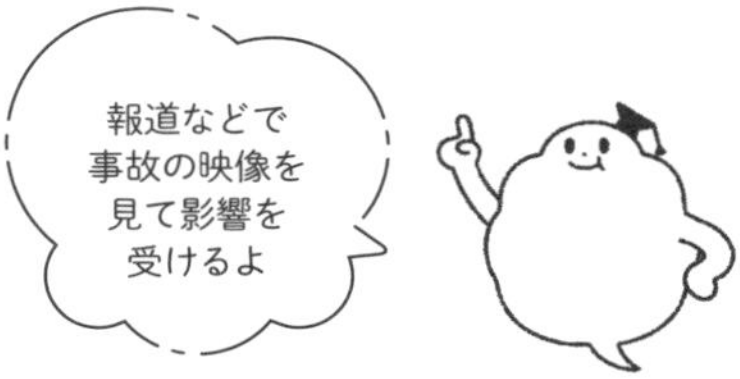

報道などで
事故の映像を
見て影響を
受けるよ

起きる確率が高いと思い込んでしまう

事故に遭った人の悲惨な状況などを見ることによって強く印象づけられ、利用可能ヒューリスティックが働き、保険に入ることで安心を得ようとする。

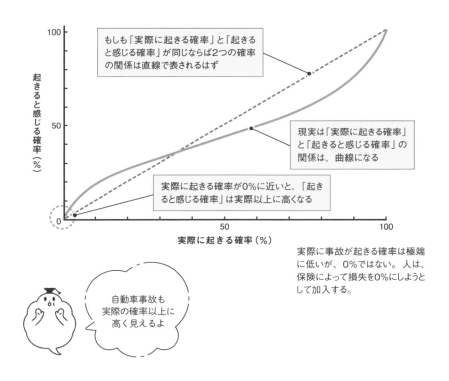

14

CMは買った人のためにある

KEYWORD » 確証バイアス

自分を支持してほしい気持ち

人は誰しも、無意識のうちに自分の行動は合理的であると考え、自分を正当化しようとします。一度自分の意見を決めると、それを裏づける情報ばかり集めて、自分の意見に反する情報を無視する行動を取ります。**自分の行為の正しさを強化するのです**。この心理的バイアスを「確証バイアス」と呼びます。現代は情報社会ですから、周囲に情報はあふれており、取捨選択するのが困難です。特に何かを買おうとする際には、商品の種類が多いうえに関連する情報も大量です。すべての情報を吟味するのは難しいですが、買い物で失敗しないためには、偏った目で情報を見ないことは重要です。

その商品を購入した人に安心を届けるCM

広告は買ってくれる人を増やすためのものです。ところが、すでにその商品を買った人が、自分の決断が正しかったと思いたくて見ることもあります。

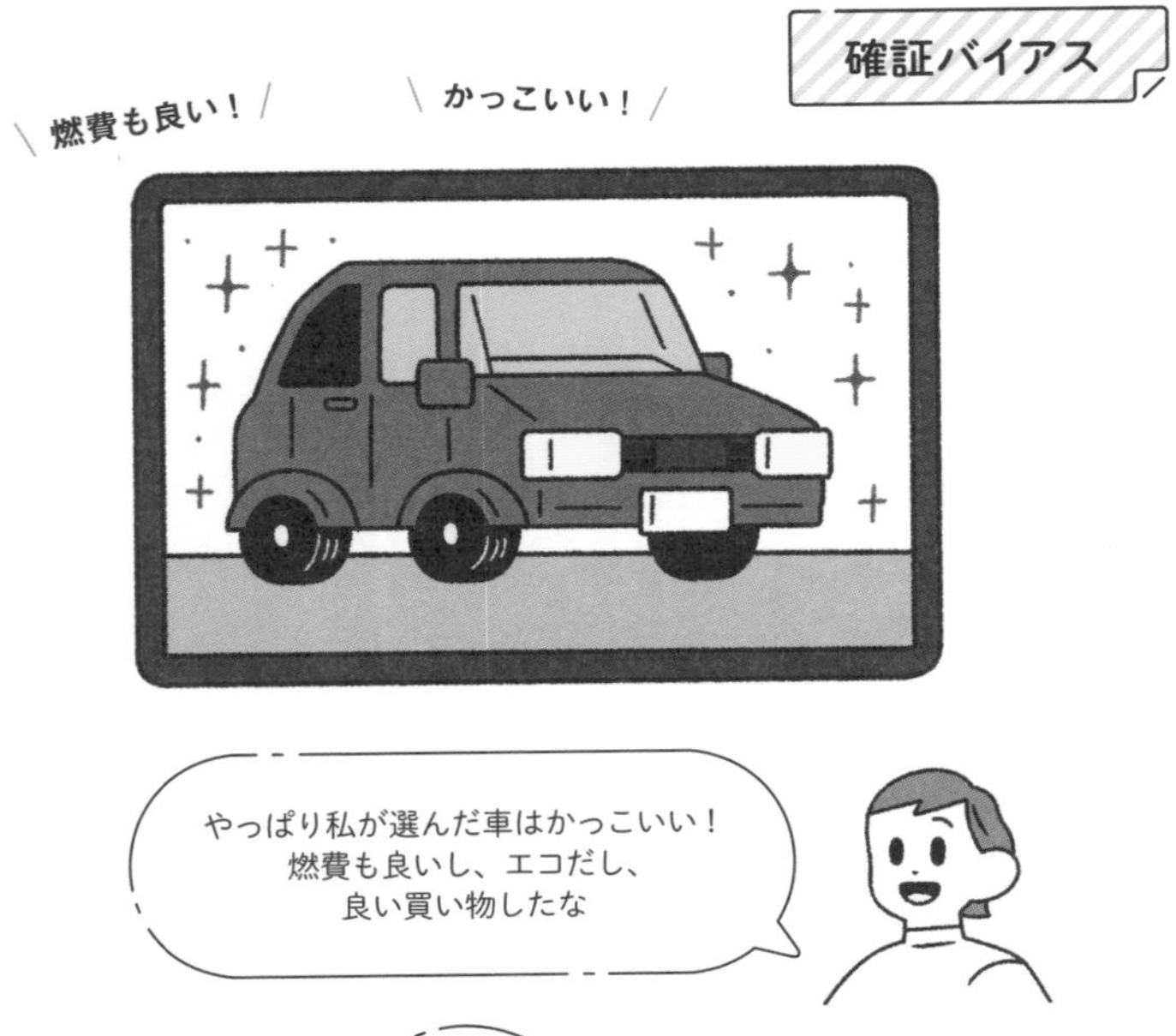
確証バイアス
燃費も良い！
かっこいい！
やっぱり私が選んだ車はかっこいい！
燃費も良いし、エコだし、
良い買い物したな

高いお金を
払ったんだもん、
安心したいよね

広告には、その商品の良い点ばかりが書いてある。買った判断は正しかったと裏づける情報が満載だから、これらを見て安心できる。

聞きたいのは自分の行動を支持する意見だけ

「確証バイアス」の根本的な原因は、自分の考え方は誤っていないという思い込みです。色メガネで見て自分が間違っている可能性を無視することで、正しい判断から遠ざかります。

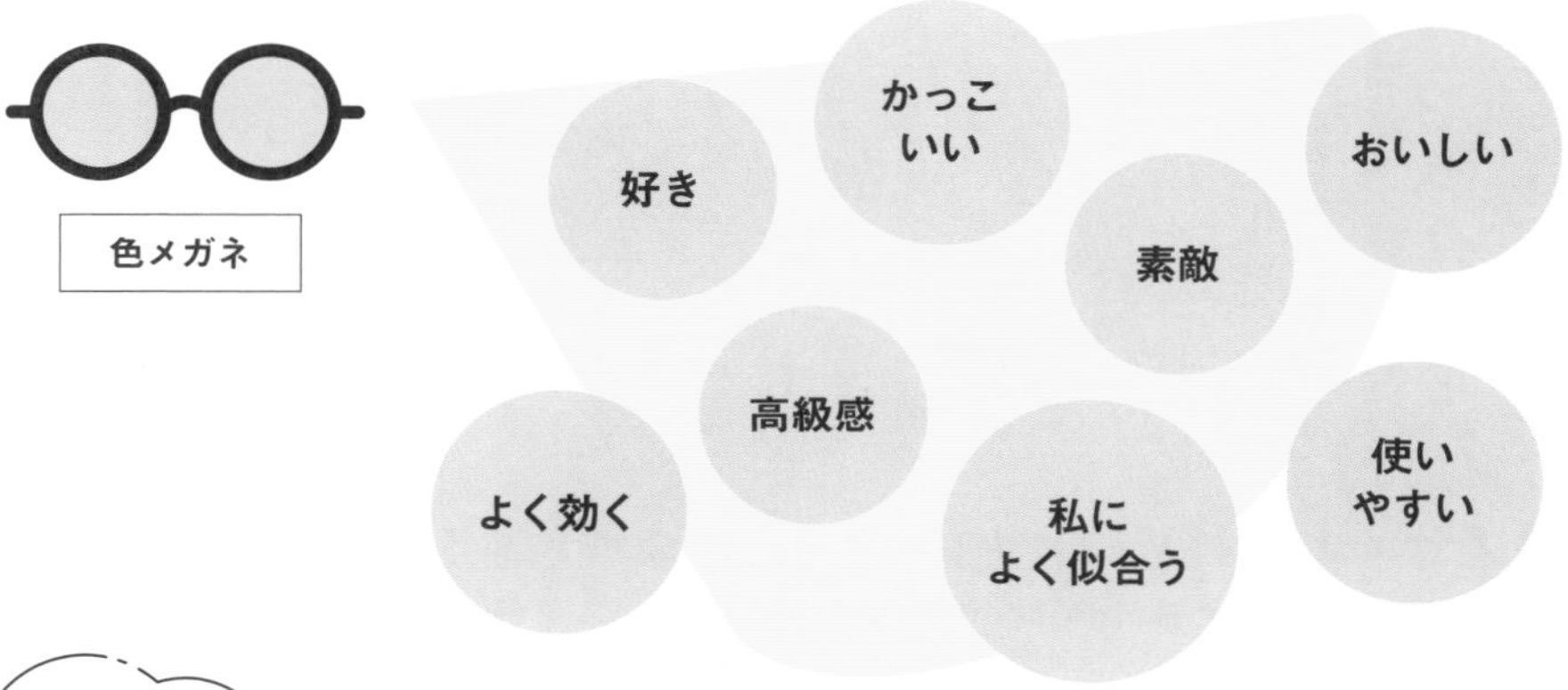
色メガネ
好き
かっこいい
おいしい
素敵
高級感
よく効く
私によく似合う
使いやすい

いいことだけを聞きたい

- □ 自分が買ったもののメリットをさがす
- □ 自分の考えや思い込みに固執する
- □ 肯定的な情報だけを集めようとする

正しい情報を無意識に無視すると、いつまでたっても正しい判断にたどり着かず、無限に同じ誤りを繰り返すサイクルにハマってしまう。

もっと知りたい

反対意見は受け入れられにくい

現代は、自分の意見に固執する「確証バイアス」をさらに助長する環境があります。ネット情報の影響です。ネットのニュースサイトなど、同じような情報を多く読んでいると、類似の情報ばかり表示されるようになります。これはサイト側が長く閲覧してもらうために取る「パーソナライズ」という手段です。その結果、気づかないまま自分の考えに合う情報ばかりに接することになりかねません。自分の関心や好みは世の中的にも重大だ、といった方向で「確証バイアス」が働く可能性もあります。広い視野で情報を収集し、正しい判断を行うためには心理的バイアスとともに、情報源にも配慮すべきです。

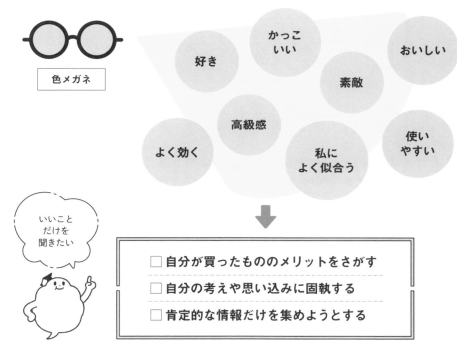

15

KEYWORD » バーナム効果

「それ 私！」と思うコピーで気を引く

まさに〝自分〟と思う表現を使う

日本人は血液型で性格や相性などを占うのが好きだといわれています。血液型占いは世界的にはメジャーではなく、科学的根拠はないともいわれています。しかし、日本でこれが広く信じられている理由の一つは、〝A型は几帳面〟などの言い方に納得してしまう人が多いことです。現実にはA型の人だけが几帳面なわけではなく、誰でも多少は几帳面な一面を持っていますが、そう言い切られると反対しにくいのです。人は、**誰にでも該当するようなあいまいで一般的な性格や特徴などを、自分に当てはまると、とらえてしまう傾向があります**。この心理は「バーナム効果」と呼ばれています。

「食べたいけどやせたい！」という気持ちをくすぐる

広告でも「バーナム効果」は活用されます。自分向けの商品だろうと思い込むようなコピーで呼びかけるのです。よく考えると多くの人に当てはまります。

バーナム効果

1粒でリセット
カロリーカット
食べたいけど
やせたいあなたに
そんなこと
あるかな？
これなら
たくさん食べても
大丈夫！

"食べたいけどやせたい人"は世の中に山ほどいますが、そう書かれると"自分に当てはまる"。だから"自分向きの商品だ"と考えてしまう。

誰もが感じる不安を「まさに自分の不安」と思わせる

日頃何となく感じている不安を目の前に突きつけられると、「それ、私!」と思わされ、消費行動が促されます。

10年後の体力に自信はありますか
○○大学○○教授
無料講演会
60歳かぁ
50歳

多くの人が感じる不安と自分が感じる不安が重なると、特に関心を持つようになる。

裏づけや後ろ盾となる権威があると、信頼感が加わる

自分向きと思わされる言葉は、権威ある人から発せられると特に信ぴょう性があるものととらえられます。「バーナム効果」は権威と結びつくと効果が高まります。販売される商品が有名ブランドだとそれも権威になります。

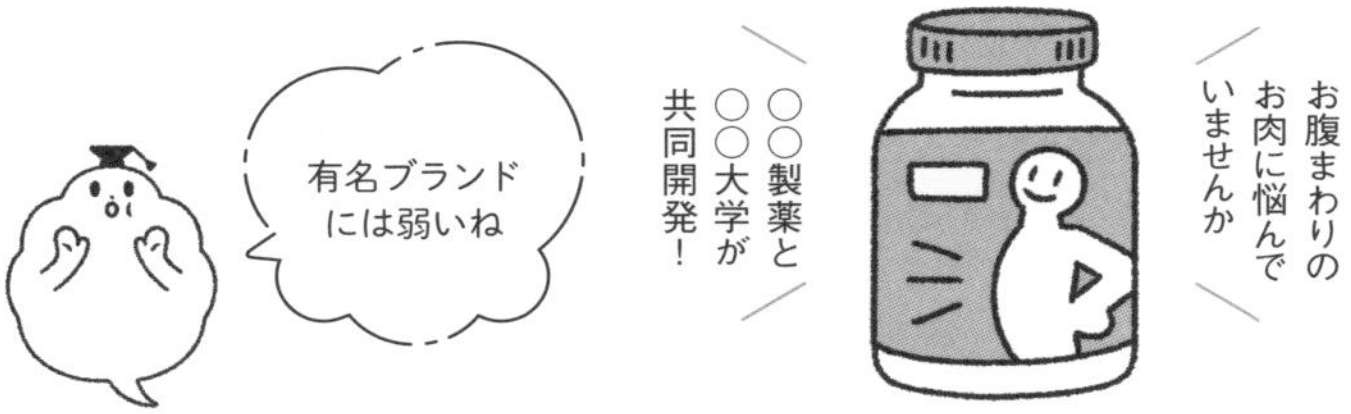
有名ブランドには弱いね
お腹まわりのお肉に悩んでいませんか
○○製薬と○○大学が共同開発!

広告などでも、著名人や、著名な大学や研究機関などを起用し、“自分に当てはまる”と思う内容が、もっともであるかのように演出する。

カモにならない

「それ私!」にひっかからない

占いを信用させるために言葉のテクニックが使われます。例えば性格診断で「あなたは普段は社交的ですが、一人の時間も大切だと思っています」「現実的な一方、ロマンチックな一面もあります」などの言い方があります。これらは、もっともらしい表現ですが、それぞれに全く逆の二面が含まれています。必ず、言われた人が当たったと思えるようにつくられているのです。「バーナム効果」を使った広告にも言葉のテクニックが使われています。広く一般的な悩みを取り上げて注目を集め、自分向きと思わせるパターンが多いです。広告で注目したとしても、買うべきかどうか商品の内容で判断すべきでしょう。

16

KEYWORD ≫ ディドロ効果

家電や家具は同じブランドで揃えたくなる

大好きなものは揃えて持ちたい

スウェーデン発祥の世界最大の家具量販店「IKEA」の広い店舗では、北欧風の家具や雑貨がフロア全体に置かれ、統一感あるコーディネートがされています。そこで気に入ったソファを買うと、カーテンもテーブルも同じ雰囲気で揃えたいと思う気持ちが生まれてきます。人には、**今までになかった、理想的な価値の新しいもの、人、環境などを手に入れたときに、それに合わせて関連するものを統一しようとする心理が働くのです**。これは「ディドロ効果」と呼ばれています。例えば、iPhone、MacBookなど同ブランドの製品を買い揃える〝Apple信者〟の行動は典型的な事例です。

ブランド化しているものは揃えたくなる

一つお気に入りの商品を手に入れると、同じブランドで揃えて自分の持ち物を一貫性ある状態にしたくなります。好みのブランドを一種の、自分らしさの表現と考える人もいます。

ディドロ効果

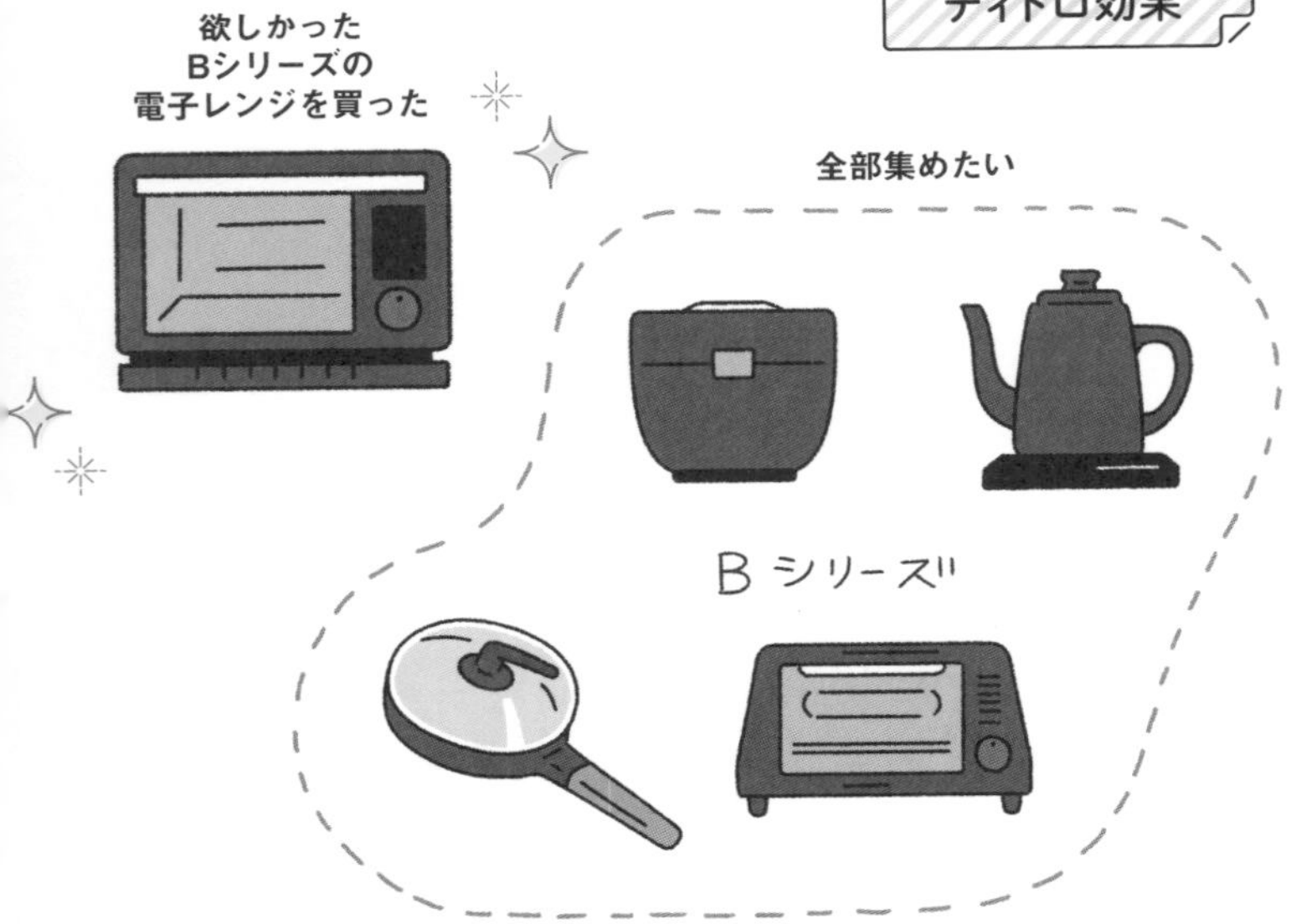
欲しかった
Bシリーズの
電子レンジを買った
全部集めたい
Bシリーズ

ブランド化して
複数の商品を
開発するのも
戦略だね

企業はブランド独自の世界観やイメージを確立して、ファンをつくろうとする。過程は大変だが、ブランドができれば利益は確実だ。

シリーズものを集めたい心理

シリーズもののフィギュアやお菓子についてくるカードは、集め始めるとすべて揃えたくなります。時には、おまけ欲しさにお菓子を買うこともあります。

● シリーズとなっているキャラクター

シリーズとなっているキャラクターのフィギュアなどを揃えたくなるケースもある。買い集めたい欲求が生まれ、新商品が出ると、そのときの自分の状況を考えもせず自動的に購入する。

● おまけのカード

スナック菓子などのおまけのカードを集めると満足感が出てくる

ソーシャルカードゲームで、強いカードや限定カードを揃えたくなる

カモにならない

ディドロ効果にだまされない

企業側にとって消費者の心理に働く「ディドロ効果」は歓迎でしょう。同じシリーズやブランドを買い続けてくれれば、顧客単価アップやリピーター顧客の獲得が可能になります。そこで重要なのは最初の購入ですから、企業は初回限定割引、試供品配布、無料お試し期間など、さまざまな販促策を行います。逆に消費者は、誘導されるまま、買い続けないよう注意すべきです。まず自分自身に「ディドロ効果」が働く可能性を意識する必要があります。それでも買い続けたくなったときには、利用することよりも集めることを優先していないか、そのようなコストをかけてよいのか、など自分に問いかけてみましょう。

17 ネットオークションにハマる

KEYWORD » 保有効果　後悔の回避

さまざまな気分を感じられる

購買価格を競い、最も高い人が買えるオークションの始まりは紀元前500年です。当時は限られた人のものでしたが、現在はネットオークションのおかげで誰でも参加できます。廃盤になったCD、絶版になった本、ブランドものの服や希少な雑貨まで、さまざまな商品が売り買いされています。この取引に参加し、商品を競り落とす人の心理には、さまざまなバイアスが働きます。その一つは、**自分のものになると実際以上に価値が高いと思い込む「保有効果」**です。また、**将来に損をしそうなときに避けようとする「後悔の回避」も働きます**。時には失敗も起きかねない取引なのです。

ネットオークションはさまざまな感情を楽しめる

ネットオークションでは、店舗やネット通販にない商品でも買える機会があります。また入札金額が高騰したときの焦り、落札した高揚感など、さまざまな気分も楽しめます。

① 商品を見つける ➡「後悔の回避」から早く買おうと思う

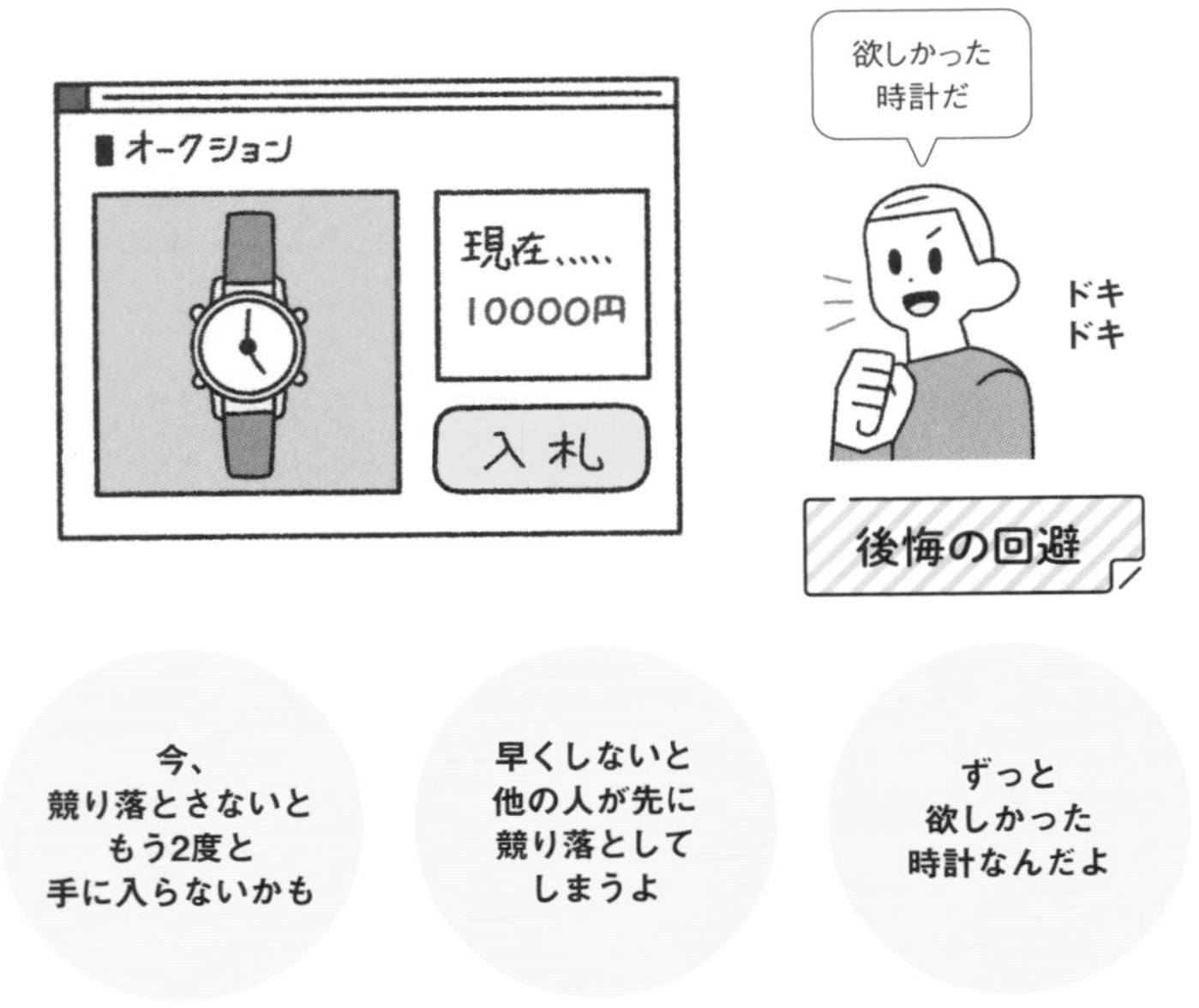
オークション
現在.....
10000円
入札
欲しかった
時計だ
ドキ
ドキ
後悔の回避
今、
競り落とさないと
もう2度と
手に入らないかも
早くしないと
他の人が先に
競り落として
しまうよ
ずっと
欲しかった
時計なんだよ

人気商品には多くの人が入札する。もし買えなければ、“2度と手に入らないかも”と後悔するだろうという気持ちが生まれる。つまり「後悔の回避」の心理で、高くても落札する。

② 入札リストを見て入札する ➡「保有効果」から手放したくなくなる

アサオークション	「90年製レアスニーカー」
鈴木　翔	10100円
山口慶介	10000円
佐藤　淳	9800円
⋮	⋮

ワクワク
今のところ一番高い
落とせるかもしれない
ソワソワ
少し値が上がってもいいや
ドキドキ
誰にも渡したくない

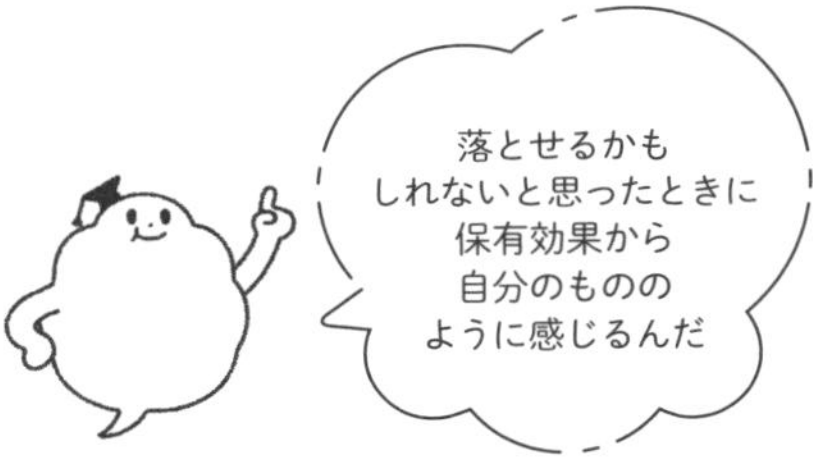
落とせるかもしれないと思ったときに保有効果から自分のもののように感じるんだ

保有効果

③ 落札する ➡「保有効果」から満足を感じる

おめでとうございます！
あなたが落札しました

予算オーバーだったけど、欲しかった時計が買えてよかった！

「保有効果」が働いて
実際の値段より高い価値に思える

高すぎる額で落札した直後は複雑な心境だが、実際に商品が届くとそれも忘れる。

予算オーバーのことなんて忘れてしまうよ

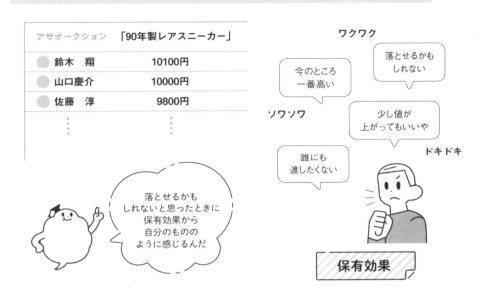

18 ポイント還元がお得に感じる理由

KEYWORD » アンカリング　ピークエンド効果　保有効果

「割引」vs.「ポイント」行動経済学で考えると

「10％割引」と「10％ポイント還元」を比較して、どちらが得かと聞かれたら、同じ10％だから、どちらも同じだけ得、と答える人もいるかもしれません。ところが実際は、下記に示すように**「割引」のほうが「ポイント還元」より得**です。それにもかかわらず、ポイントをためるのが好きだという人は多いようです。

いつ使おうかと楽しみにしながら、なかなか使わずにため続ける人もいます。「ポイント還元」は実際以上に得だと思われるうえ、消費者をとりこにする魅力があります。こうした不合理な判断をしてしまう原因は、消費者の無意識のなかにある心理的バイアスです。

「10%割引」と「10%ポイント還元」どっちが得？

割引とポイント還元の違いよりも、「10％」という数字がアンカーとして記憶に残ります。その結果「10％割引」も「10％ポイント還元」も同じくらい得だと考えるのです。

アンカリング

10%割引

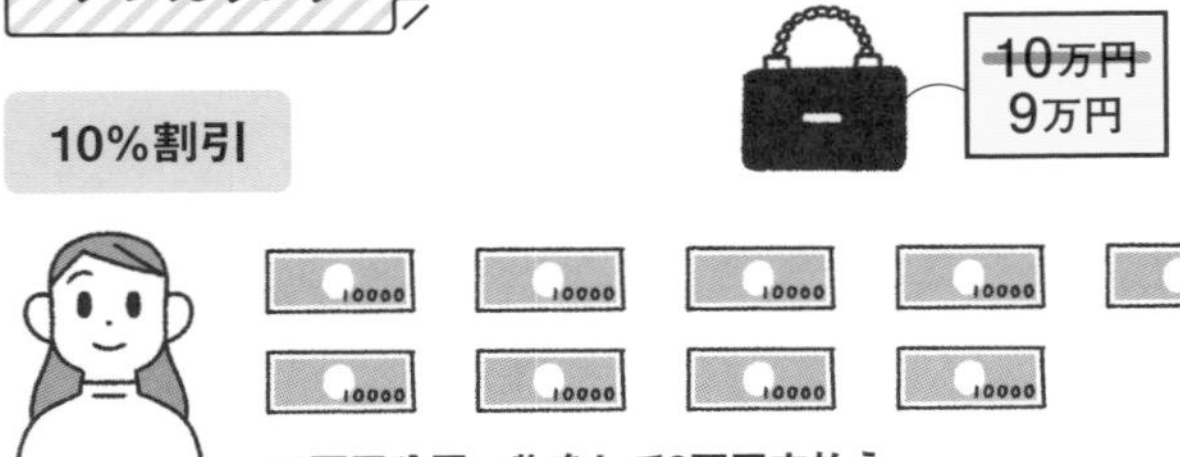

10万円分買い物をして9万円支払う

割引率　（10万円－9万円）÷10万円＝10％

10%ポイント還元

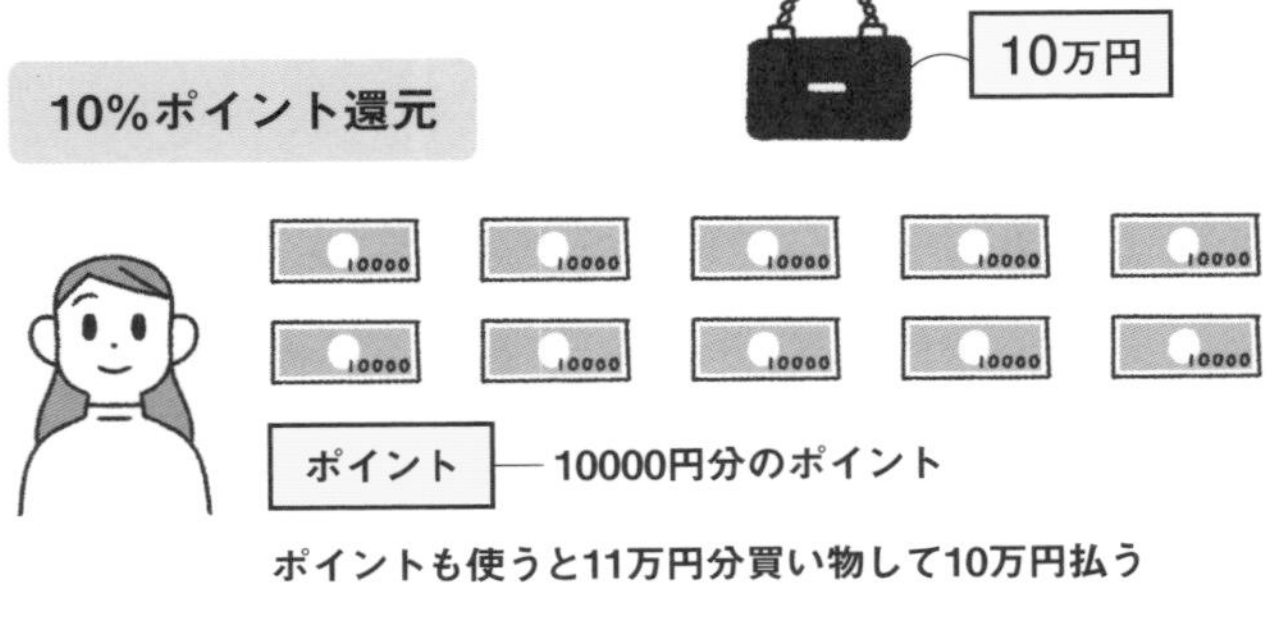

ポイントも使うと11万円分買い物して10万円払う

割引率　（11万円－10万円）÷11万円＝約9.1％

● 10万円あたりのポイント還元率別総額の割引率

ポイント還元率	総額の割引率
5%	約4.8%
10%	約9.1%
15%	約13%
20%	約16.7%

例

① ポイント還元が20%と割引がない場合の比較

➡ ポイント還元のほうがお得

② ポイント還元が15%と割引が15%の場合の比較

ポイント還元　割引率約13%

割引　割引率15%

➡ 割引のほうがお得

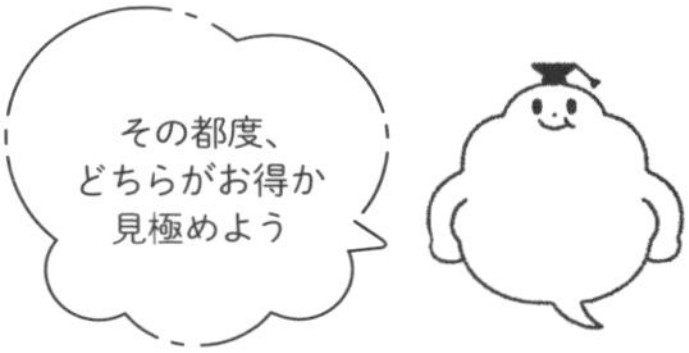
その都度、
どちらがお得か
見極めよう

● ピークエンド効果と保有効果も関係している

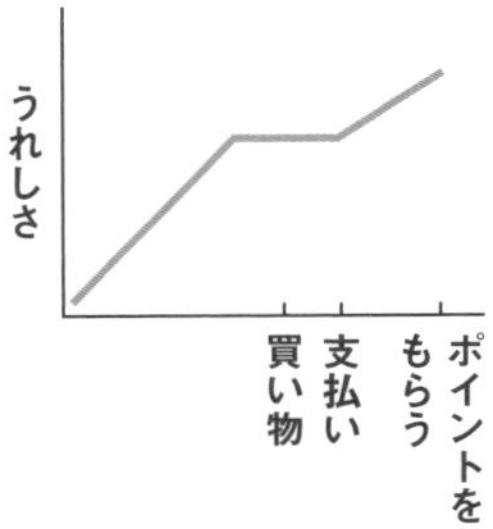
うれしさ
買い物
支払い
ポイントをもらう

ピークエンド効果

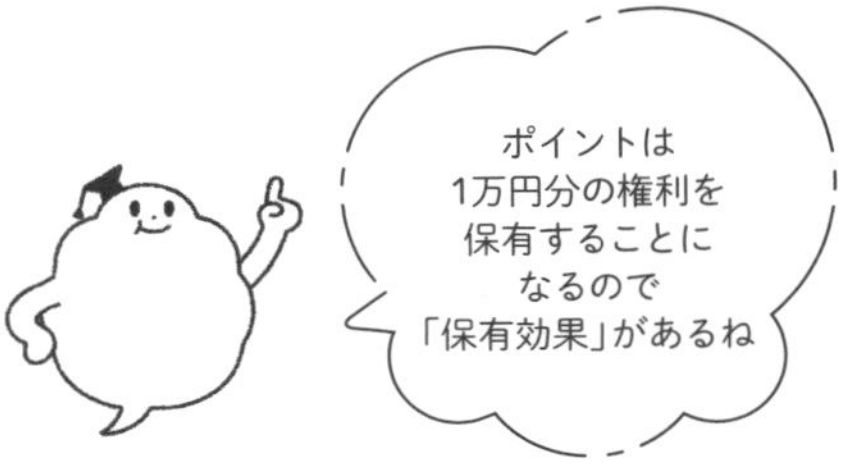
ポイントは
1万円分の権利を
保有することに
なるので
「保有効果」があるね

「10%割引」は代金と商品を交換して終わるが、「10%ポイント還元」は代金支払い後に、新たにポイント分をもらう。それが最後の良い印象として残る。

カモにならない

本当は売り手のための ポイント還元

「ポイント還元」は、顧客との関係を長く続けるしくみだと考えられます。ポイントはアプリのデータやカードなどの形で顧客の手元に残ります。「保有効果」が働き、顧客はこれを大事にします。さらにポイントをためること自体も楽しみになります。時間が経つほどに満足が拡大することを好む「上昇選好」が働くからです。逆にポイントを使って減らしてしまうのは損失ですから「損失回避」が働きます。こうしてポイントのために発行元のショップで買い続けることで、「顧客の囲い込み」状態になります。これは売り手にとっては便利なしくみです。

19

ついついテレビショッピングで買ってしまう

KEYWORD ≫ ハロー効果　損失回避　フレーミング　アンカリング

注文したくなる仕掛けが満載

テレビショッピングで注文する人は商品を触って確かめることはできません。画面を通じた紹介だけで、お金を払います。言わば番組が営業担当です。商品を紹介し、価格を見せ、購買特典などをアピールするといった、一連の商談と同じことが番組のなかで行われます。そこには顧客の心理をつかみ、購買を促す操作をする工夫があります。行動経済学の理論も、さまざまな形で取り入れられています。「ハロー効果」で商品の印象を操作し、買わない損を避ける「損失回避」を発動させ、買うことが得に見える「フレーミング効果」を活用し、「アンカリング」で安さを印象づけます。

視聴者を引きつけるさまざまな効果

テレビショッピングでは、視聴者が初めて見る商品に関心を持ち、欲しいと思い、実際に購入の手続きをするまでを短い番組のなかで行います。視聴者の心理にさまざまな動きを生み出しています。

産地直送
30分限定
赤字覚悟
最安値!
もう1台つけてこのお値段
さらに値下げ
注文します

さまざまな手法を効果的に組み合わせているよ

対策　仕掛けにひっかからないようにする。

損失回避

残りあと15分

販売残り時間が短いことが示されると、買えるのは今だけというチャンスを逃すことが損に思えて、買ってしまう。

ハロー効果

あの人が言うなら間違いない

イメージの良いタレントや有名人が商品を紹介し、そのイメージに影響されて商品自体の印象も良くなる。

アンカリング

安く感じる

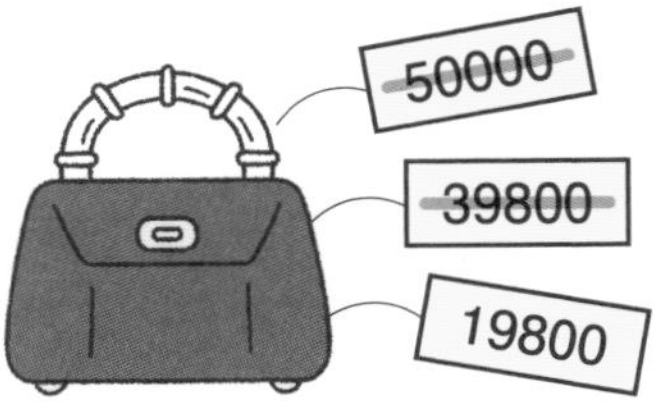

値引き前の金額がわかると、その数字が記憶に残る「アンカリング」の効果で値引き後の金額が一層安く見える。

フレーミング

安売りの場面でよく聞くキャッチフレーズ

限定商品　産地直送

赤字覚悟　出血サービス

単に売りつけようと安さを連呼するのではなく、安くする売る側の視点での工夫や苦労などが見えると購買意欲も生まれる。

カモにならない

「それ 私！」にひっかからない

テレビショッピングは、成功したかどうかが売上に直結するため、評価がシビアに問われます。番組での商品紹介が良いと評価されたならば、放映の直後から受付電話が鳴りますし、悪ければ、何も起こりません。番組のつくり方の良し悪しが即座に表れるのです。

テレビショッピングの売り手は真剣です。ゆえに買う側も、うまく乗せられることなく買い物をしなければ不要なものを買うなど失敗するかもしれません。この事態を避けるためにも、自分の心理に働くバイアスを知ることが必要なのです。

橋本先生が答える

行動経済学的

お買い物相談室

Q スーパーの試食販売を断れず、必要以上に買ってしまいます。

スーパーの試食販売があると断れずに食べてしまいます。しかも、買わないと悪い気がして、買わずに立ち去ることができません。毎回必要以上に商品を買ってしまいます。誘惑に負けない方法はないでしょうか。

（30歳・男性・会社員）

A 試食をした後に商品を買ってしまうのは、あなたが単なるお人よしだからではありません。人には、自分自身のメリットだけでなく他者のメリットも価値ととらえる「社会的選好」と呼ばれる傾向があるのです。その一つの表れが「返報性の原理」です。他人から報酬・メリットを受けると、その人にお返しをしないと済まない心理です。こうした心理の働きは社会全体の潤滑油であると私は考えます。試食後に商品を買うのは必ずしも悪いことではありません。問題は買いすぎて“後悔してしまう”ことです。買い物は楽しい行為ですから、自己嫌悪につながる可能性はなくしましょう。

⇨P.170

Q 入会金無料につられて、フィットネスクラブに入会してしまいました。

近所のフィットネスクラブで、6月までに入会すると、入会金無料だというので、入会しました。半年ぐらい会員でしたが、いろいろと忙しく、1度も通わずにやめてしまいました。半年分の会費が無駄でした。

（33歳・女性・会社員）

A 期間限定キャンペーンに惹かれてしまう原因の一つは、今のチャンスを逃すことを損失ととらえた「損失回避」の心理です。ただし、ここでは「反転効果」の心理も入会を後押ししたと考えられます。これは同じ判断でも、追い込まれたネガティブな状況（…すれば失う等）では、一か八かうまく行く方に賭ける高リスクの選択をするという心理です。入会前の時点では、本当にフィットネスクラブに通い続ける根気があるかどうか、自分でもわからないものです。その時点で“今決めなければ入会金無料のチャンスを逃す”という状況に追い込まれて“加入する”というリスクの高い選択をしたのです。

⇨P.20、P.76

Chapter

3

生活のなかの行動経済学

人が不合理な行動を取るのは、消費行動だけではありません。生活のなかの不合理な行動を行動経済学の理論にもとづきひも解いていきましょう。

01

KEYWORD ≫ 解釈レベル理論

マリッジブルーが起きる理由

同じことでも時間の経過で感じ方が変わる

対象が同じでも、自分から遠いと感じるか、近いと感じるかの心理的距離によって、評価や重視の仕方、選択基準などが異なる場合があります。この傾向は「解釈レベル理論」によるものです。**人は心理的に遠い対象に対して「より抽象的、本質的、特徴的な点」に注目します。反対に近い対象は「より具体的、表面的、類型的な点」に注目します。**心理的距離は、どれだけ未来かという時間的距離、場所や位置など空間的距離、どれだけ親しいかといった社会的距離などを含みます。例として、流行の田舎暮らしを試した人が、都会に戻ってしまう状況です。想像と現実の違いは見えにくいものなのです。

時間的距離によって見えるものが違う

解釈レベル理論は距離によって森の見え方が変わるのと似ています。遠くから見ると森全体が見えます。近くなるほど"目の前の木を見て森を見ず"状態になります。

解釈レベル理論

直前

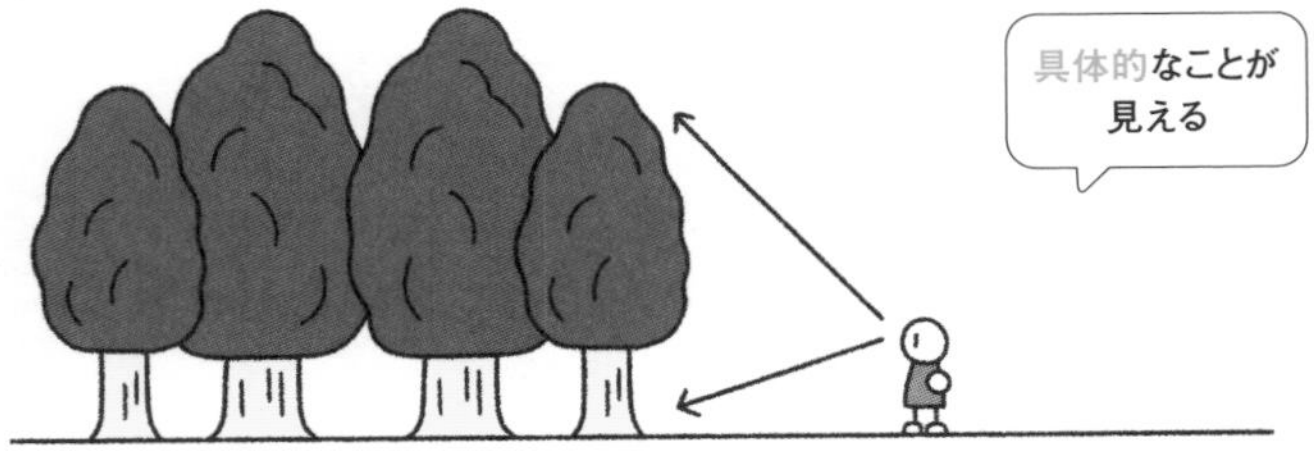
具体的なことが
見える

1年前

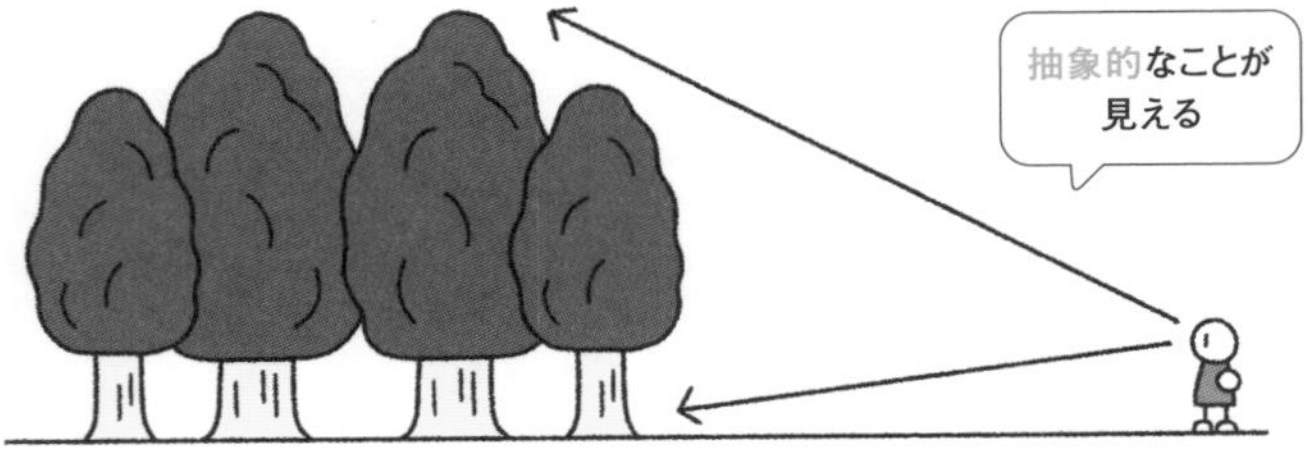
抽象的なことが
見える

楽しみが不安に変わる理由

結婚を控えて幸せなはずなのに気分が落ち込むのが「マリッジブルー」です。これは、楽しみなはずの結婚が近づくと現実に目が行き、迷いや不安が生まれるのが原因です。

● 結婚するとき

結婚半年前 → 結婚式1カ月前

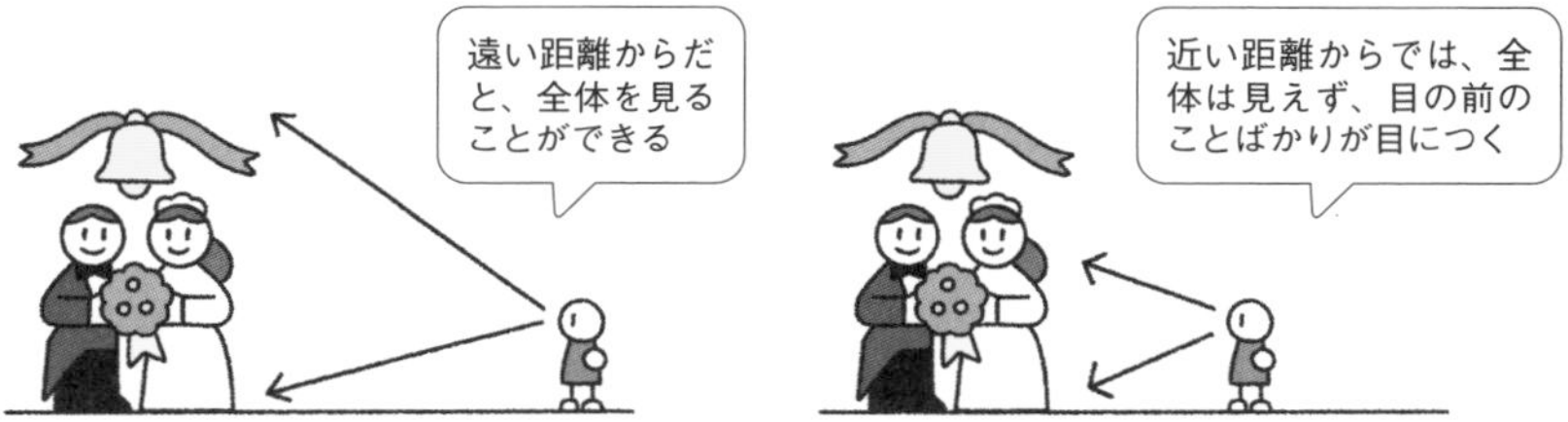

遠い(現実感が薄い)

近い(現実が近づいてくる)

解釈レベル理論が働くと、対象を見ても、目の前の状況のことで頭がいっぱいになり、将来まで含めた全体に目が向かない。

● 資格試験の受験

1年前 → 試験前

**資格を使って
どんな仕事をしよう?**

- **試験の日程**
- **出題傾向**

● 旅行に行く

予定を立てる → 旅行直前

- **暖かいところがいい?**
- **食にこだわる?**
- **観光地をまわる?**

- **持ちものに不足は?**
- **不在の間の仕事は?**
- **不在の間の家は?**

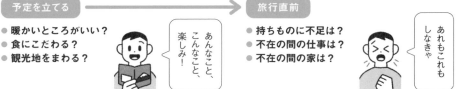

02

KEYWORD ≫ 認知的不協和

失敗を認めない姿勢がさらなる損を生む

不都合な事実をネジ曲げる心

健康を意識するものの、タバコをやめられない喫煙者がいるとします。吸いたい欲求と、健康を損なう恐れの板挟みです。このように自分の認識と現実が矛盾した状態や、そのときに感じる不快感は「認知的不協和」と呼ばれます。こうしたとき人は**無理に認識や行動を変えることで、ストレスから逃れようとします**。禁煙できない人が「タバコを吸っても健康な人もいる」「ストレスで別の病気になりかねない」などと自分に言い聞かせる状態です。これが「認知的不協和の解消」です。**この裏側には、自分を正当化したいという心理があります**。損失、失敗、不手際などをなかったものにするのです。

「自分は悪くない」と正当化する気持ち

イソップ童話の「キツネとすっぱいぶどう」のキツネは、ぶどうを食べたいのに食べられないという葛藤のなかにあります。このキツネの心には「認知的不協和」が生まれています。

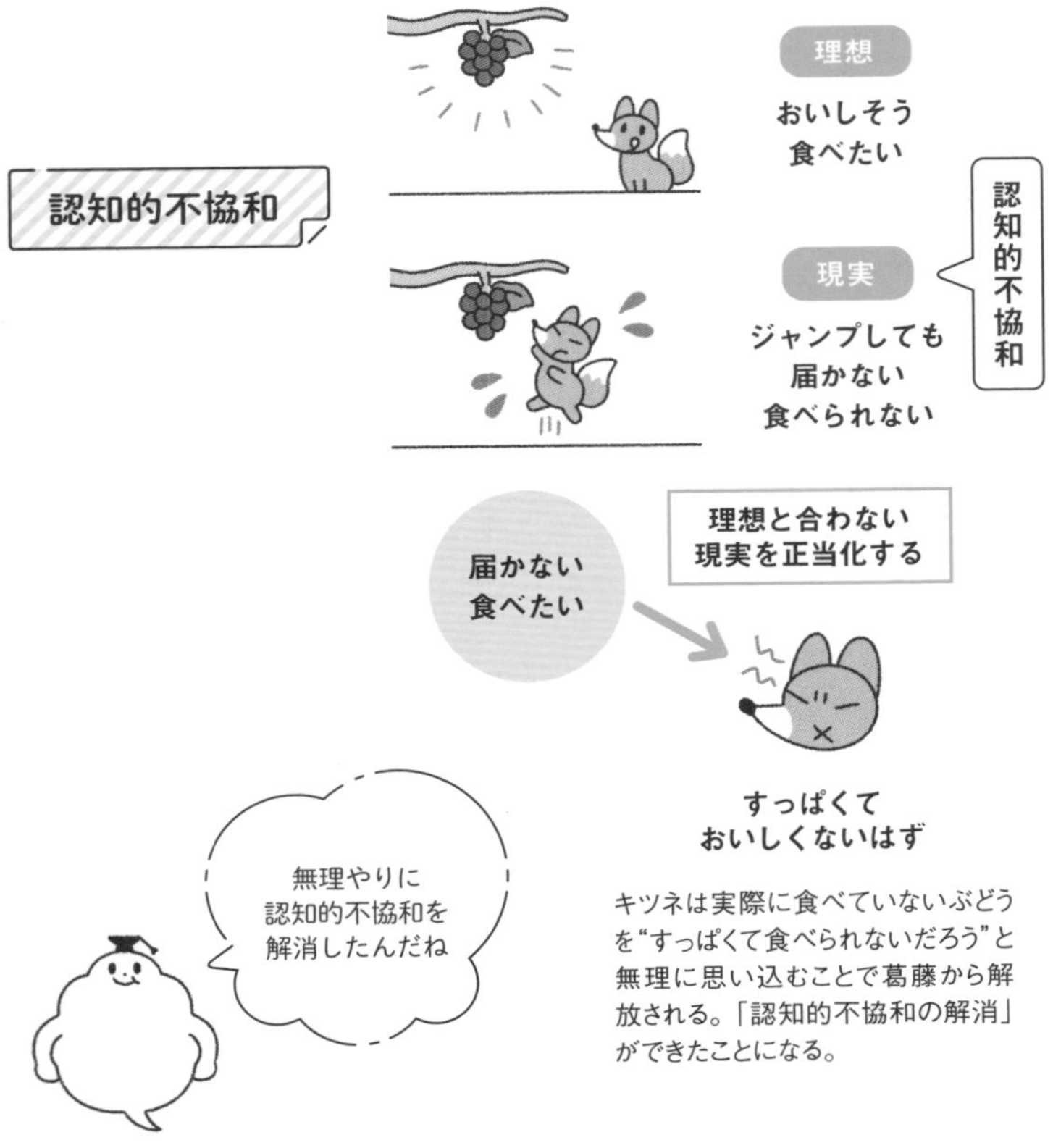

認知的不協和
理想
おいしそう 食べたい
現実
ジャンプしても 届かない 食べられない
認知的不協和
届かない 食べたい
理想と合わない 現実を正当化する
すっぱくて おいしくないはず
キツネは実際に食べていないぶどうを"すっぱくて食べられないだろう"と無理に思い込むことで葛藤から解放される。「認知的不協和の解消」ができたことになる。
無理やりに 認知的不協和を 解消したんだね

小さな自己正当化が大きな損を生む

人は自分の心の中に矛盾を抱えていたくないので「認知的不協和の解消」を行います。これでは問題の根本的な解決にはなりません。同じ過ちを繰り返すでしょう。

あるプロジェクトのコンペ

A社
失敗した

失注

↓

色合いが明るすぎたなど
何が悪かったのか具体的に分析

B社
失敗した

失注

↓

最初からうまくいかないと
思っていたなどの言い訳

言い訳で認知的不協和を解消

次のコンペ

A社
成功した

受注

B社
失敗した

また
失注

失敗に対する認識を「やむをえないもの」と決めつけて、思い込んでも、自分が失敗した現実は変わらない。

自己正当化せずに
きちんと
分析すれば
解消できる

もっとくわしく

認知的不協和を利用して行動を改善しよう

買い物での「認知的不協和」の例に「高いお金を出して買った」にもかかわらず、「それが良い商品ではなかった」ケースがあります。良くない商品に高い金額を払った自分を認められず、「高かったのだから良い商品に決まっている」と思い込みます。葛藤から逃げて自己正当化するわけです。しかしこの「認知的不協和」は悪い面だけではありません。例えば買い物の際にこの不快感を感じたなら、自分の行動に自信がない証拠です。買うべきか再考するのがいいでしょう。自分の心の中の「認知的不協和」を自覚できるならば、これを一種のアラート（警告）として活用することもできるのです。

03

KEYWORD ≫ 代表性ヒューリスティック

感覚で判断した答えが正しいとは限らない

冷静に考えればわかるのに感覚で判断する

夜道で全身真っ黒な服を着た人を見た瞬間に「もしかしたら泥棒かも?」と思ってしまうことがあります。実際に泥棒である確率は低いのですが、泥棒＝目立たない服装で夜道を歩く人、というステレオタイプな人物像があるため、その判断に影響を受けるのです。人は、**論理的に考えたうえで「ある」という判断はせずに「ありそうな結果（ステレオタイプ）」にどれだけ近いかというだけで判断してしまいます**。この心理を「代表性ヒューリスティック」と呼びます。この心理は、短時間で答えを見つけられるものの、近視眼的な判断や早とちりになりがちな「ヒューリスティック」の一つです。

直感に頼り、短絡的な答えに満足する

言葉のなかの目立った表現に注意を引かれて、勝手にイメージをしてしまうことがあります。次の質問に答えてみましょう。

● 次の質問に直感的に答えてみよう

Q1

川でおぼれた子供がいました。
助けたのはどちらの人物？

A. 背が高く体格のよい高校生

B. 高校生

↓

多くがAと答えた

A1 B

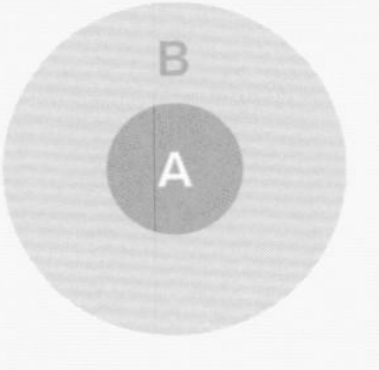

AはBの一部
確率で考えると
Bの方が合理的

冷静に考えれば、Aである確率がBである確率を上回るはずがないとわかる。「背が高く体格のよい」という言葉に注目しすぎると回答を誤る。

● 次の質問に直感的に答えてみよう

Q2

黒縁メガネをかけて歴史にくわしく整理整頓が得意な几帳面な男性はどちらの職種についている可能性が高い？

A. 博物館の学芸員

B. メーカーの営業担当

↓

多くがAと答えた

A2 B

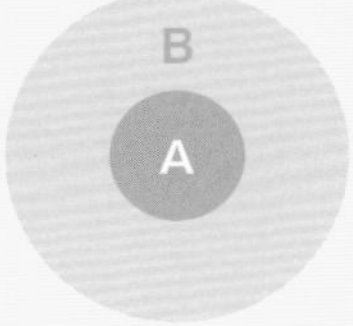

博物館職員より営業をしている人のほうが圧倒的に多い

世の中にはメーカーの営業担当者は多いので、答えがBである確率のほうが高い。しかし“歴史”や“整理整頓”などに注意を奪われると確率まで頭が回らなくなる。

もっと知りたい

学歴フィルターも代表的ヒューリスティック

ステレオタイプで判断してしまうことは、世の中に多くあります。企業の人事採用も例外ではありません。大学名で就活生にフィルターをかけ、偏差値の高い大学生を優遇する「学歴フィルター」という新卒採用の手法があります。これは「上位大学の学生は、優秀で入社後に活躍するだろう」という一般的なイメージに基づいています。採用の精度は落ちるものの、短時間で結論が出るため手間が省けます。しかし、この手法を用いる企業の人の心理には「代表性ヒューリスティック」が働いていると考えてよいでしょう。重要な場面でも、心理的バイアスは影響を及ぼすのです。

04

KEYWORD ≫ 少数の法則　平均への回帰

小さなことにもルールを当てはめてしまう

偶然でも秩序を見つけようとする

統計学に「大数《たいすう》の法則」という定理があります。これは、**統計の対象となる数が大きくなるほど誤差が少なくなるというものです**。例えばコインを何百回と投げれば、表が出る確率も裏が出る確率も1/2に近づきます。この法則をもじって考えられた「少数の法則」は、**少ない回数を試しただけで、多い回数のときと同じ結果が出ると思うものです**。コイン投げなら、5回続けて表が出た場合、次は裏が出るだろうと考えるようなケースです。この「少数の法則」は「ありそうな結果（ステレオタイプ）」をもとに判断する点で「代表性ヒューリスティック」の一種と考えられます。

勝手に確率を高く見積もる少数の法則

少ない回数を試しただけで判断し、本当の確率を無視することがあります。時には、その判断に自分の期待や願望が含まれている場合もありますが、現実に目をつぶるのは危険です。

少数の法則

当たり付きのアイスクリームに2回連続当たる
↓
当たりやすいと思う

じゃんけんで3回連続勝つ
↓
次も勝って当然と思う

コインを10回投げて8回表が出る
↓
自分はコイン投げの天才だと思う

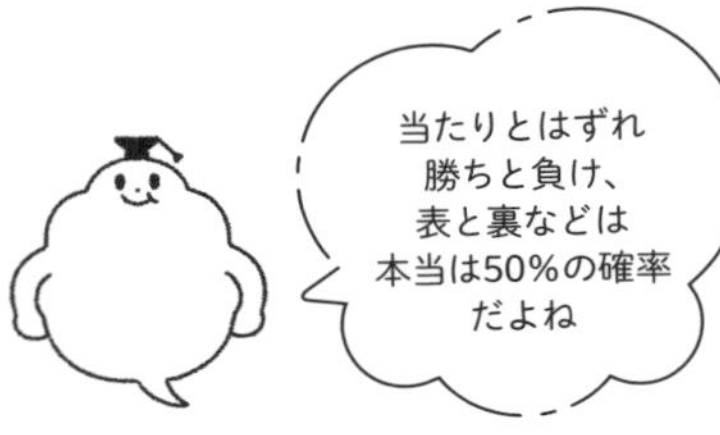
当たりとはずれ
勝ちと負け、
表と裏などは
本当は50%の確率
だよね

少ない回数試した結果は偏っている可能性が高い。単なる偶然である場合も多いので、繰り返し起きると期待してはいけない。

野球のバッターの打率も「少数の法則」で語られがち

野球の解説者が凡退している好打者の終盤で「そろそろヒットが出るでしょう」などと言いますが、これはシーズンを通じての打率を1試合の打席に当てはめた勘違いです。

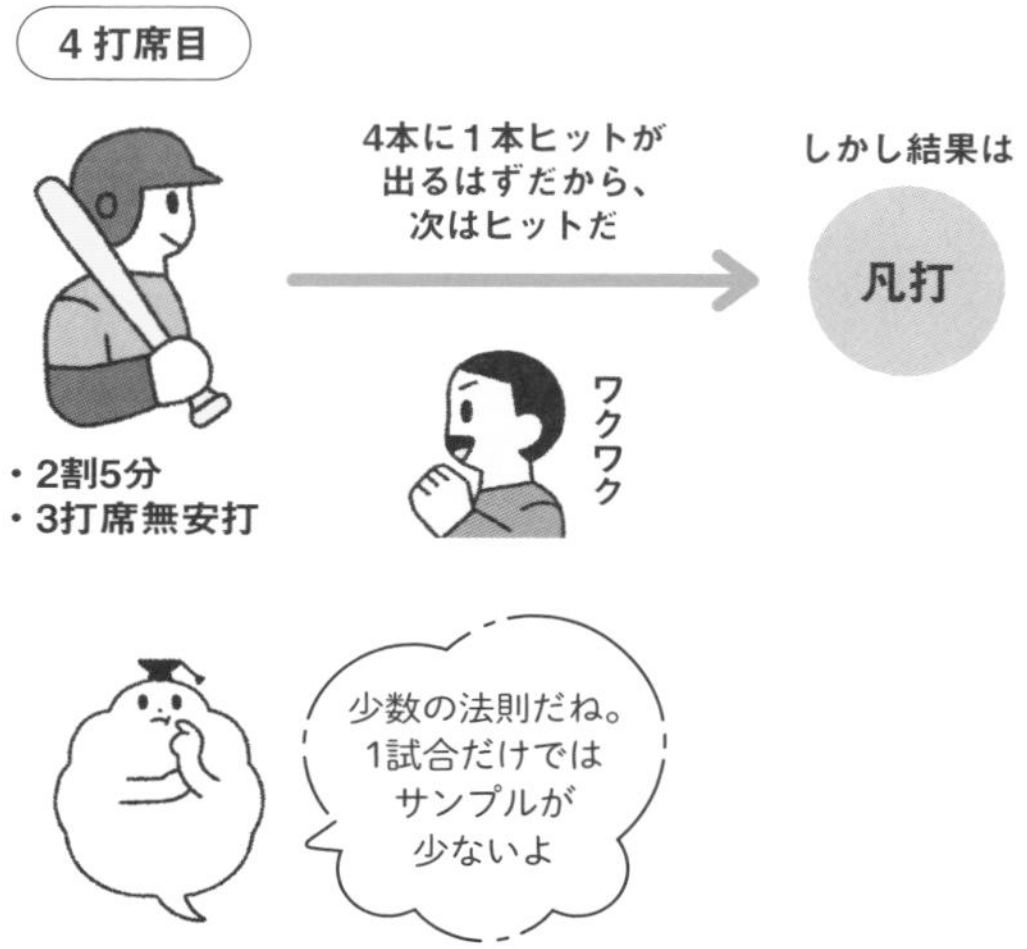

「通算打率2割5分」という打率は、4打数無安打の日、4打数4安打の日、4打数1安打の日など、さまざまな試合を経た結果の数値であるのに、1試合だけの成績（打率）で期待してしまう。

長い目で見たら、良いときも悪いときもあることを知る

初めは結果に偏りがあっても、何度も繰り返すうちに平均値に近づく現象が「平均への回帰」です。コイン投げで言えば、表や裏が出る確率が1/2に近づく状態です。

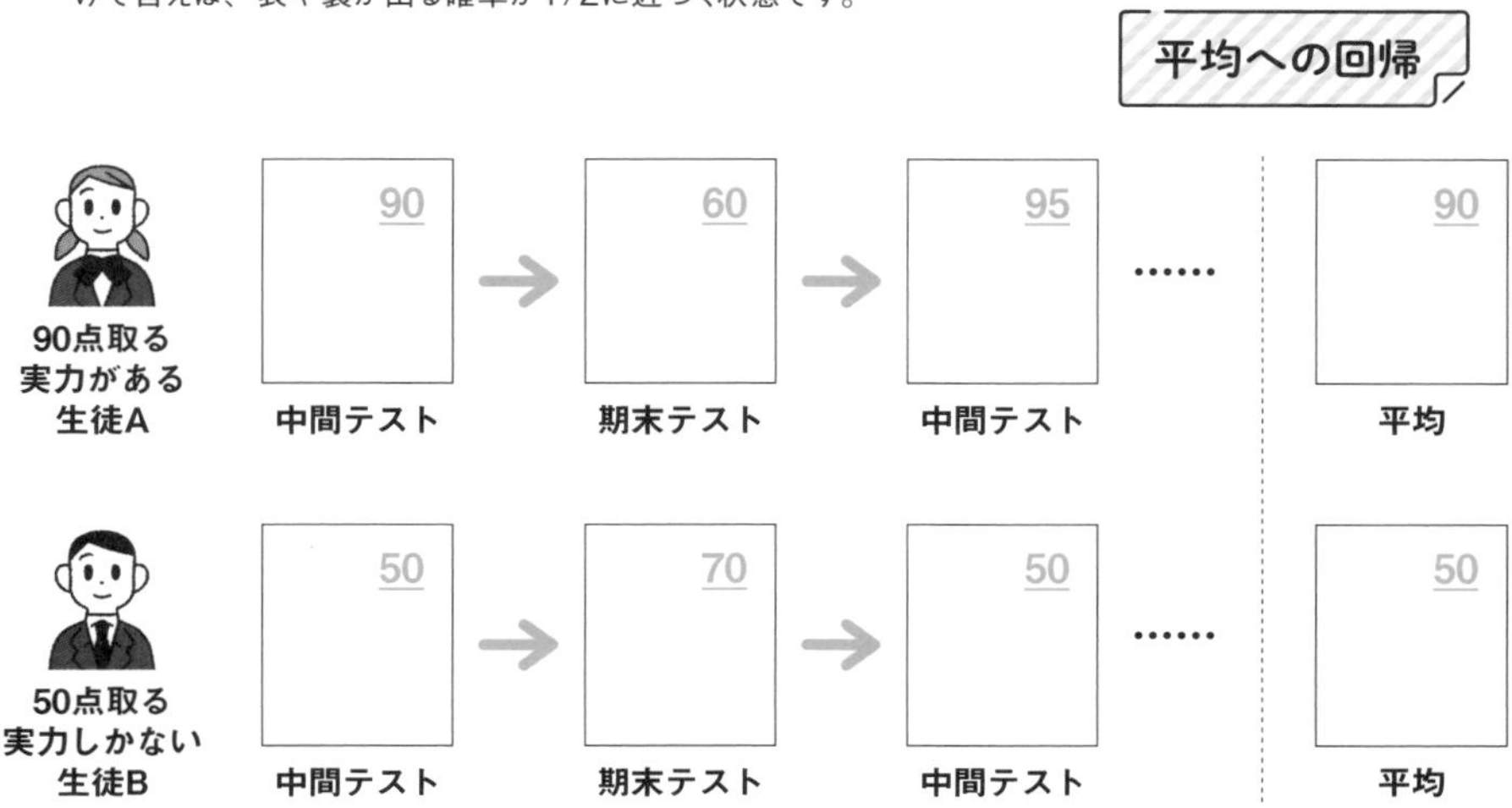

テストの点数の良し悪しで一喜一憂しがちだが、繰り返すうちに、実力通りの点数に近づく。極端に良い点や悪い点は偶然の産物である。

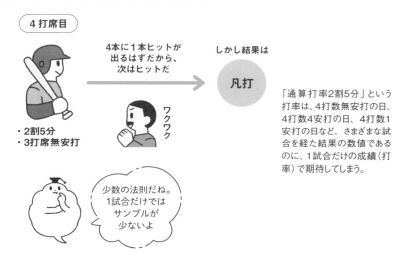

05

KEYWORD » 準拠集団

グループの一員になりたい

あの人たちと仲間になりたい

アメリカで生まれた有名なオートバイメーカー「ハーレーダビッドソン」の大型バイクに乗る人々の多くは、服装や風貌もバイクのイメージに合わせます。彼らは、一種の集団と考えられます。一員となるのは、**その集団やメンバーを好ましく思い、一員となることが自分の個性だと考える人です。**この集団を「準拠集団」と呼びます。1990年代に渋谷などの繁華街に現れたコギャルなども、その一つです。そこまで濃いメンバーでなくとも、**集団の行動や考え方に同調する人は「準拠集団」の一員です。**顧客が「準拠集団」となる状況ができれば、企業は自社のマーケティングをしやすくなります。

“大人向け”自動車保険の戦略

「大人向け自動車保険」は、準拠集団が保険商品のネーミングにもなっています。この名称だけで、保険に加入することは自分にとっても望ましいと思わせました。

大人向け
自動車保険
大人
上品さ
落ち着き
「高齢」というネガティブ感を払しょくしてイメージアップ。
加入モチベーションを高める。
40代～50代の
事故率は
低いから
割安に

憧れの有名モデルのファンになりたくて購入

準拠集団の一員であることを示す象徴的な商品は、集団の魅力になります。さらに憧れの的であるインフルエンサーが商品を使用していればPR効果はより高くなります。

ブレスレット
ネックレス
有名モデルが身につけているアクセサリー
グループの一員
真似して購入
準拠集団

単なる憧れでなく、自分も集団の一員となったと思うことができれば、そのブランドの商品との絆が生まれ、買い続けることになる。

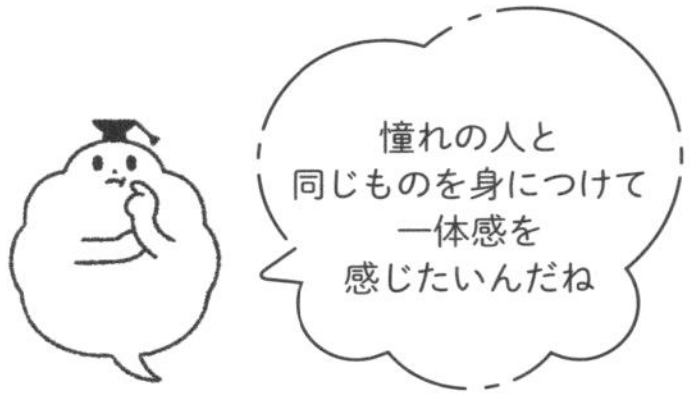
憧れの人と
同じものを身につけて
一体感を
感じたいんだね

カモにならない

ものを持ってもその人にはなれない

企業が目指すあり方や提供する価値を表す言葉をブランド・ステートメントと言います。「タワーレコード」の場合は「NO MUSIC, NO LIFE.(=音楽なしでは生きていけない)」です。この言葉に賛同する、CDを買う消費者、ミュージシャン、店員など、多様な人々は「準拠集団」と考えられます。タワーレコードは彼らとともにあり続けると宣言することで、消費者の獲得も目指します。こうした企業中心の「準拠集団」の一員になることは、考えに賛同できて、それに伴う費用を無理なく払えるのであれば悪くありません。むしろ企業と消費者の双方にメリットがあるといってよいでしょう。

06

KEYWORD » クラウディングアウト

人はお金だけで動くのではない

人を動かすものにはモラルもある

無償で取り組んだ活動に対して、お金を払うことにすると、モチベーションが下がることがあります。お金などの報酬（＝外発的モチベーション）が動機になることはあります。しかし、それによって自発的に行動しようとする意欲（＝内発的モチベーション）が失われることもあり得ます。この現象は「クラウディングアウト」と呼ばれています。人は報酬を見ると心の中に損得勘定が生まれ、自分が費やす労力を報酬に合わせようとします。**「お金のため」でなく「ただ楽しいから」「誰かのために」といった動機が行動につながることがあります**。逆にお金が意欲を下げることもあるのです。

利他性が時間を守っていた

アメリカの行動経済学者ダン・アリエリーらによる実験で、保護者が予定時刻に子供を迎えに来ないことが多くなった保育園で、遅刻をした保護者に対して罰金制度を導入して、その結果を観察しました。

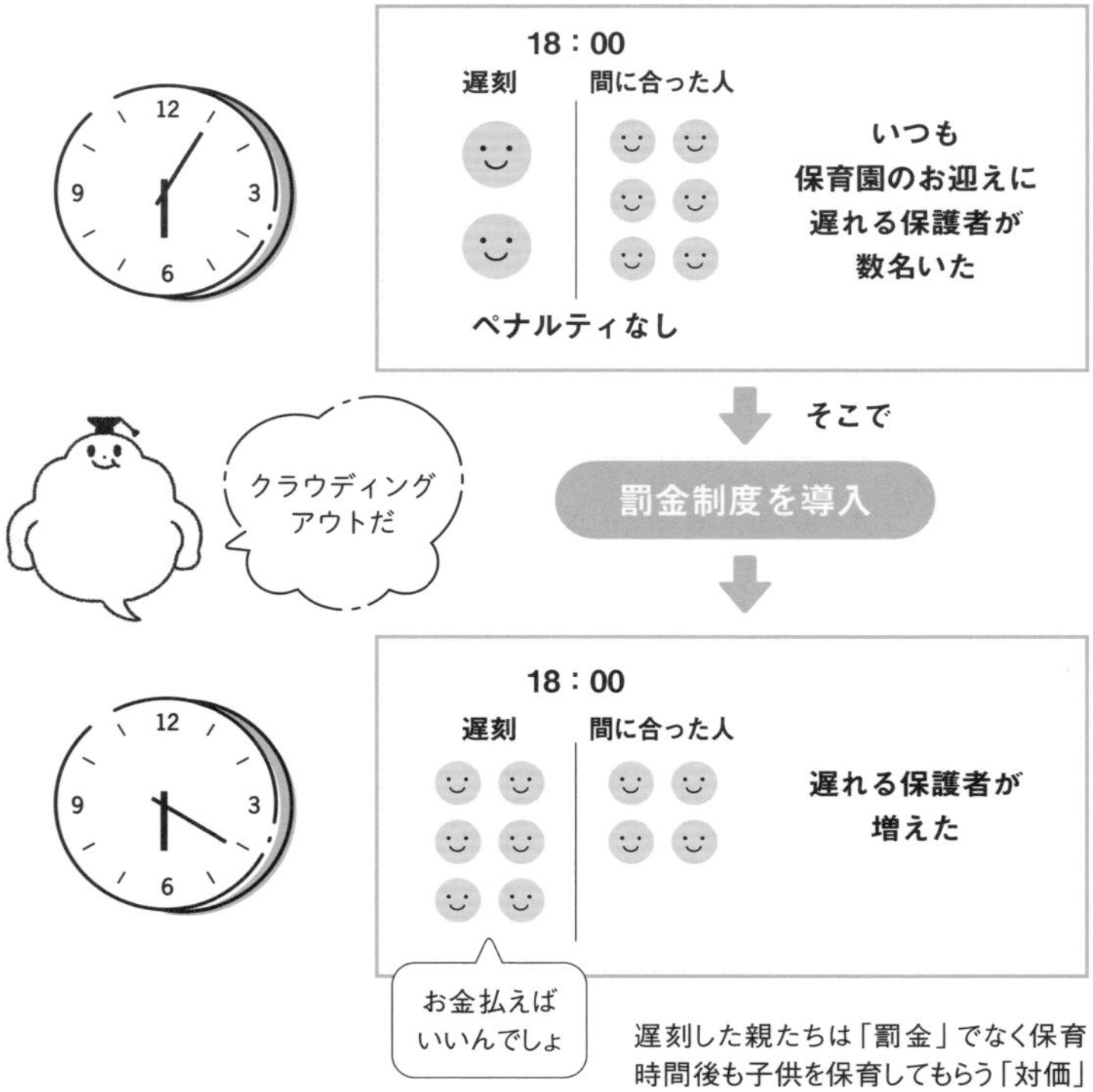

18：00
遅刻
間に合った人
ペナルティなし
いつも
保育園のお迎えに
遅れる保護者が
数名いた
そこで
罰金制度を導入
クラウディング
アウトだ
18：00
遅刻
間に合った人
遅れる保護者が
増えた
お金払えば
いいんでしょ

遅刻した親たちは「罰金」でなく保育時間後も子供を保育してもらう「対価」ととらえた。遅刻の歯止めとなっていた「罪悪感」がなくなったのである。

人は報酬がなくても成果をあげる

コンピュータの画面上で左側にある円を右側までマウスを使って移動するという単純作業を報酬を3パターンにして、5分間でいくつドラックできるか調査しました。

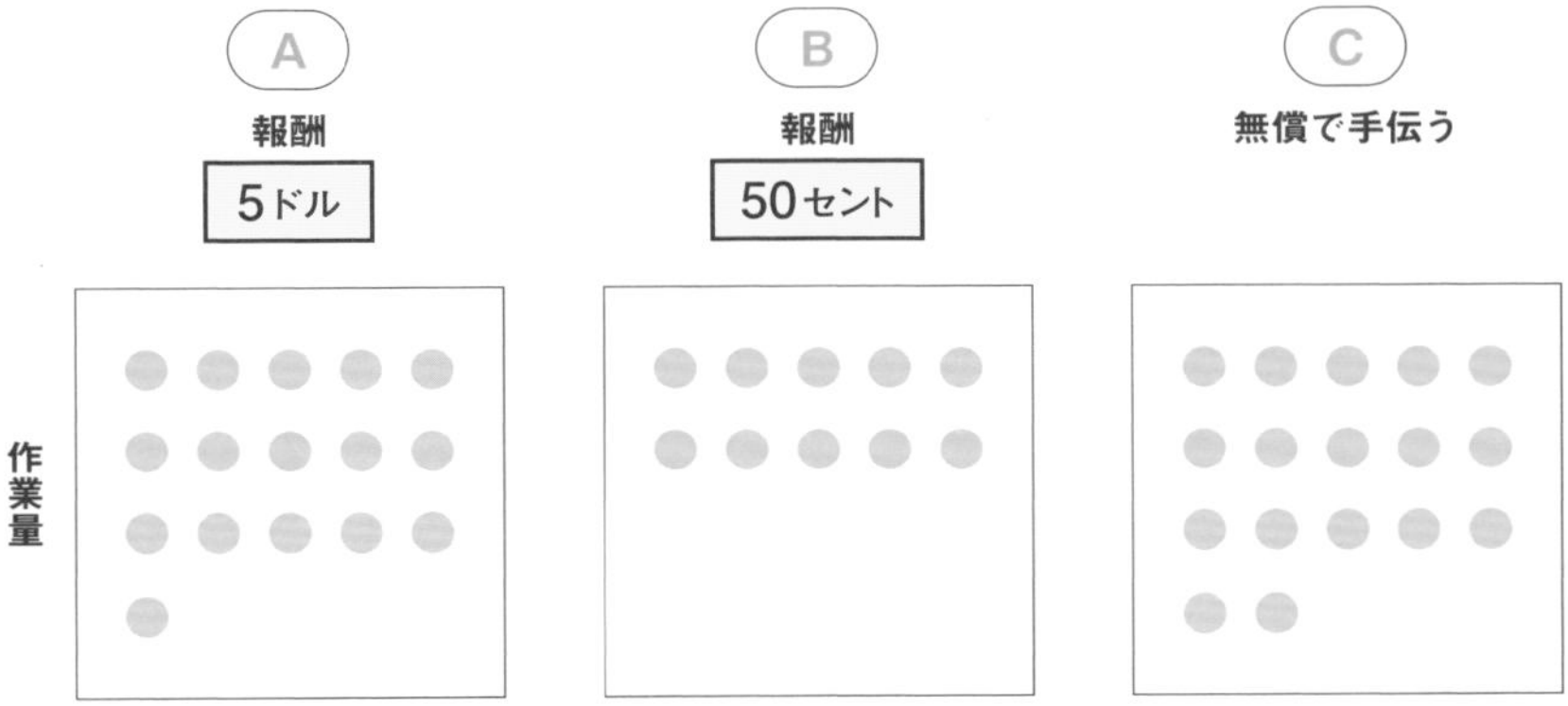

実験の結果、報酬なしで頼まれごととして作業したCグループが最も成果をあげた。損得勘定は考えず作業に打ち込んだからだ。

報酬がやる気をなくすこともある

無償のボランティアは誰かのために役立つことがモチベーションの源泉です。これに報酬を払うと、お金がモチベーションになり、損得を考えるようになります。

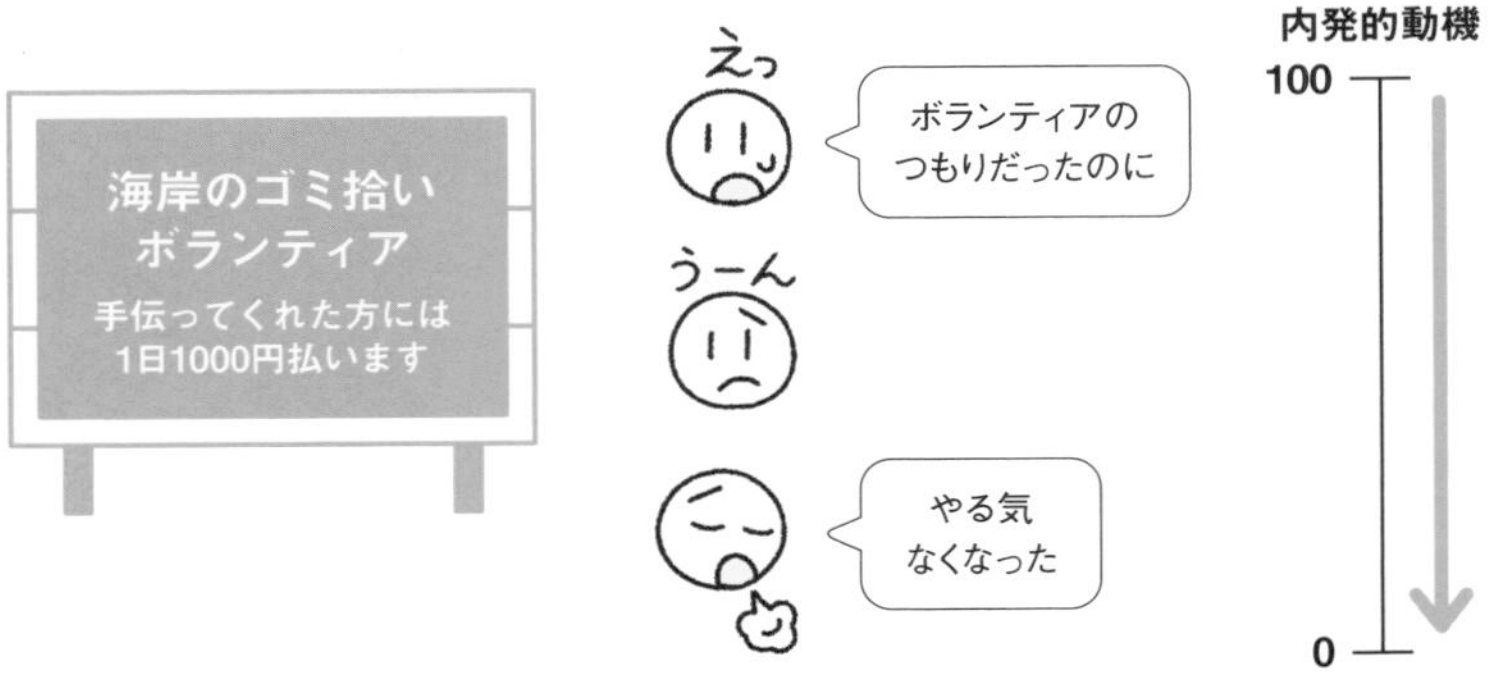

よほどの大金を払えるのでなければ、報酬をお金に代えることは危険。内発的モチベーションを高める知恵を出すのがいい。

07

KEYWORD » 利用可能性ヒューリスティック

コンビニの数は美容院や歯科医院より多い？

思い出しやすい記憶を優先してしまう

飛行機事故が起きた後には、飛行機の利用が減って新幹線に乗る人が増えるといわれます。現実的には、飛行機事故が立て続けに起こる可能性は低いのですが、事故の記憶が鮮明なうちは、また起きるかもしれないと思ってしまうのです。これは人間が、**印象が強く、記憶に残りやすい事柄の頻度や確率は高いと思い込んでしまう**ためです。この、思い出しやすい記憶を優先して評価する傾向を「利用可能性ヒューリスティック」と呼びます。正しい答えが出せるわけではないものの、短時間で簡易的に、ある程度の正しい答えを出せる思考方法「ヒューリスティック」の一種です。

店舗数が多いものはどれ

コンビニ、美容室、歯科医院など店舗数が多いといわれている店のうち、数が多いのはどれなのか、解答の根拠がないとします。そうなると、自分の頭にある記憶から思い浮かべて、それをもとに判断することになります。

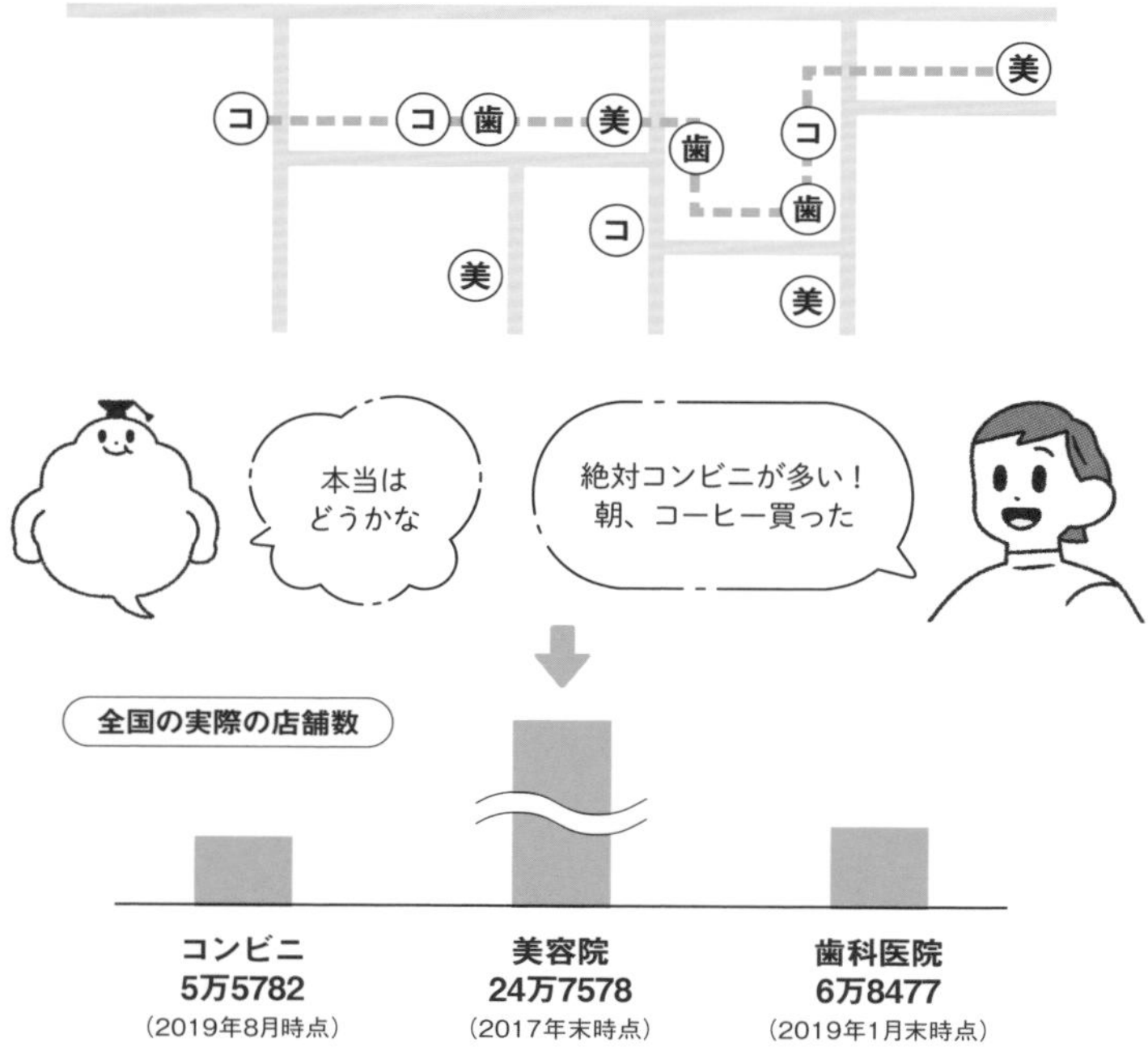

コ
コ
歯
美
歯
コ
美
コ
歯
コ
美
美
本当は
どうかな
絶対コンビニが多い！
朝、コーヒー買った
全国の実際の店舗数
コンビニ
5万5782
（2019年8月時点）
美容院
24万7578
（2017年末時点）
歯科医院
6万8477
（2019年1月末時点）

一般には頻繁に目にするコンビニが記憶に強く残る。すると「利用可能性ヒューリスティック」が働き、これを回答に選ぶ。

5 利用可能性ヒューリスティックの活用法

夫婦がお互いに家事をやってくれないと不満を持っています。そこで、夫婦それぞれに対して、自分が担当している家事の割合を%で表してもらいます。その後に夫と妻の回答を足していくと、ほとんどの場合100%を超えてしまいます。

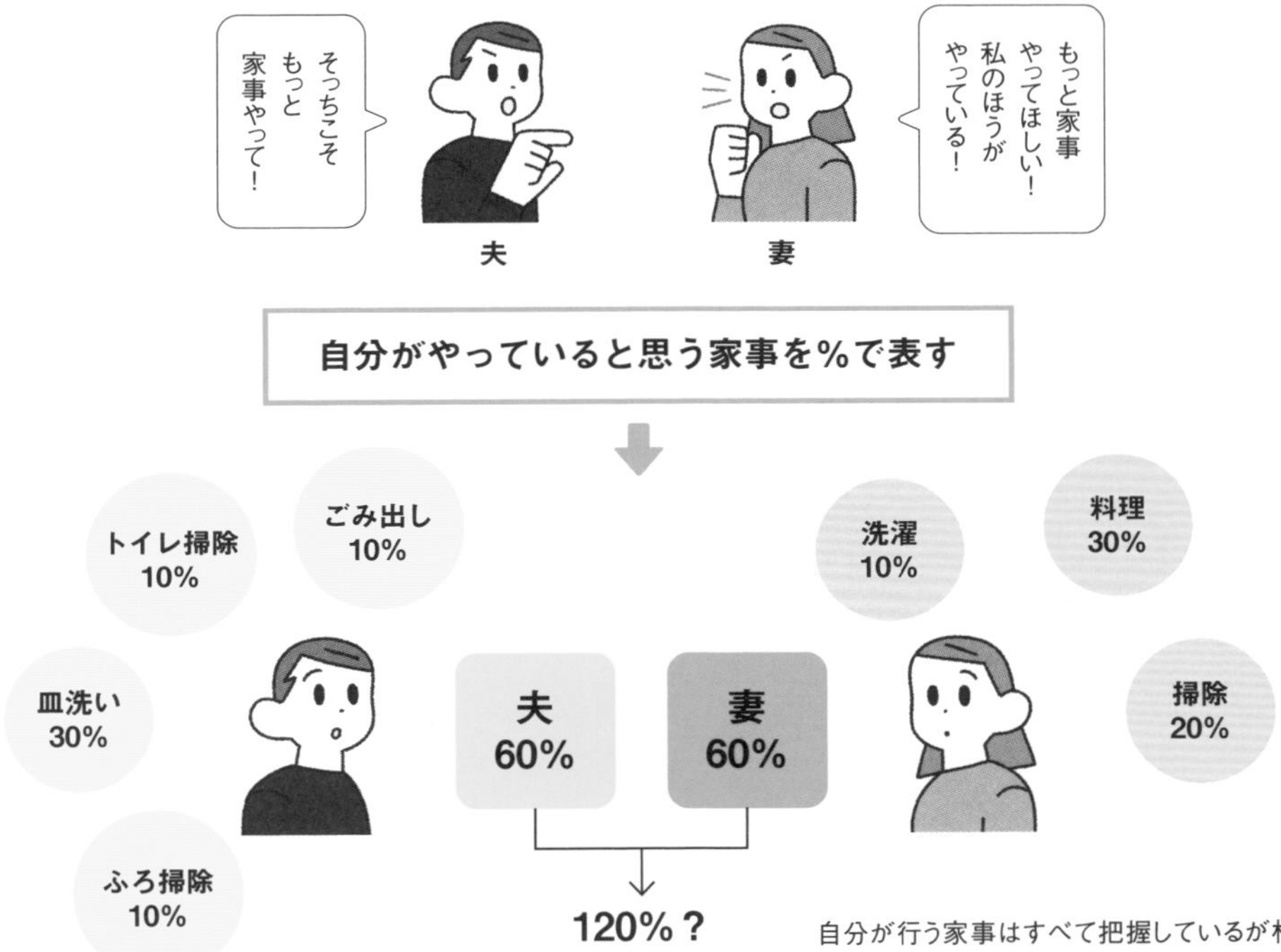

そっちこそもっと家事やって！
夫
もっと家事やってほしい！私のほうがやっている！
妻
自分がやっていると思う家事を%で表す
トイレ掃除 10%
ごみ出し 10%
皿洗い 30%
ふろ掃除 10%
洗濯 10%
料理 30%
掃除 20%
夫 60%
妻 60%
120%？

自分が行う家事はすべて把握しているが相手のやった家事は見えないから、自分の割合が高いと思い込む。お互いがそう判断するので合計が100%を超える。

もっと知りたい

ほかにも使える利用可能性ヒューリスティック

上記の例のように、家事分担を確認し合う機会は少ないでしょう。お互いが「自分が家事をがんばっているのに」「自分が損している」「相手が理解してくれない」と不満を抱いている家庭は多いかもしれません。しかし夫婦のどちらにも悪気はありません。二人とも無意識に判断しているだけで、悪意から相手が行う家事の割合を低く見積もっているわけではないのです。むしろそこが問題です。これを解決するには、心理的バイアスの知識を持つのが一番でしょう。このような分担の認識違いは、夫婦に限らず、会社や学校などあらゆる場面で起こります。知識を持つと人間関係が円滑になります。

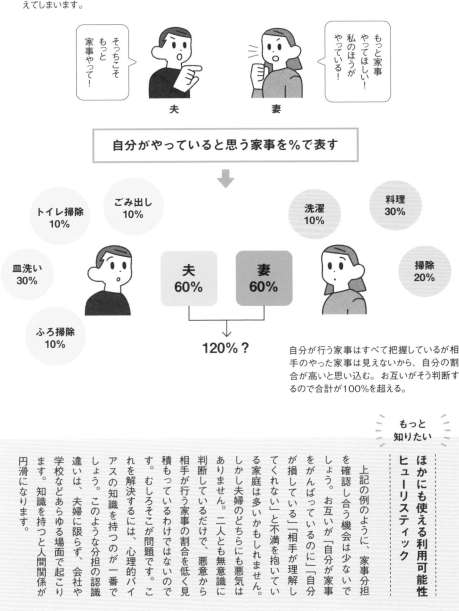

08 自分ごとになると動き出す

KEYWORD ≫ カクテルパーティ効果

自分が関心を持っていると反応する

パーティなどの場で、多くの人がバラバラに雑談しているなかでも、自分が興味のある人の会話や自分の名前などは、自然と聞き取ることができるものです。こうした状況から名づけられたのが「カクテルパーティ効果」です。

これは、**騒がしい状況でも自分に必要な情報は聞き取れる現象です。**身近な例として、混雑した銀行の待合室で順番を待っている間に、他の人の番号が呼ばれても耳に入らず、自分の番号は気づくといった状況があります。電車の中でぼーっとしていても、自分が降りる駅名がアナウンスされると、はっと気づくのも同じ現象です。

関心のあることには対応できる

人は耳から取り入れる多くの情報の中から、関心のある内容だけを無意識に取り入れます。自分に必要な情報を取捨選択することにより、多すぎる情報で脳がパンクすることを防ぐのです。

● 騒がしいなかでも会話はできる

ワイワイ
ガヤガヤ
ワイワイ
ガヤガヤ
ゴルフ…
ボール…
クラブ…

人は耳から非常に多くの情報を取り入れるが、すべてを認識すると、脳は処理しない。そのため、自分に必要かどうか判断して自然に取捨選択している。

● 興味のあることは聞こえる

婦人服のタイムセール
迷子の
紳士服
ちょうど欲しかった

人は関心のある内容だけを無意識に聞き取る。この特性を利用すれば、決まった相手の注意を引き、なんらかの行動をさせることも可能。

がん検診の通知が自分ごとになる方法

「カクテルパーティ効果」は聴覚だけでなく視覚にも働きます。脳は無意識に、目から入った情報を取捨選択します。そして必要な情報を見つけ出し、反応するのです。

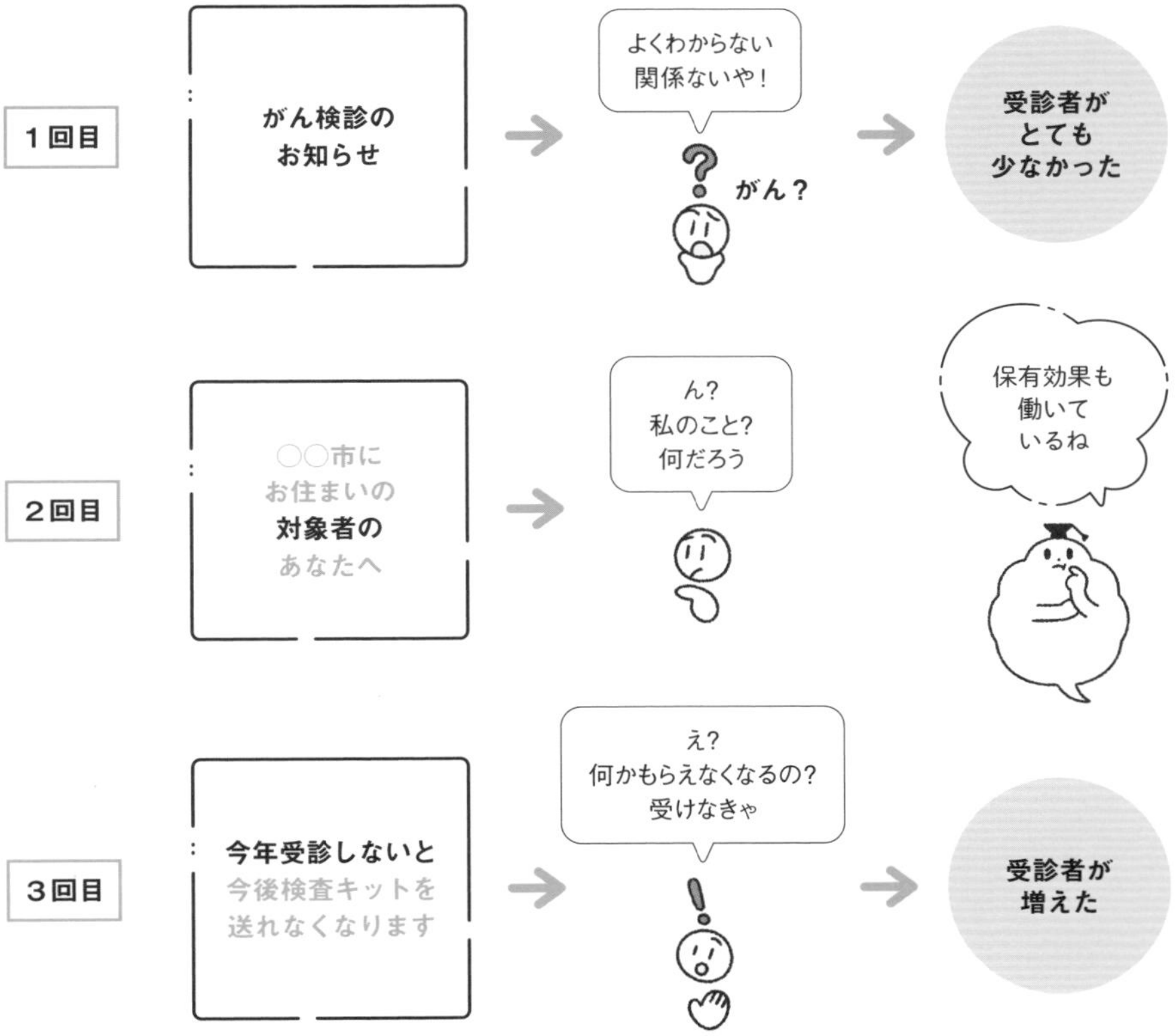
1回目
がん検診の
お知らせ
よくわからない
関係ないや！
がん？
受診者が
とても
少なかった
2回目
〇〇市に
お住まいの
対象者の
あなたへ
ん?
私のこと?
何だろう
保有効果も
働いて
いるね
3回目
今年受診しないと
今後検査キットを
送れなくなります
え?
何かもらえなくなるの?
受けなきゃ
受診者が
増えた

もっと知りたい

自分ごとに感じてもらう工夫

企業が販売促進において顧客に呼びかける際に「カクテルパーティ効果」を用いることがあります。「●●にお悩みの方へ」「○歳のお子様をお持ちの方に」「▲▲市にお住まいのあなたへ」といった呼びかけを、視覚や聴覚を通じて行うことにより、注目を集めるのです。こうして狙ったターゲットに商品の情報を与えて、購入を促すわけです。このほかに「カクテルパーティ効果」は、一般の人の日常生活においても役立ちます。例えば誰かとの距離を縮めたいときに、会話にその人の名前を入れるだけで、相手の注意がこちらに向きます。相手に自分を印象づけたり、好印象を与えることが可能になります。

09

KEYWORD ≫ フレーミング効果

死亡率10％の手術受けますか

同じことでも言い方が違うと印象が変わる

「フレーミング効果」は消費行動以外でも人々の生活のなかで見られます。言い方一つで物事の印象を変えられるのです。

同じ手術について、死亡率10％か、生存率90％を伝えた場合では、生存率90％を伝えたほうが手術を受ける人が増えるのです。また、〝満足度90％のサービス〟と言われたなら、良質なサービスという印象を受け、一度利用してみようかと前向きにとらえるかもしれません。しかし〝10人に1人は不満を抱くサービス〟と言い換えたならばどうでしょう。一気に評価は下がり利用する意欲も失われることでしょう。

成功する確率は同じだけど気分が変わる

同じ現象にも裏と表があり、どちらを認識するかで判断が変わります。病気の治療でも、死亡する割合と、生存する割合を示された場合では選択は変わります。

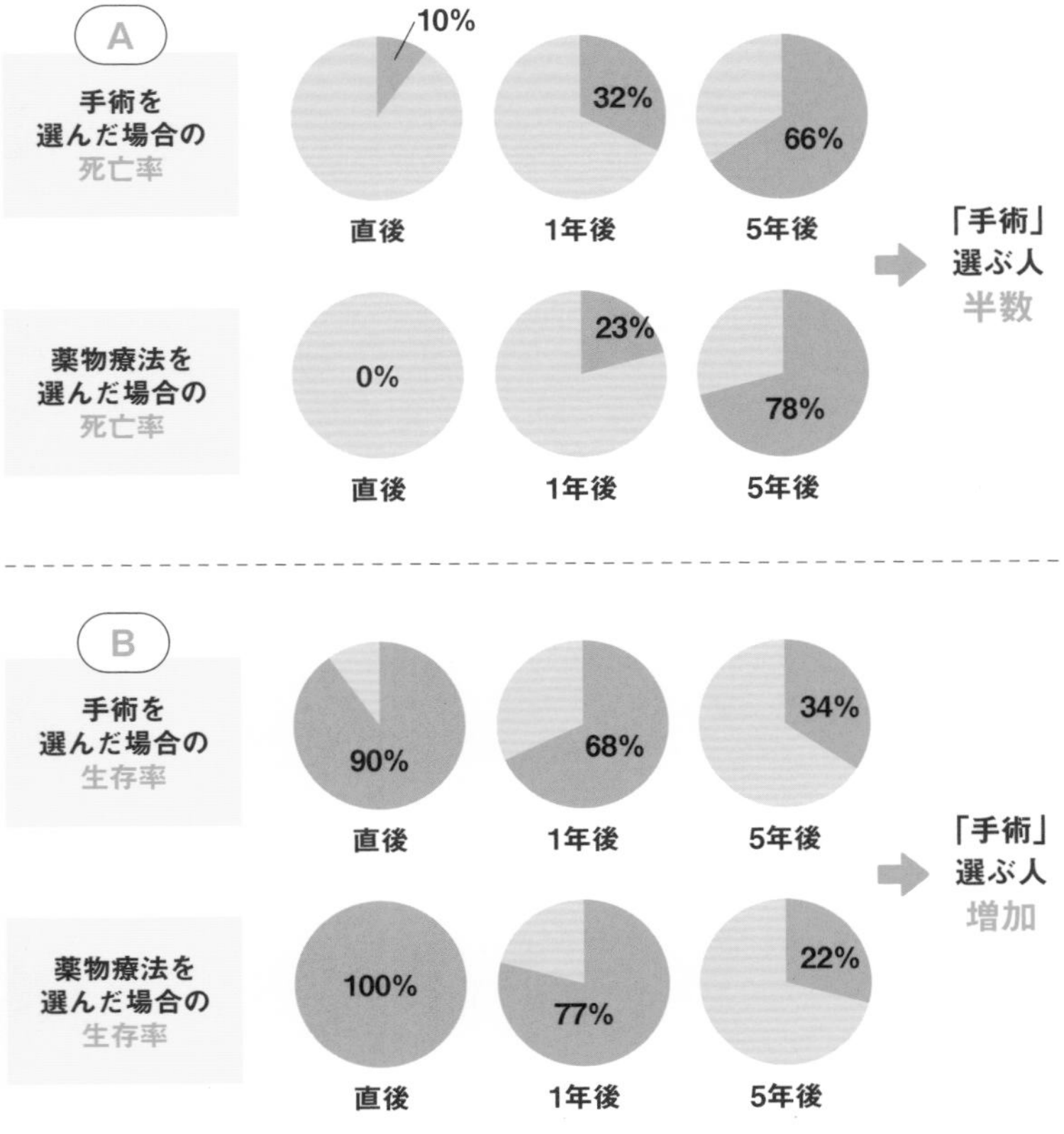

お金を貯める工夫も気分次第

お金を貯めるときも、考え方でやる気が違ってきます。使えない割合を伝えられると、やる気がなくなりますが、使える割合を伝えられると生活できるような気がします。

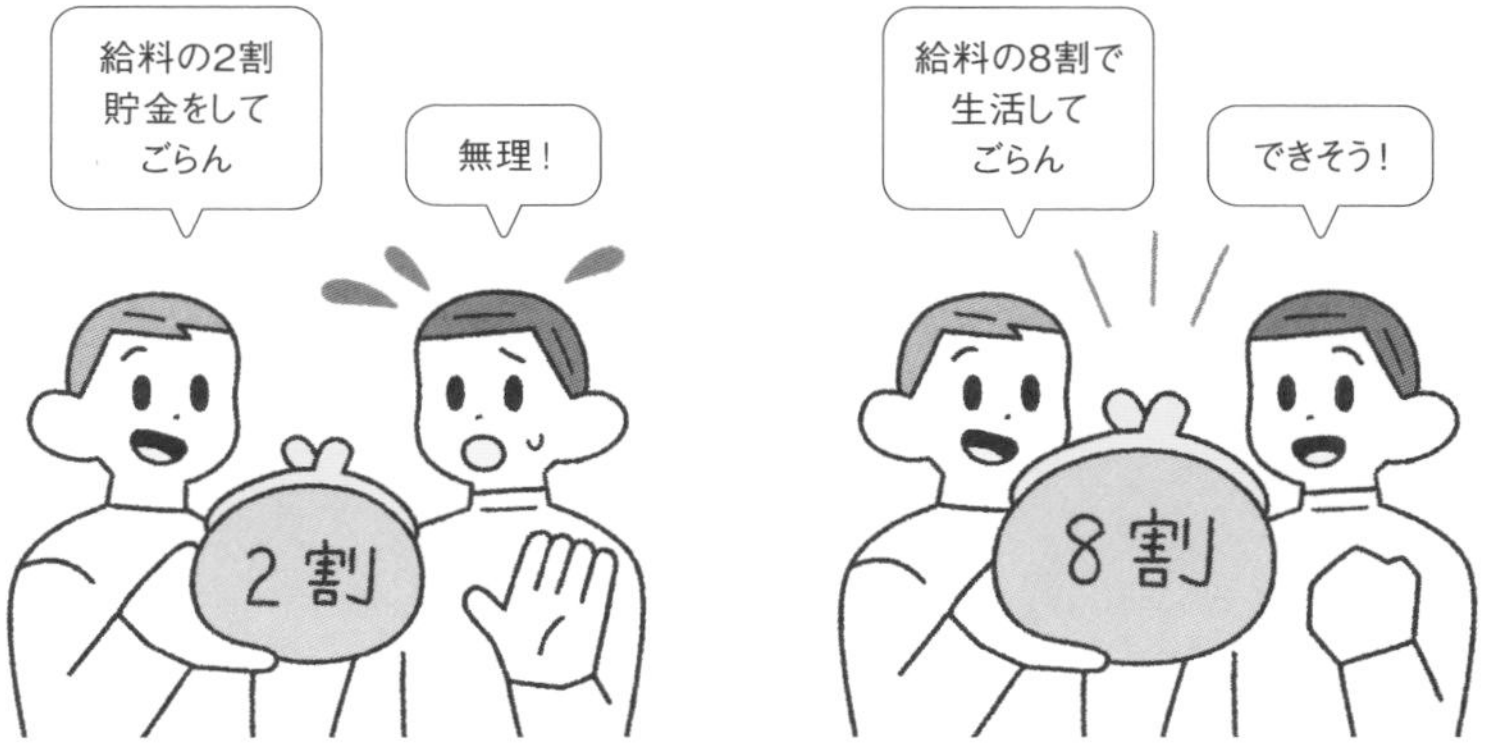

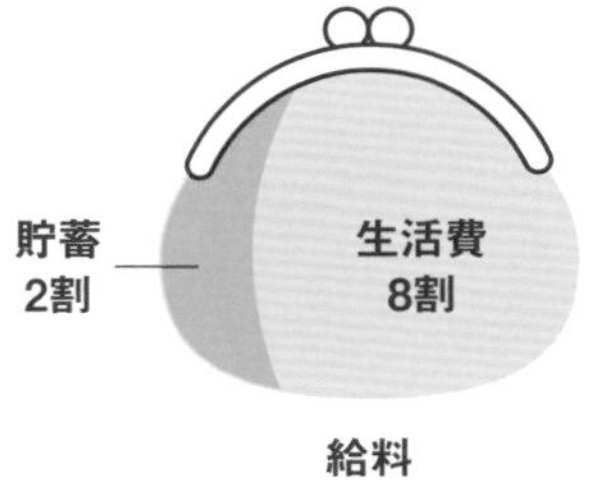

「給料の2割を貯金」だと必要な貯金額の大きさで自信がなくなるが「給料の8割で生活」なら意欲がわく。

カモにならない

表現の仕方で効果が違って見える

ものの見方が変わることで印象や判断が変わる「フレーミング効果」は、ほかのさまざまな心理的バイアスと関連します。例えば、食べ放題で食べすぎてしまう際に働く「サンクコスト効果」という心理的バイアスがあります。これは過去に失って取り戻せない時間、金、労力などのコストばかりに注目しすぎる「フレーミング効果」と考えられます。また、ギャンブルでもうけたお金は貯金せず散財してしまう「メンタル・アカウンティング」という心理的バイアスもありました。これは同じお金でも、出所や使途により見方を変えることで意識が変わる「フレーミング効果」によるものです。

10

第一印象がその後を決める

KEYWORD ≫ 初頭効果

人ものも表面的な印象から逃れられない

就職活動における面接や、新しい職場での勤務初日などに「第一印象が重要」と言われた経験があることでしょう。これは「初頭効果」によるものと説明されます。この心理的バイアスは、**最初に与えられた情報が後々まで印象に残り、後の評価に影響を及ぼす現象です**。例えば自分の知らない商品について教えてもらうときに「この商品は品質が良いです……ただし値段は高いです」と言われるのと、「この製品は値段が高いです……ただし品質は良いです」という言い方をされるのでは印象が変わるはずです。どんな印象を与えたいかによって、表現の仕方を変えることが必要なのです。

ニュースのタイトルが大事な理由

ニュースを見る際にまずタイトルに目が行きます。そこで注目させ関心を抱かせることが大事です。内容とずれがあると記事の信ぴょう性が問われるので要注意です。

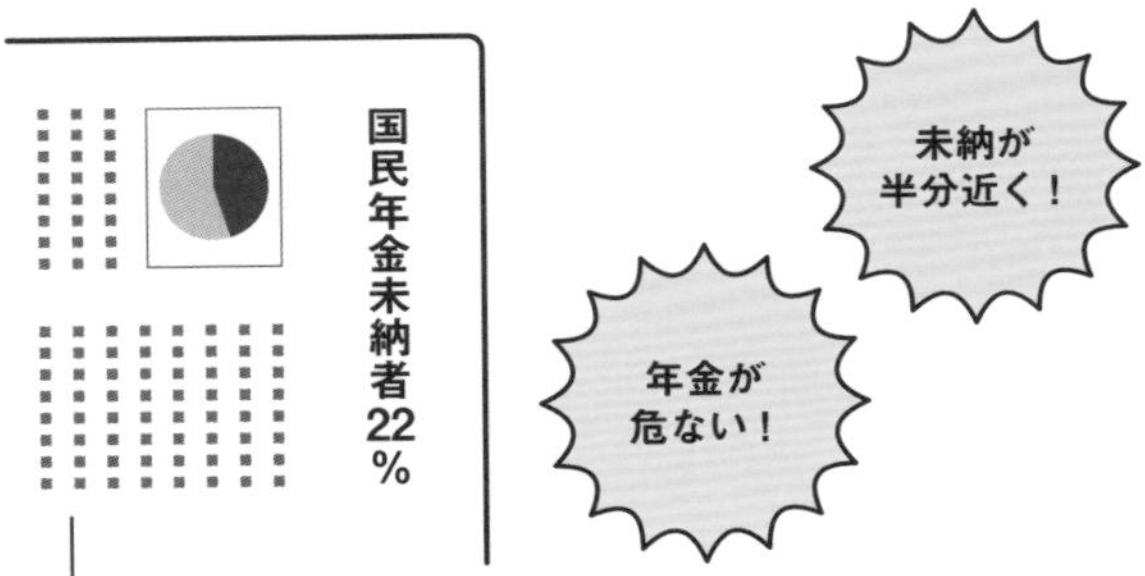
国民年金未納者22%
未納が半分近く！
年金が危ない！

記事をよく読んでみると、

未納なのは、第1号被保険者（自営業の人、学生、無職の人）の一部や「免除」「猶予」の人も含まれる

実際に払っていないのは数%

最初に
目にした情報の
印象が強くなって
しまう

5 最初の印象は人の評価にも影響する

人間関係で「初頭効果」が強く影響するのは、相手がまだ自分に関心を持っていない場合です。自分のすべての特徴を確認してもらえず、第一印象で評価されてしまいます。

● AさんとBさんにプレゼン資料を頼んだ

Aさんが選ばれ、次の資料づくりも頼まれた

初頭効果

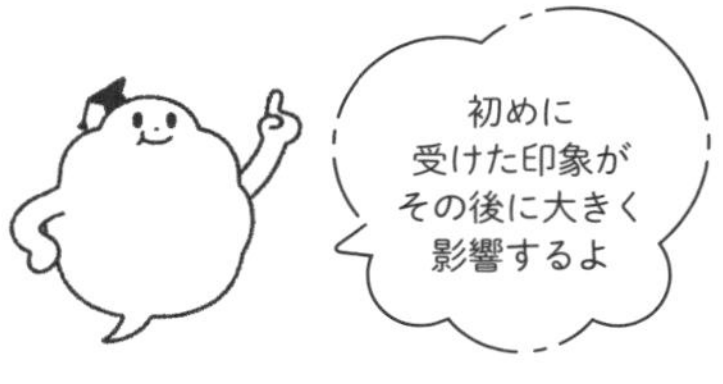

もっと知りたい

初頭効果はビジネスシーンで効果的に活用しよう

「初頭効果」は最初の情報を重要視する心理でしたが、それとは逆の「親近効果」という心理もあります。これは、最後に与えられた情報で印象が決まるというものです。例えば、ビジネスコンペなど複数の企業から自社を選んでもらいたい場合には、できるだけ最後の順番にプレゼンテーションを行うと、相手に強く印象づけることができるといわれています。このように〝多くの情報源〟があり〝反対の情報が主張〟されている場合は「親近効果」が強く影響します。逆に〝一つの情報源〟から〝似た情報が並べられた〟場合は「初頭効果」が強まります。これらを使い分けることが重要です。

11

KEYWORD ≫ 理由に基づく選択

「ワケあり」なら安くても納得する

ワケがあるから後悔しない気がする

ある実験で離婚する親のどちらに子供の親権を与えるべきか質問しました。一方は、年収、仕事時間、子供との関係、健康などすべて「平均的な親」です。もう一方は収入が高く、子供との関係は強いですが、仕事で不在がち、健康に問題がある「特徴的な親」です。「どちらに親権を与えるか」聞いても、「どちらに親権を与えないか」聞いても、後者が高い結果でした。「与えるべき理由」でも「与えない理由」でも、とにかく理由さえあればよかったわけです。**人は決断の際、何か根拠や理由があれば、結果的に矛盾が生まれても気にしません。**この心理は「理由に基づく選択」と呼ばれます。

ワケあり商品ならば安心して買える

人は何かを決めるとき、その決断が間違っていないか不安になります。また合理的で正しい行動を取ろうとします。ゆえに選択や判断においてその理由を求めるのです。

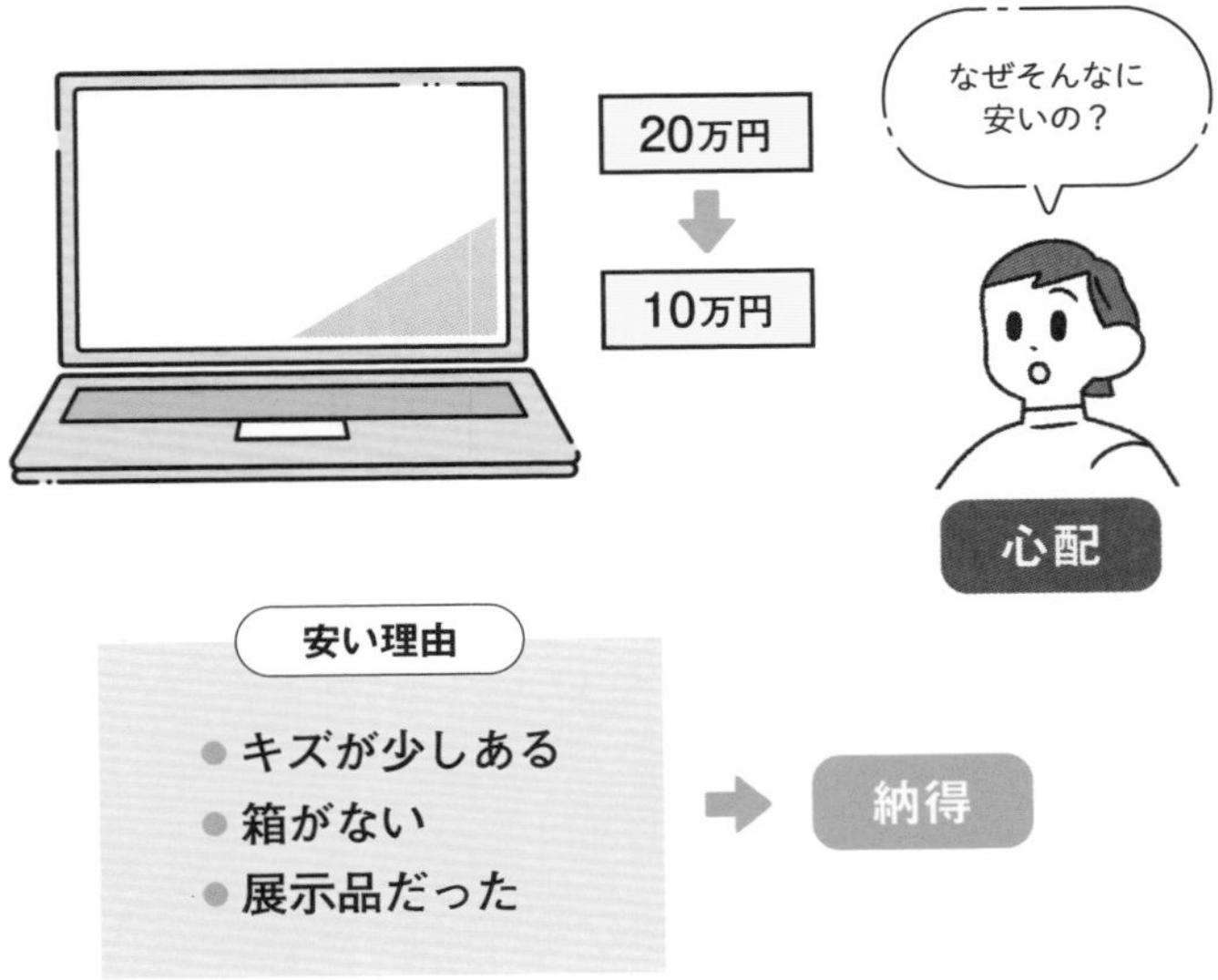
20万円
10万円
なぜそんなに安いの？
心配
安い理由
キズが少しある
箱がない
展示品だった
納得

理由があって納得できるから安心できるんだね

客観的に見て正当な理由があれば納得して決断できる。問題になるのは、その理由を自分でねつ造するケースなのだが……

自分で理由をつくって買ってしまう

ぜいたくな買い物をしたり、がまんしていたものを買ったりするときに、「自分へのごほうび」という言葉を使うことがあります。自分で「ワケ」をつくって自分を納得させるのです。ごほうびをあげるのも、もらうのも自分で、根拠もないので、よく考えるとヘンですが、理由があれば気になりません。

○○と
コラボ商品
限定100個
今だけ
10万円引き
仕事を
がんばった
ダイエットも
成功
高級バッグ
自分に
納得させて
ない？
がんばったんだもん
安くなっているし
新しい
プロジェクトを
任された
ボーナスが
良かった

もっと知りたい

長い目で見て幸せになれる買い物の仕方とは

長い目で見て幸せになれる買い物は、自分でよく考えて決めた買い物です。

「理由に基づく選択」に影響された買い物は、「何か理由をもとに判断した」ことにはなりません。「よく考えずに、とりあえず判断した後に、それを買った理由（らしきもの）を後づけした」買い物なのです。自分の判断には理由（らしきもの）があるので、自分は間違っていないと自分で納得できるのですが、それは単なる自己正当化です。

自分へのごほうびを連発してしまう人は自身が「理由に基づく選択」に陥っていないか、自分の買い物について、よく考えてみるのが良いかもしれません。

12

老後2000万円問題が起きた理由

KEYWORD ≫ 同調効果　アンカリング

老後に２０００万円も足りなくなる？

「老後２０００万円問題」とは、２０１９年に、金融庁による「老後20~30年間で約１３００万円~２０００万円が不足する」という試算をきっかけに物議をかもした問題です。マスコミ各社の報道で「老後資金は２０００万円不足」という部分が独り歩きしたため、多くの人が不安になりました。騒動となった背景には、「同調効果」が働いていると考えられます。これは**人が集団のなかで、他の人と同じ行動を取る心理です**。例えば、昭和時代に流行した「赤信号、みんなで渡れば怖くない」という言葉の裏側にも、この心理があります。「老後２０００万円問題」でも、不安な心理に同調したのです。

2000万円問題には「アンカリング」も関係している

この問題が不安を与えた原因に、「アンカリング効果」の影響もあると考えられます。これは、先に示された数字などがアンカーとなり、後の判断に影響するものです。

平均寿命	男81.1歳　女87.3歳
高齢夫婦無職世帯の毎月の赤字額	約5.5万円

出典：2019年6月　金融庁　報告書「高齢社会における資産形成管理」

老後20年の場合

5.5万円×12カ月×20年＝1320万円

老後30年の場合

5.5万円×12カ月×30年＝1980万円

➡ あと2000万円必要

2000万円
貯められる？

アンカリング

年金など、さまざまな老後への備えがある人も、2000万円の貯蓄が必要だと思い込んだ。

マスコミの言葉にみんなが同調した

2016年の厚生労働省の「国民生活基礎調査」で発表された一世帯あたりの平均貯蓄額は1033万円でした。2000万円以上の貯金がある世帯は全体の15%程度に過ぎず、多くは老後に必要な資金がないと不安になりました。

老後資金
2000万円不足が不安

年金の破綻を
認めたのか！
2000万円を
自分で
用意するのか！
そんなの
無理だ！

同調効果

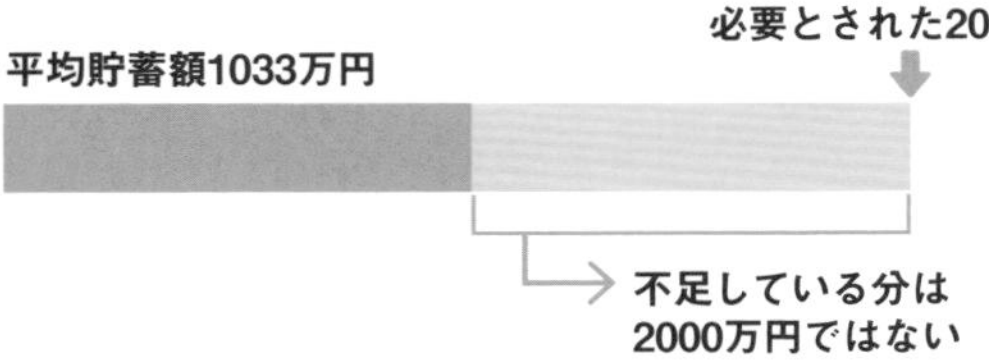
必要とされた2000万円
平均貯蓄額1033万円
不足している分は
2000万円ではない

「同調効果」で思考停止となった多くの人は、自分の資産の検証など行わない。政府を年金問題に無策だと判断し、不満の心理に同調した。

もっと知りたい

老後のための準備

のど元過ぎれば熱さを忘れる、の言葉どおり「老後2000万円問題」は忘れられつつあります。一連の騒動による良い影響は、老後への備えに関して視聴者の耳目を集めたことです。実際に問題の後、NISA（少額投資非課税制度）への申し込みや老後資金セミナーへの参加などが増えました。実は金融庁が国民に勧めようとしたのは、古い人生のパターン（就職→結婚・出産→住宅購入→定年→年金暮らし）とは異なるライフプランを立てることでした。そのために多様な方法で資産の寿命を延ばすなど、自分で準備することの重要性を訴えたかったのです。準備の必要性は今でも、全く変わりません。

橋本先生が答える

行動経済学的

お買い物相談室

Q 携帯用扇風機の電池を買いすぎてしまいました。どうしたら、こんな無駄をせずにすみますか。

携帯用の扇風機と電池が一緒に置かれて販売されていました。電池が切れると面倒だと思い、多めに購入しました。ところが扇風機が壊れ、電池だけが大量に余っています。（40歳・女性・会社員）

A 人は損する金額や得する金額が大きくなるほど、不満や満足の感じ方が鈍くなる傾向があります。この傾向を「感応度逓減性」と呼びます。扇風機を買うにしろ電池を買うにしろ、代金を払うことによる損は発生します。ある程度大きな出費をした後では、小さな出費に対して痛みを感じないものなのです。これが扇風機に比べて安い電池を、必要以上に買いすぎてしまった原因だと考えられます。こうした状況では、扇風機を買ったことを意識的にいったん忘れて、出費ゼロの状態から電池を買うつもりで判断するとよいですよ。

⇨P.36

Q ポイ活を楽しんでいますが、これってお得なんでしょうか？

ポイ活をしています。「買いまわりキャンペーン」というのがあり、お店で買うごとに加算されるポイントが増えることになっています。ポイント目当てでいつもより高い日用品や家電などを買っています。これって得になっているんでしょうか？（40代・女性・フリーランス）

A 人は自分が所有するものに対して、他人から見ると理解できないほどに高い価値を感じる傾向があります。この心理は「保有効果」と呼ばれています。買い物するごとにたまるポイントは自分の保有物なので、現実的に換算した金額以上に大切に思えてしまいます。さらに「上昇選好」という心理が、ポイ活を助長します。これは時間が過ぎるにつれて、満足が拡大（不満が減少）することを好む心理です。ポイントが増えることは喜びであり、使って減らすことは避けようとします。これらの心理によって人はポイ活にハマるわけです。ポイント集めは楽しいものなので否定はしませんが、実際はいくら得したかを把握して買うべきか判断するようにしてください。

⇨P.28、P.122

Chapter

4

こんなところにも行動経済学

良好な人間関係の構築や
善良な社会活動の実践など、
身の回りの社会をより良くするために
行動経済学の理論が
参考になる場合があります。

01

KEYWORD » 社会的選好

人のために行動すると幸せになる

利他的行動で幸せになれる

伝統的な経済学では、人間は自分の利益を求めて利己的に行動するとされていましたが、**実際には、自分だけでなく他者の利益、社会全体のメリットも考慮して行動します**。ボランティア活動や節電などのエコロジーに関する行動は、この典型例です。こうした行動を促す心理を「社会的選好《せんこう》」と呼びます。「社会的選好」には、自分を犠牲にして他人の幸福・利益のために尽くす「利他《りた》性」、親切な行動に対して親切な行動で返しギブ・アンド・テイクや相互扶助の関係をつくる「互酬性」、他者からしてもらった良いことに対してお返しをする「返報性」など、いくつかのパターンに分けられます。

人には他人を思いやり、行動する気持ちがある

人は損をしないように生活している一方で、自分のことだけを考えるのではなく、他人がどう思うかを考えたり、相手のためになるような行動もします。

社会のメリットを考慮する心理

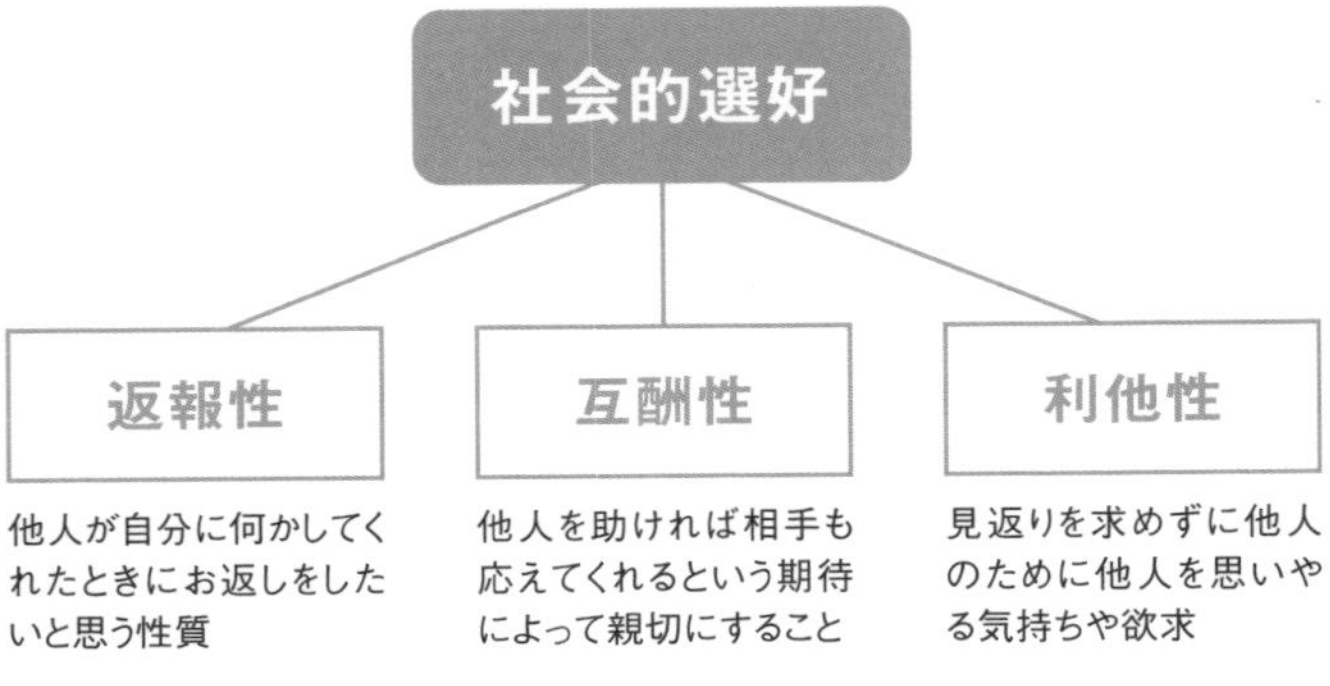

社会的選好
返報性
互酬性
利他性
他人が自分に何かしてくれたときにお返しをしたいと思う性質
他人を助ければ相手も応えてくれるという期待によって親切にすること
見返りを求めずに他人のために他人を思いやる気持ちや欲求

"利己的"だけでは説明がつかない人間の心理

↓

他人のことを考えて行動すると
幸せな気持ちになれる

利他性のある行動で幸福になる実験

他人の利益を優先する「社会的選好」による行動は、外からの強制は必要ありません。行動する側にも心理的なメリットがあるからです。「利他性」に基づく行動が幸福度を高めることはカナダの心理学者エリザベス・ダンらによる実験で証明されています。

① 実験が行われる日の朝、参加者は自分の幸福度を評価する。

3
5
7
10

② 参加者は２つのグループに分けられる。

自分のために

渡されたお金を
17時までに
自分のために使う

他人のために

渡されたお金を
17時までに
他人のために使う

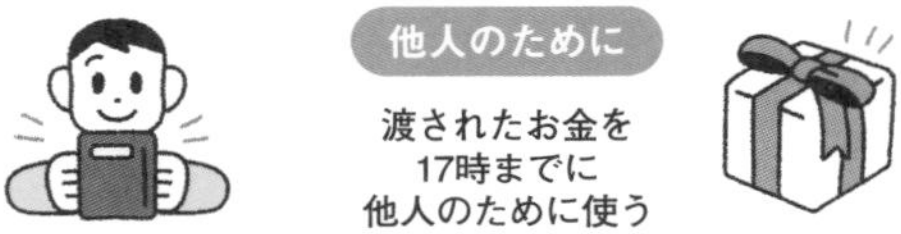

③ 17時以降、参加者はもう一度集められ、自分の幸福度を評価する。

自分のためグループ　　**他人のためグループ**

5
5
8
10

➡ 「他人のため」のほうが幸福度が高かった

社会的選好

「利他性」を意識させて行動を抑制

コロナ禍の初期、厚生労働省は国民に行動制限を守ってもらいまん延を防ぐために、他人のことを考えて行動する「利他性」の心理にアピールする告知を行いました。

人との接触を8割減らす10のポイント

あなたと身近な人の命を守れるよう
日常生活を見直そう

① ビデオ通話でオンライン帰省
② スーパーは1人または少人数ですいている時間に
③ ジョギングは少人数で公園はすいた時間、場所を選ぶ
④ 待てる買い物は通販で
⑤ 飲み会はオンラインで
⑥ 診療は遠隔診療
⑦ 筋トレやヨガは自宅で動画活用
⑧ 飲食は持ち帰り宅配も
⑨ 仕事は在宅勤務
⑩ 会話はマスクをつけて

厚生労働省ホームページより

あなたとあなたの周りの人の命を守れるように協力お願いします

＞

感染抑制のために協力お願いします

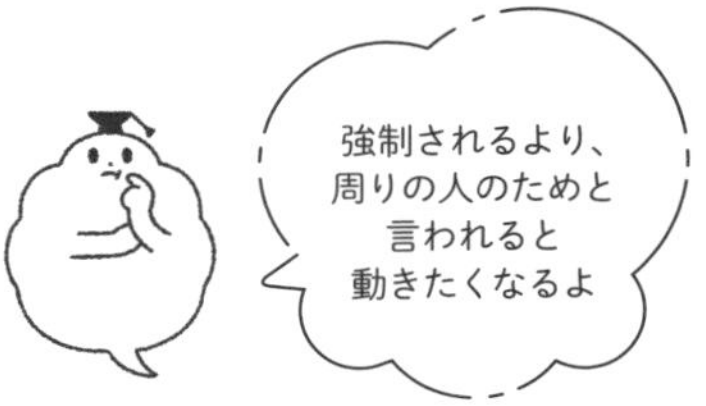
強制されるより、
周りの人のためと
言われると
動きたくなるよ

02

KEYWORD 上昇選好

後で満足したほうが幸せ

先に「苦労をする」は理にかなってる

日本においては、末（未来）のほうが広がる「末広がり」は縁起が良いといわれています。この考え方と似た心理が「上昇選好」です。これは、**連続して起きる物事に対して、時間の経過とともに満足が拡大する、あるいは不満が減少することを好む心理**です。例えば、入社1年目の月収は19万円、2年目は20万円、3年目は21万円と、年を追って給料も上がっていくほうが、多くの人にとって仕事に対するモチベーションが上がりやすくなります。いずれにしても3年間の総額が60万円だとしても、1年目が21万円、2年目は20万円、3年目は19万円と減っていくよりも好ましいと感じるのです。

後から良い思いをしたい

「良い体験をいつすることを望むか」を明らかにする実験です。アメリカの経済学者ジョージ・ルーヴェンスタインらによる実験で、ハーバード大学の学生を対象に、華やかなフランス料理を味わうタイミングはいつがいいか質問しました。

Q1　次のディナーでどちらを選びますか？

Ⓐ 華やかなフランス料理　Ⓑ 地味なギリシャ料理

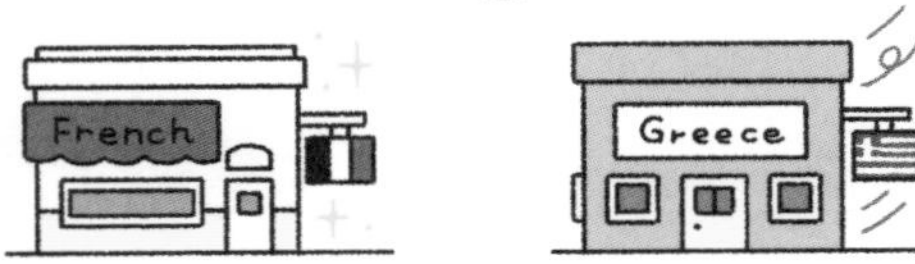

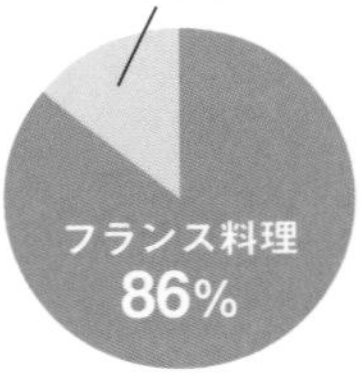

最初に「無料で食べるならどちらの料理か」を質問することで、「華やかなフランス料理」を好む人を選び出した。

Q2　Ⓐを選んだ人に伺います。次のディナーではどちらを選びますか？

Ⓐ 1カ月後 フランス料理に行く　Ⓑ 2カ月後 フランス料理に行く

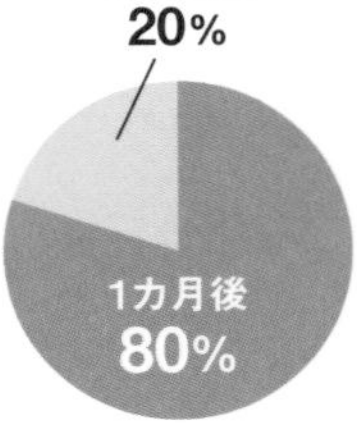

「華やかなフランス料理」は2カ月待たされるよりも、1カ月後に食べたいという人が多数派を占めた。

Q3 Q1でⒶを選んだ人に伺います。
どちらの店にも行かなければならないとしたら、どの順で行きますか？

Ⓐ 華やかなフランス料理 → 地味なギリシャ料理

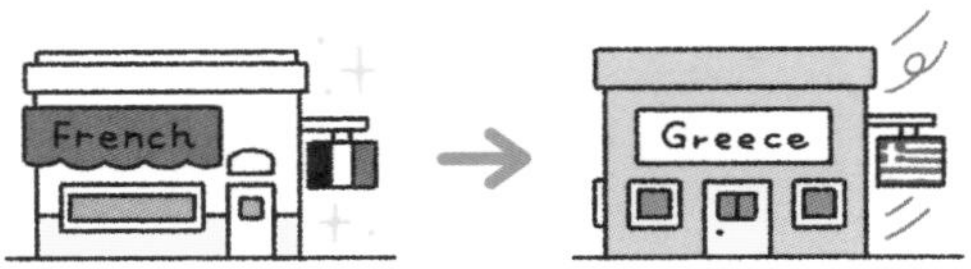
French
Greece

1カ月後に行く　2カ月後に行く

Ⓑ 地味なギリシャ料理 → 華やかなフランス料理

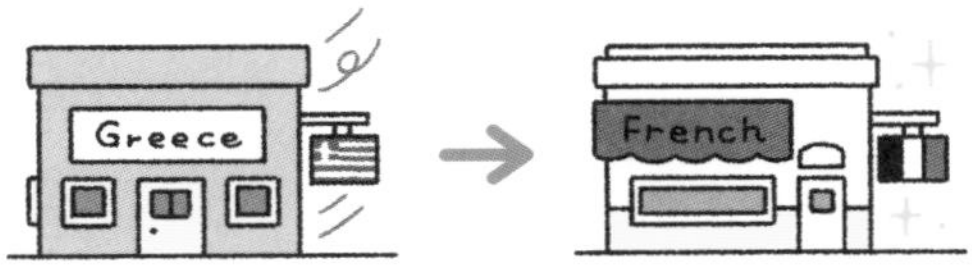
Greece
French

1カ月後に行く　2カ月後に行く

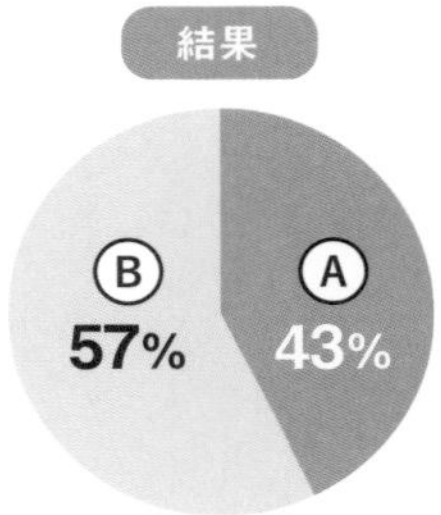
結果
Ⓑ 57%
Ⓐ 43%

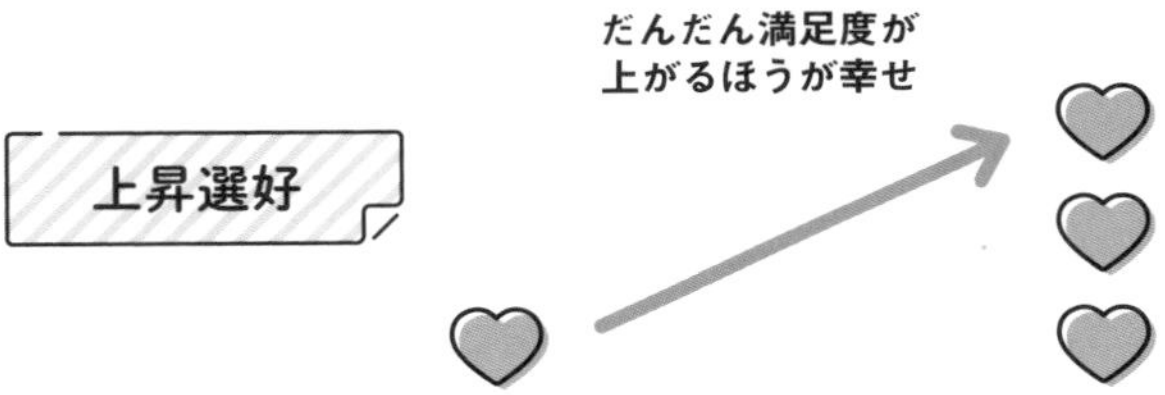
上昇選好
だんだん満足度が
上がるほうが幸せ

フランス料理をいつ食べるかなら早いほうがいいのだが、ギリシャ料理とフランス料理を一度ずつ食べるなら、先にギリシャ料理で楽しみなフランス料理を後に食べたい人が多数を占めた。このように楽しみを後にしたほうが幸せを感じる。

もっと知りたい

バブル世代は幸せなのか

「上昇選好」は、行動の目標設定に活用できます。例えば元プロ野球選手のイチローの目標設定を見てみましょう。野球において安打を測る主要な指標は一般的には〝打率〟です。しかし現役時代のイチローは〝打率〟ではなく、〝安打数〟を目標としていました。安打数はヒットを打つごとに積み上がるため、増えることはあっても、決して減ることはありません。一方、〝打率〟は年間を通じて上下するため、常に一喜一憂し続けることになります。イチローは時間とともに上昇や拡大をする目標を設定することで、モチベーションを維持できたのです。

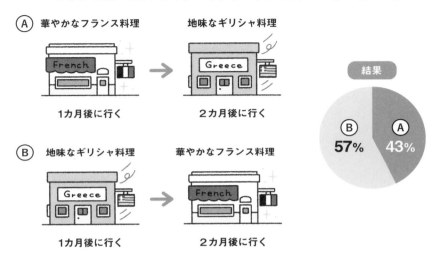

03

KEYWORD ≫ バンドワゴン効果

人は大勢でいると安心する

群れをなしたい心理

選挙の投票で、どの候補者を選ぶか困った場合に、巷で優勢だと言われている候補者に投票しようかと思う人はいます。あるいは、SNSで「いいね」が多いカフェの写真を見つけると、多くの人は行きたくなるはずです。**多くの人が同じ選択をしていると、さらに多くの人がこれを選ぼうとするのです**。このような「時流に乗りたい」「勝ち馬に乗りたい」といった心理を「バンドワゴン効果」と呼びます。バンドワゴンは、パレードの先頭を走る楽隊車のことです。ブームにひかれる人々が、バンドワゴンについていく（パレード）参加者の姿に似ていることからつけられました。

多くの人が支持しているものを良いと感じる

行列のできている店と、待つ人のいない店が2軒並んでいたとしたら、ほとんどの人が行列のあるほうを選ぶことでしょう。これも「バンドワゴン効果」の影響です。

ラーメン
おいしいに違いない

らーめん
やっぱり並んでいるほうがおいしいのかなあっちに行ってみようかな
うーん…
バンドワゴン効果

周囲の動きに同調するんだね

人は大昔から群れで生きる生き物だった。その性質は脳の中に刷り込まれている。無意識に孤立を避け、大勢と同じ行動をする。

正しいと思っても周囲に同調してしまう

アメリカの社会心理学者ソロモン・アッシュは、人が周囲に合わせる傾向を証明するため、8人のグループの中で7人が“サクラ”、残りの1人だけが実際の被験者という状況で、どれが基準線と同じか実験をしました。

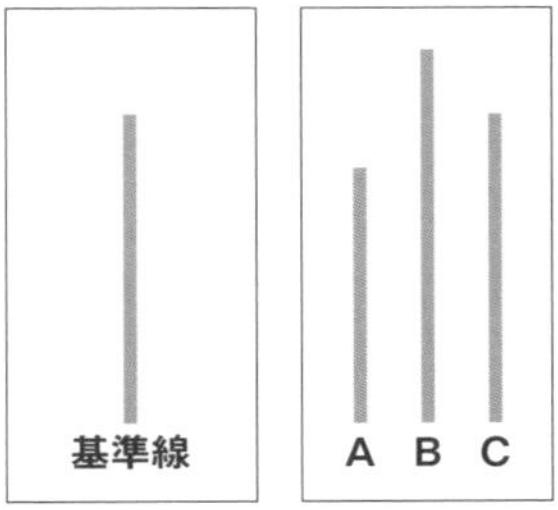

Q. どれが基準線と同じ？

① どれが基準線と同じ長さか順番で口頭で答える
② 被検者はいつも最後から2番目に答える
③ サクラ役は最初の数回は正しく回答するが、途中から決められた間違えた回答をする
④ 実験は18回繰り返される

- 全回答の37%で真の被検者がサクラ役の間違えた回答に同調
- 被検者ごとでは被検者の約3/4が少なくとも1回、同調した答えをした

その場の大半を占めるサクラ役が間違った回答をすると、被験者もそれに合わせた。真実を選ぶより、周囲と同じ判断をすることを選んだ。

もっと知りたい

ブームの陰にはバンドワゴン効果がある

世の中のブームは「バンドワゴン効果」の影響で生まれます。タワーマンション人気も、その一つです。魅力ある住まいであることは確かですが、バンドワゴン効果の影響も大きかったでしょう。しかし人気の要素だけに目を向けると、さまざまな欠点が見えなくなります。震災の際に、湾岸エリアは地盤が液状化しやすいことが明らかになりました。ほかにも、1棟だけで人口が劇的に増えるため、周囲の学校などインフラで対応できなくなる事態も生まれました。莫大な金額になる外壁の修繕等に対応する修繕積立金が不十分などのケースもあります。人気を気にせず本質を見極めることは、常に重要です。

04

KEYWORD ≫ ピークエンド効果

「ピーク時」と「最後」が最高ならすべて最高

ピーク時と終わりで評価は一変する

学校でよく怒られた先生などの嫌な記憶は、在学当時は覚えていても、卒業すると忘れてしまう人が多いようです。これは「ピークエンド効果」の影響で、人が自分自身の過去の経験を、そのピーク（絶頂）時にどうだったか（うれしかったか悲しかったかなど）、それがどう終わったかだけで評価します。出来事の長さは無関係です。学生生活の場合、修学旅行や文化祭などの大きなイベントがピークでしょうし、長く過ごした学校と別れる卒業式が最後の経験でしょう。それらの良い記憶が強く残るため、学生時代すべてが良い体験だったと思えるのです。

「ピーク」と「エンド」で全体が決まる

アメリカの行動経済学者のダニエル・カーネマンは過去の経験が、「ピーク」と「エンド」という2点で印象付けられることを証明する実験を行いました。

1

Aグループ　不快な騒音を8秒聞かせる

Bグループ　不快な騒音を8秒聞かせた後、いくらかマシな騒音を8秒聞く

↓

Bグループは、最終的に全体的に不快度数が低くなった

2

A. 14度の冷たい水に手を60秒浸す

B. 14度の冷たい水に手を60秒浸したあと、やや温かい15度の水に30秒手を浸した

↓

Bのほうが、最終的に不快度数が低かった。さらに69%の人がもう一度経験するなら、Bにすると答えた。

いずれの実験からも、体験全体が最後の部分だけが違っていた場合に、その最後の印象が影響することが証明されました。

出来事の良し悪しは「ピーク」と「エンド」で評価される

最も盛り上がった部分と最後の部分が全体の印象を決めます。店で並ばされる、旅行中に平凡な時間が続くなど、ピークとエンド以外の記憶は忘れられてしまうのです。

● 1時間並んで食べたおいしいラーメン

ピークエンド効果

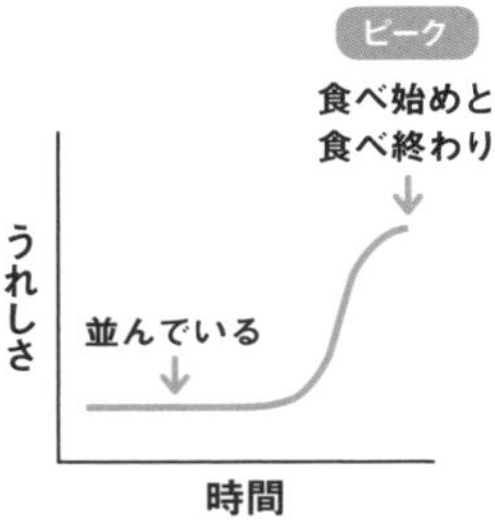
ピーク
食べ始めと
食べ終わり
うれしさ
並んでいる
時間

おいしー
しあわせ

ピークとエンド

1時間並んでも
ラーメンが
おいしかったから
ピークとエンドで
満足できる

まさに
ピークと
エンドだね

● すてきな旅

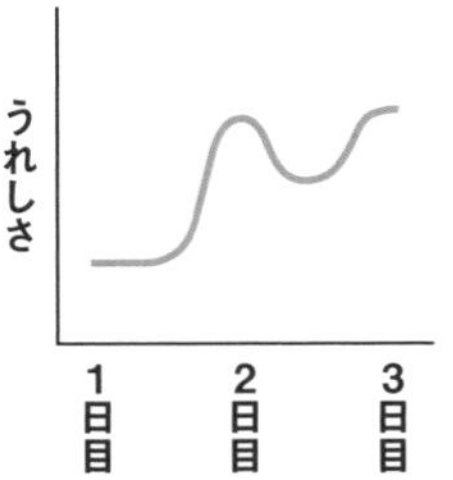
うれしさ
1日目
2日目
3日目

1日目
出発

ピーク

2日目
美しい景色

エンド

3日目
良いおみやげを
見つけた

感情が動いた「ピーク」と、
旅が終わった「エンド」の記憶だけで、
旅の良い印象がつくられる

もっと知りたい

仕事でもピークエンドの法則を使おう

映画や小説など、さまざまなストーリーづくりで作者はピークとエンドに細心の注意を払います。一般的な生活のなかにも「ピークエンド効果」を活用できる場面があります。例えば会社員なら、上司に仕事を報告する方法によって評価を変えられる可能性があります。失敗した件があれば先に報告し、最後に良い報告をすることで全体の印象を良いものにできます。また取引先に向けたプレゼンテーションでも、全体の盛り上がりをつくることと、最後に良い印象を与えるように心がけることで評価は上がるでしょう。さまざまなコミュニケーションで、この効果を活用してみてはどうでしょう。

05

KEYWORD » 返報性

人は親切に応えようとする

人は互酬性を持っている

他者の利益を考える行動を促す心理は「社会的選好」でした。他人から受けたメリットや報酬などに対して、お返しをすべきと考える「返報性」もその一つです。ここで言う**メリットや報酬には、具体的なお金やものなどに限らず、「褒める」「好意を持つ」などの、抽象的な行動なども含まれます**。相手が秘密を打ち明けてくれると、自分も相応の秘密を話したくなる状況です。また、いわゆる「ワケあり商品」に対して好感を持つ理由は、単なる安さだけではありません。こちらから聞かないうちに商品に関する内情を暴露してくれたことへの返報性が働いていることも理由の一つです。

人は相手の気持ちに応えたくなる

人が何かをしてもらうと、お返しをしないと落ち着かない心理になるものです。ホワイトデーのお返しもお礼や好意だけでなく「返報性」が働いています。

● バレンタインデーの義理チョコのお返し

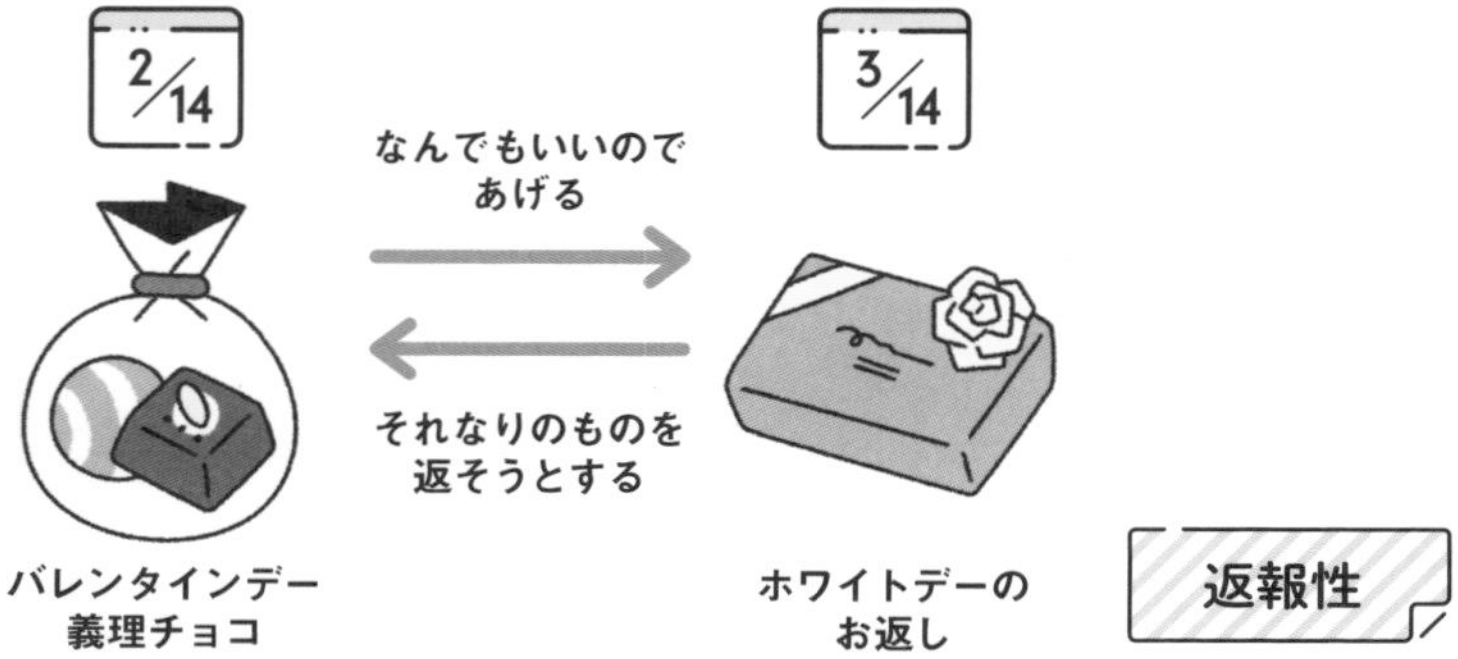

2/14
3/14
なんでもいいので
あげる
それなりのものを
返そうとする
バレンタインデー
義理チョコ
ホワイトデーの
お返し
返報性

● SNSで「いいね」を押してくれた人に“いいね返し”をしたくなる

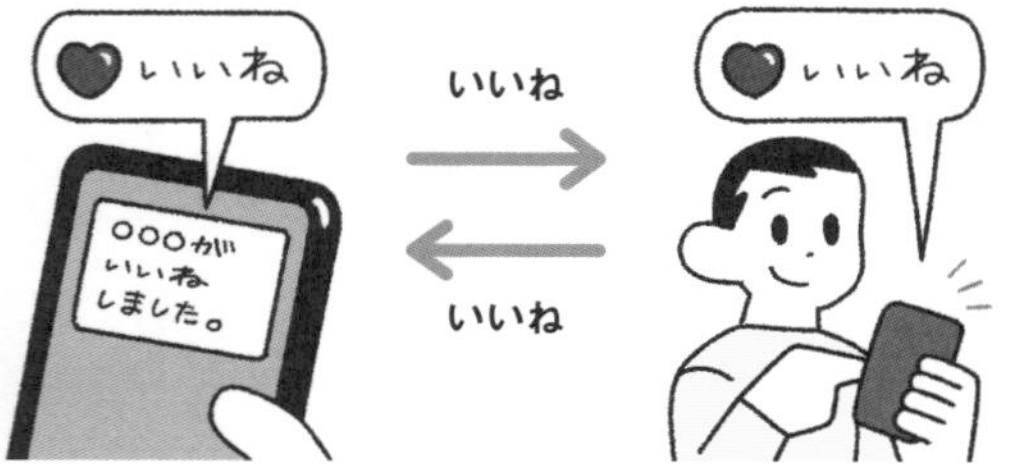

いいね
いいね
いいね
いいね
○○○が
いいね
しました。

SNSでもらった「いいね」に、お返しをしないままだと「恩知らず」などと思われかねない。悪意に対して悪意が返ってくるのも「返報性」である。

スーパーマーケットで試食をすると

無料で試食させてもらった時点でメリットを得たことになるので、買わなければ悪いかも、という気持ちになる。

初回無料サンプルをもらうと商品を買ってもよいと思う

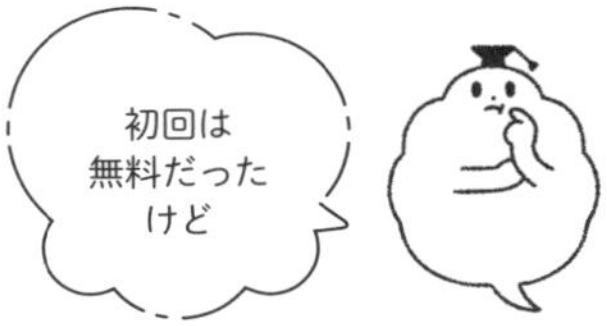

人によっては、初回無料サンプルをもらったことに恩を感じる。少なくとも好意的に商品を試すことになるだろう。

無料のコーヒーチケットに有料のケーキもつけてしまう

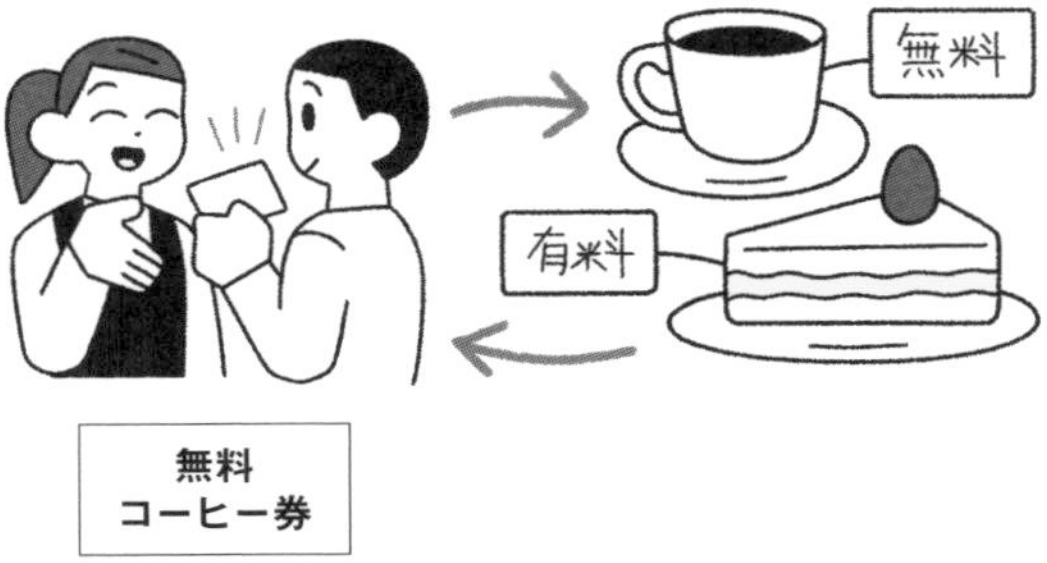

売り手側から考えると、コーヒーを無料にしたとしても、合わせて別の商品を買ってくれれば採算が取れるため損はしない。

06

多くの人は自分を事実以上に評価する

KEYWORD ≫ コントロール幻想　ダニング＝クルーガー効果

状況をコントロールできているつもりの心理

自分が「晴れ男」や「晴れ女」だと信じる人がいますが、自然現象を左右できるはずはありません。願った通りの天気になった経験が重なって、自分にそうした力があると思い込むのです。その裏側にあるのが「コントロール幻想」です。これは、**実際には自分の力が及ばない事柄にも、コントロールし、影響を与えられると思い込む心理**です。このほか、人を自信過剰にさせる心理として「ダニング＝クルーガー効果」があります。これは、**能力の低い人ほど自分の能力不足に気づかず、実際よりも高く評価してしまう傾向**です。自分を評価するときもさまざまなバイアスに影響されるのです。

自分は平均以上と思い込む

「自分は平均以上だと思うか?」と質問をすると、多くの人がYesと答えます。現実的には平均より優れた人は全体の半分ですから、多くの人が自信過剰なわけです。

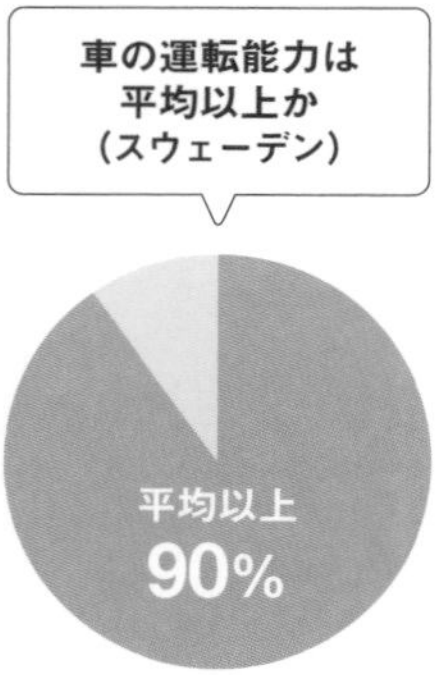

車の運転能力は
平均以上か
（スウェーデン）
平均以上
90%

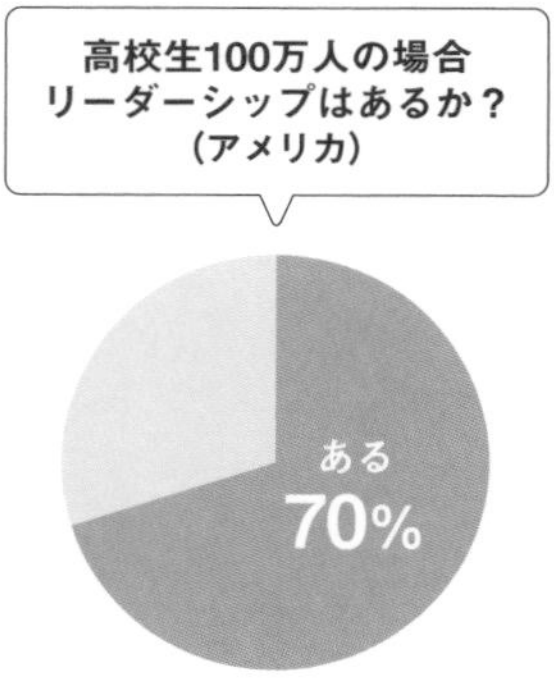

高校生100万人の場合
リーダーシップはあるか？
（アメリカ）
ある
70%

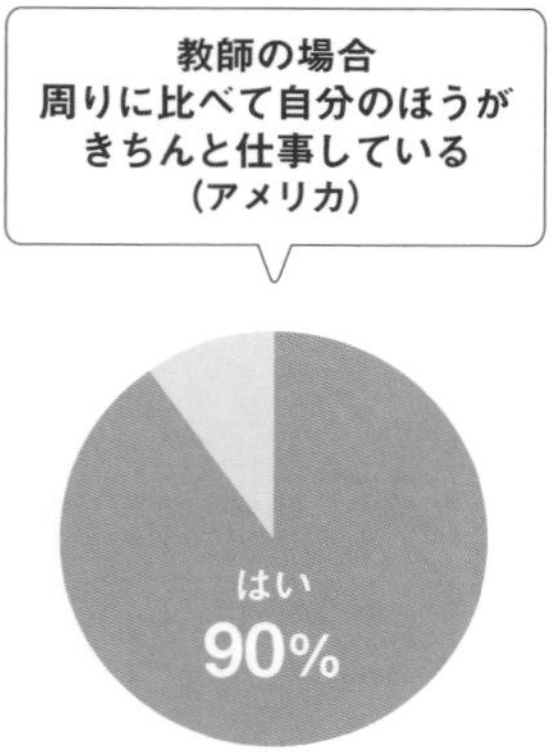

教師の場合
周りに比べて自分のほうが
きちんと仕事している
（アメリカ）
はい
90%

コントロール幻想

年齢に関係なく、
自分の評価は
高いと認識する
傾向があるよ

自分の能力が高いと感じ、不可能なことまでコントロールできると思い込むと、物事のリスクを正しく判断できなくなるので危険です。

5 能力の低い人は自分に甘い

物事に習熟していない時期は、少し上達しただけで自分を過信します。その後、周囲との比較などから自分が未熟であることを知り、さらに上達するにつれ正しく自己評価できるようになります。ダニング=クルーガーの曲線を使うとどう自己評価をしているかわかります。

ダニング=クルーガー効果

● ダニング=クルーガー効果の曲線

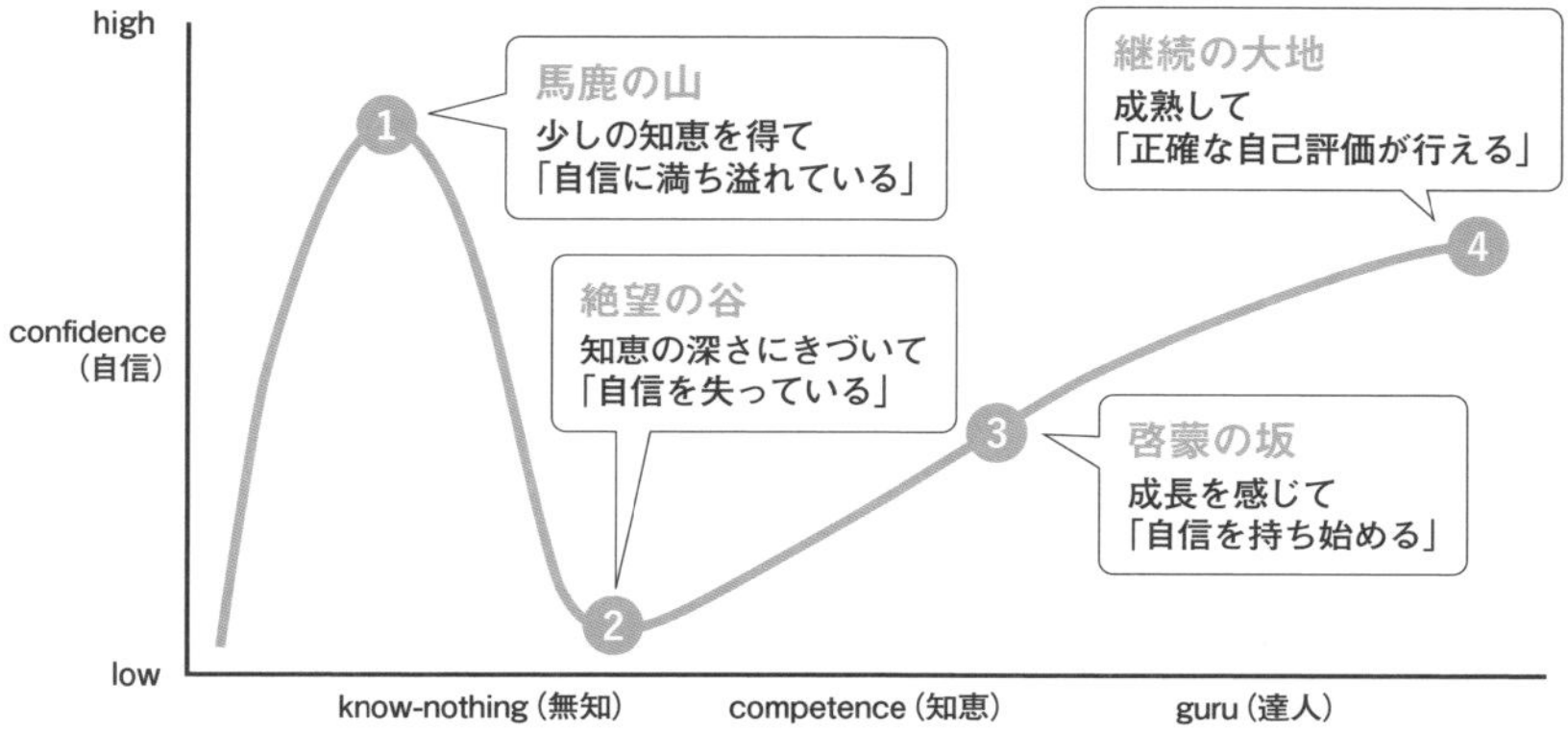
high
confidence（自信）
low
know-nothing（無知）
competence（知恵）
guru（達人）
1 馬鹿の山
少しの知恵を得て「自信に満ち溢れている」
2 絶望の谷
知恵の深さにきづいて「自信を失っている」
3 啓蒙の坂
成長を感じて「自信を持ち始める」
4 継続の大地
成熟して「正確な自己評価が行える」

出典：https://commons.wikimedia.org/wiki/File:Dunning-Kruger-Effect-en.png

周りのレベルを知ると、本当の自分の実力がわかるよ

1. 最初に少しの知恵を得た時は、完全に理解したような気持ちになって「私は優秀だ！」と自信に満ち溢れています。「馬鹿の山」とも呼ばれます。
2. もう少し学びを進めると、全体の大きさを知って「まだまだ足りなかった」と自信を失っています。「絶望の谷」とも呼ばれます。
3. さらに学びを進めると、成長を実感して「少しわかってきた」と自信を持ち始めます。「啓蒙の坂」と呼ばれます。
4. さらに学びを進めると、知恵が熟知して「これは得意だが、これは得意ではない」と正確な自己評価が行えるようになります。「継続の大地」とも呼ばれます。

もっと知りたい

コントロールできると元気になる！

「コントロール幻想」を検証する実験が老人ホームで行われました。入居している高齢者を2グループに分け、一方は自分たちで自室の家具の配置や映画を見る曜日などを決められるようにしました。もう一方はすべて老人ホーム側が選びます。この状況を一定期間続けた結果、前者グループの高齢者は、自分が幸せで活動的だと感じ、健康状態も改善しました。しかもこの効果は一時的ではなく長く続いたのです。自分が何かをコントロールしていると感じることは、人の精神や肉体に好影響をもたらします。物事を前向きにとらえる力ともなります。

153ページに実験結果のグラフを掲載しました。

07

KEYWORD ≫ 後知恵バイアス

後づけの理由で自己弁護

そうなると思っていたと後から主張する

成功した有名人の幼い頃を知る人が「彼は成功すると思っていた」などと語る姿を見ることがあります。このように、**何かが起こった後で、または最終的な結果を知ってから、それを予見していたかのように考えてしまう心理**を「後知恵《あとぢえ》バイアス」と呼びます。ほかの心理的バイアスと同様に、「後知恵バイアス」に影響されている人にも自覚はありません。本気で「やっぱり！　最初からそうなると思っていた」と信じています。その原因を探る研究から、人は事前に行っていた結果予測の記憶を、自分に都合よく改変していることが明らかにされています。実際以上に正確に予測したと思い込むのです。

世の中にあふれる「後知恵バイアス」

誰かの過ちを批判する人が「後知恵バイアス」に影響されると面倒です。「自分は結果を予測できていた」「誰でも予測できる」などと、無茶な理屈で責めるからです。

課長
部下
何か予兆があったはずだ
課長 キャンセルになりました。すいません
なんとなく悪い予感がしていたんだ
えっ
こうなるんじゃないかと思っていたよ
・・・・
後知恵バイアス
後からなら何とでも言えるよ

意識しない後出しジャンケンは気持ちをやわらげたいから

スポーツの試合でひいきのチームの敗戦後に、負けるとわかっていたという言葉は、負け惜しみとは限りません。予測できなかった自分や精神的ダメージをやわらげようとしているのです。

野球 ファンのチームが負けた

- エラーが多かったからこうなると思っていた
- ピッチャーの交替が悪いタイミングだと思った
- ４番が打てないから変えるべきだと思っていた
- 監督が決まったときから采配に疑問を持っていた

＝

精神的ダメージをやわらげるために
自分は結果を知っていたと言いたい「自己弁護」

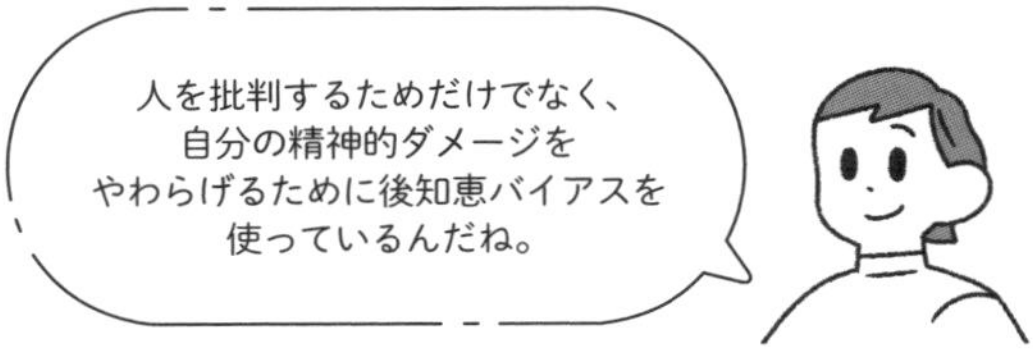
人を批判するためだけでなく、自分の精神的ダメージをやわらげるために後知恵バイアスを使っているんだね。

結果を知る前と知った後では、人は別人になると考えていいかもしれない。いったん知識を持つと、持っていなかったときのことを思い出せなくなる。

もっと知りたい

失敗したときに最優先するのは

日本は「何かあったらどうするんだ症候群」にかかっているという主張が、最近メディアで報道されています。今の日本人は、万一の場合のリスクを重大に考えすぎて、これを極度に避ける行動ばかりとるというのです。結果的に社会は停滞し、個人の可能性は制限されるという主張です。この症候群がまん延すると、リスクを犯して挑戦する人がいなくなってしまうでしょう。チャレンジの結果の失敗を責める人が大量に出ることも予想できます。このとき、批判をする人の心理には「後知恵バイアス」が働くはずです。無自覚に自分が正しいと信じて人を攻撃する人は、社会的な害悪にもなりうるのです。

08

KEYWORD » 再認ヒューリスティック

よく知っている人やものを評価してしまう

よく見聞きするものが安心できる

難しい決断が必要なとき、素早く結論を出したいときほど、感覚に頼る「ヒューリスティック」による判断を下すものです。その一つである「再認ヒューリスティック」は、**すでに知っているものに対して、初めて見聞きするものより、高い評価を与えるというもの**です。

例えば、広く知られている学校は新設校より生徒も優秀だと思うことがあります。また買い物で、複数のブランドの同じ商品が並んでいた場合に、ブランド名を覚えているほうを選ぶ人は多いでしょう。これらはともに「再認ヒューリスティック」の影響です。

身近だからといって信頼できるとは限らない

どの株を買うかといった投資でも、正確な株価の予測よりも、その銘柄を知っているかどうかを判断基準にしてしまいます。なじみの薄い自国外の銘柄は避けがちになるのです。

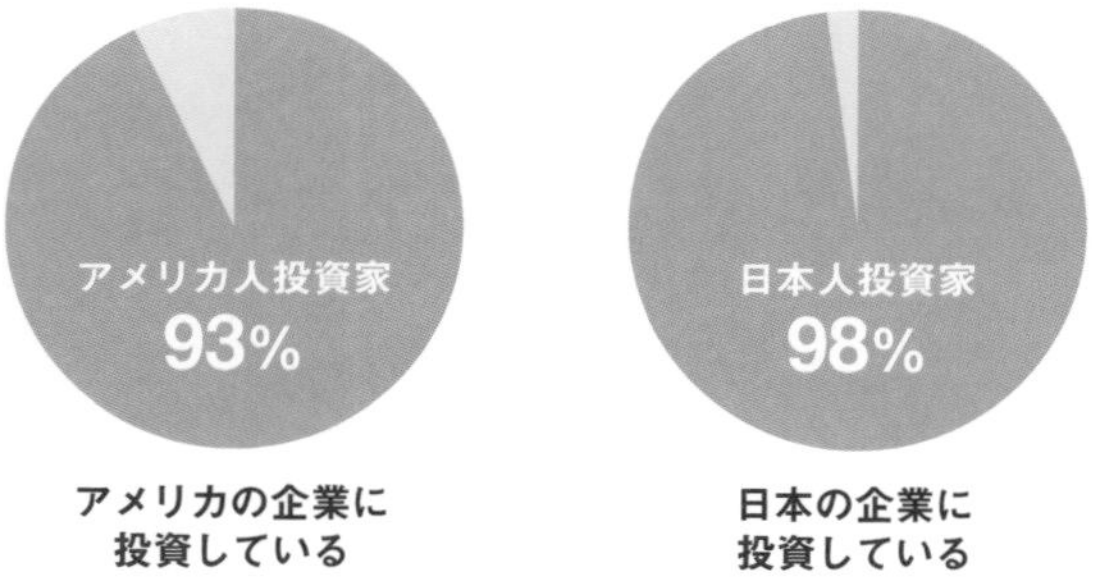

アメリカ人投資家
93%
アメリカの企業に
投資している
日本人投資家
98%
日本の企業に
投資している

身近で親しみを感じる
よく知っているつもりの会社

＝

信頼できる会社と思い込む

本当に
そうなのか
考えてみよう

再認ヒューリスティック

自国内の銘柄であっても、知名度の高い企業が選ばれがちである。よく知っている企業の株は上がると思い込むケースは多い。

よく知っている人を評価してしまう

人間を公正に評価することは簡単ではありません。難しい判断ほど「再認ヒューリスティック」に影響されます。人の評価は重い責任を伴うので、意識的に心理的バイアスを排除すべきでしょう。

● 芝居の主役を決める

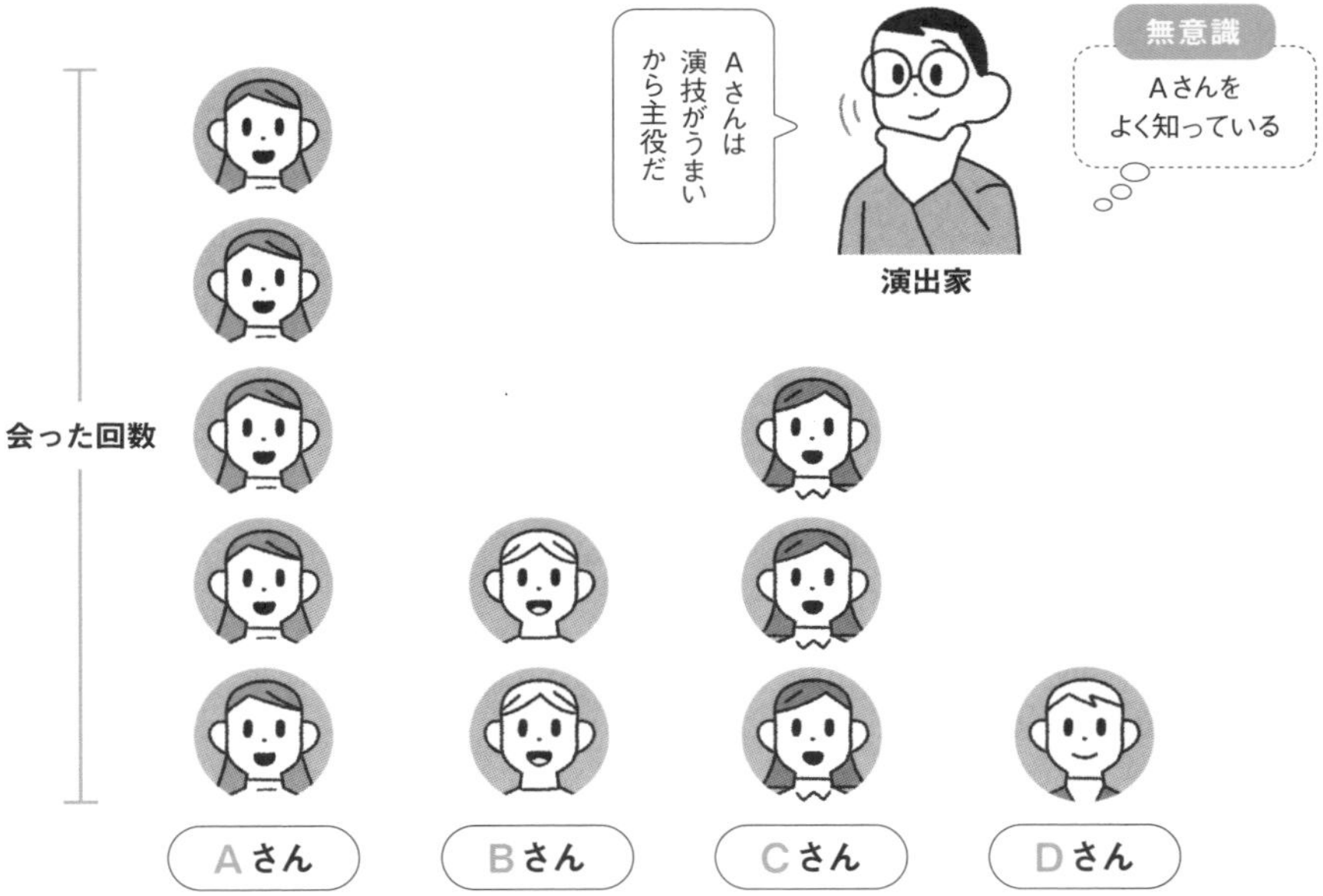

一般社会の例として、会社の上司が部下を査定する場合などでも、なじみのある部下を高く評価する傾向があるので要注意。

もっと知りたい

再認ヒューリスティックで人の評価を誤らないように

注意すべきは「再認ヒューリスティック」に影響された判断が100%間違えているとは限らないことです。ある実験でアメリカ人とドイツ人の学生にアメリカの都市であるサンアントニオとサンディエゴではどちらの人口が多いかを尋ねました。正解はサンディエゴですが、アメリカ人学生の正解者が62%であったのに対し、ドイツ人学生は100%でした。サンアントニオをよく知らないドイツ人学生が、聞いたことがあるサンディエゴのほうが多いと短絡的に答えた結果だと考えられています。

09

KEYWORD ≫ 後悔の回避

やらなかったことを後悔する

やらなかった後悔を思い出してみよう

人は損を避けようとするものです。さらに、**目の前の損を避けるだけではなく、将来に損をするだろうと結果を予測して、それを避ける行動を選びます**。これが「後悔の回避」です。後悔する際は、違った選択をしていればよかったのではないか？などと、後から想像して不快な感情を抱きます。このとき、損をしたという事実に加えて、自分自身がその判断を下したことによる責任を感じ、自分を責める気持ちが生まれます。そのため単なる損失以上に精神的なダメージが大きくなります。しかし、後悔を過剰に避けようとした結果、より損失が大きい不合理な判断となることもあります。

長期的には行動しなかった後悔のほうが深く残る

行動せずに後悔することを避けるために、行動を起こした結果の「行為後悔」と、行動した結果の損を避けるために行動しなかったことによる「非行為後悔」の2種類があります。

● 行動して後悔を避ける（行為後悔）

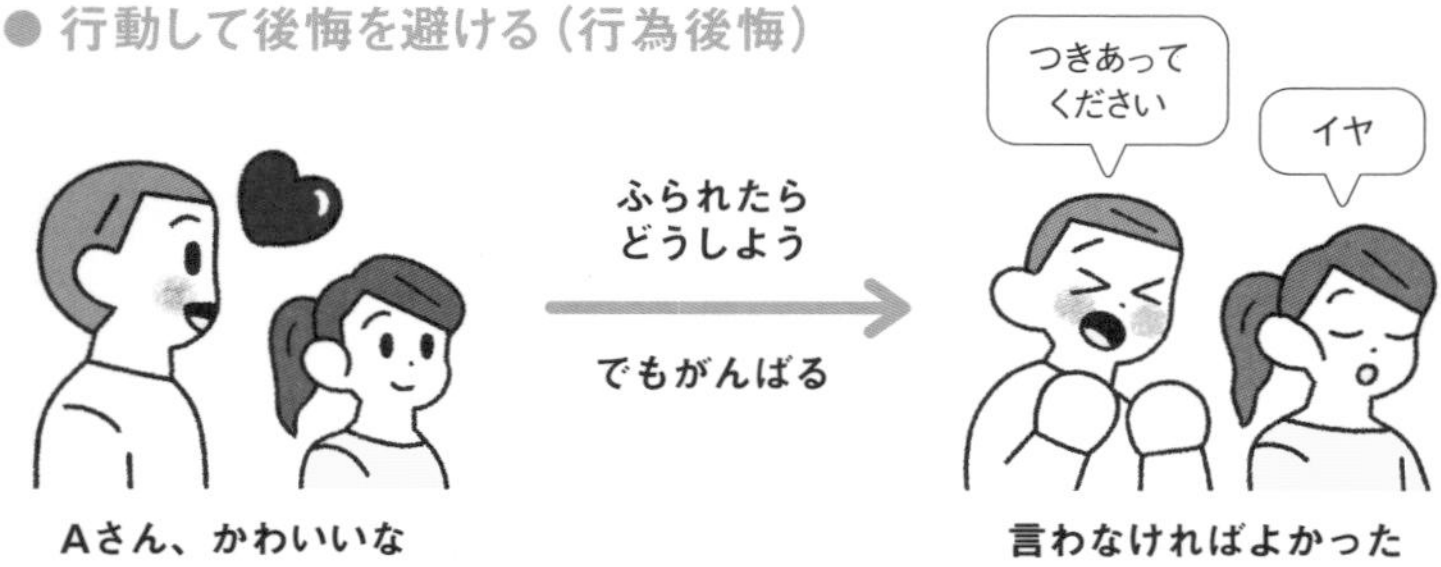

つきあってください
イヤ
ふられたらどうしよう
でもがんばる
Aさん、かわいいな
言わなければよかった

● 行動しないで後悔を避ける（非行為後悔）

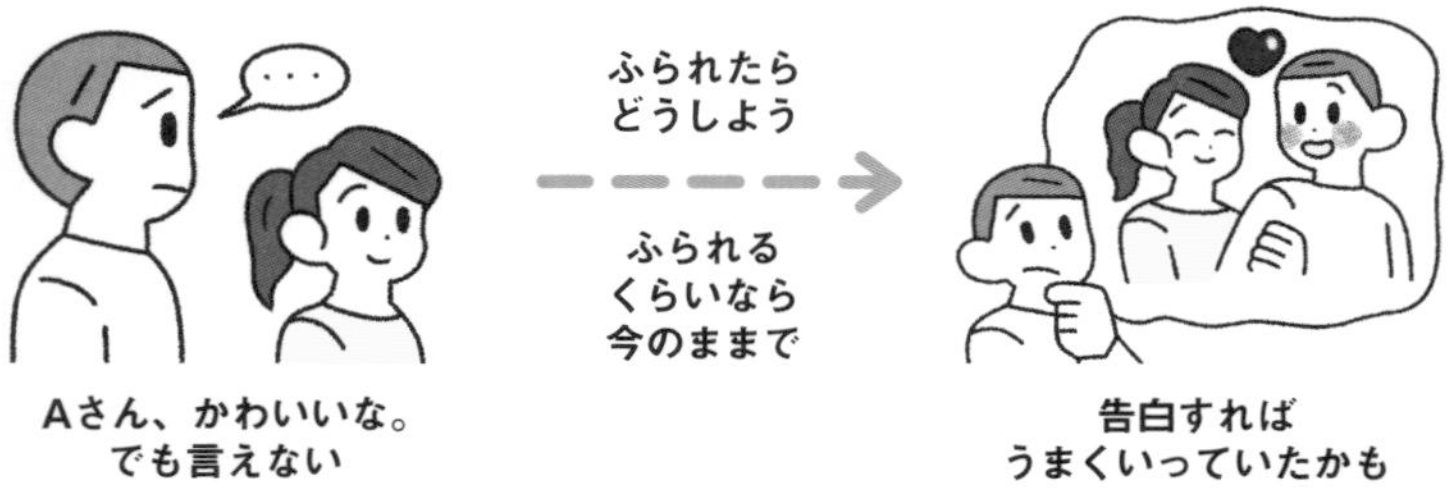

・・・
ふられたらどうしよう
ふられるくらいなら今のままで
Aさん、かわいいな。でも言えない
告白すればうまくいっていたかも

後悔の原因を反省する、そこから教訓を得るなどによって、その出来事に対する後悔はやわらいでいく。

「非行為後悔」を経験した人は多い

近い出来事の場合は特に、非行為後悔よりも行為後悔のほうが記憶に残ります。“もし自分がしていなければ”などの想像がしやすく、後悔も生まれやすいからです。

後悔の回避

質問1 先週、後悔したことがある・ない

行為後悔
ある 53%
ない
非行為後悔
ある 47%
ない

質問2 人生で後悔したことがある・ない

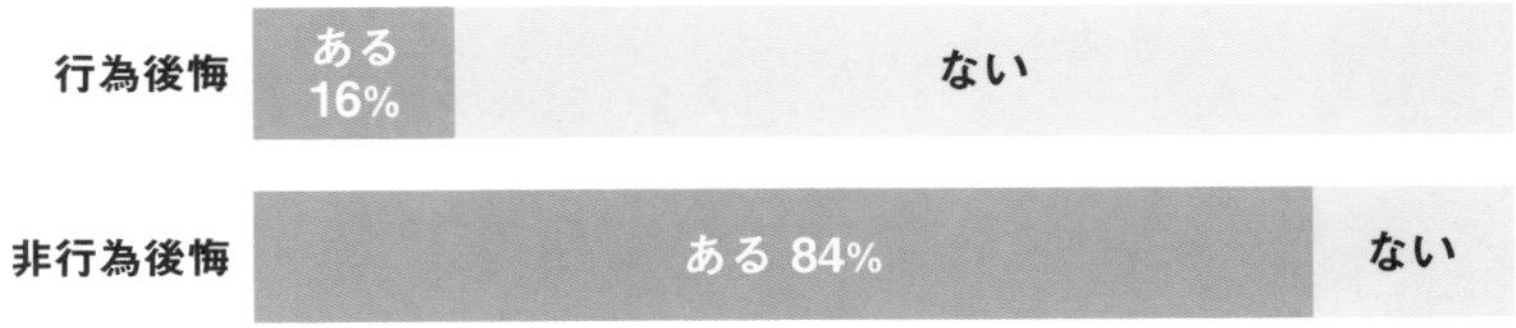
行為後悔
ある 16%
ない
非行為後悔
ある 84%
ない

非行為後悔は“もし行動するとしたら、何をすべきだったのか”考えても、さまざまな正解があり得るので答えは出ない。そして悩み続けるため、長く記憶に残る。

もっと知りたい

後悔の回避

「後悔の回避」が働く典型例は、ネットオークションです。例えば、なかなか手に入らなかった絶版の本や廃盤のCDなどが出品されていたとします。〝今、競り落とさなければ二度と手に入らないかもしれない〟などと考え、高額で入札します。そこで別の入札者が、さらに高い金額で入札した場合、そのまま放っておけば、その商品は手に入らなくなります。そうなったときの後悔を想像すると「後悔の回避」が心の中で働き始め、最終的に予算オーバーした金額で落札することになります。〝競り落とせない結果〟に終わったときの、将来的な後悔を避けようとした結果、大きな損をすることになるわけです。

10 大成功した「Got Milk?」キャンペーン

KEYWORD ≫ 時間割引

時間割引率を高めて牛乳の消費量が増加

将来手に入るものは、今手に入るものより低い価値に感じる「時間割引」により、人は目の前のものが欲しくなります。アメリカのカリフォルニア州では1993年までの10年間、牛乳の消費量が減り続けていました。そこで「Milk Does a Body Good（牛乳は体に良い）」という広告で、栄養価の高さなどを理解させる広告を行いましたが、減少は止まりませんでした。そこで牛乳を「今すぐに」飲みたいと思わせる、「Got Milk?（牛乳ある?）」という広告に変えました。すると、年間の消費量が約2000万リットル、小売り額は約1300万ドルも増加したのです。

将来のための牛乳は今飲まない

牛乳を飲むことで健康になれるとしても、すぐに目に見える効果があるわけではありません。未来の健康のためにわざわざ牛乳を飲みたくないと多くの人が考えたのです。

カリフォルニア牛乳協会の「Milk Does a Body Good（牛乳は体に良い）」の広告 ➡ 売り上げが伸びず

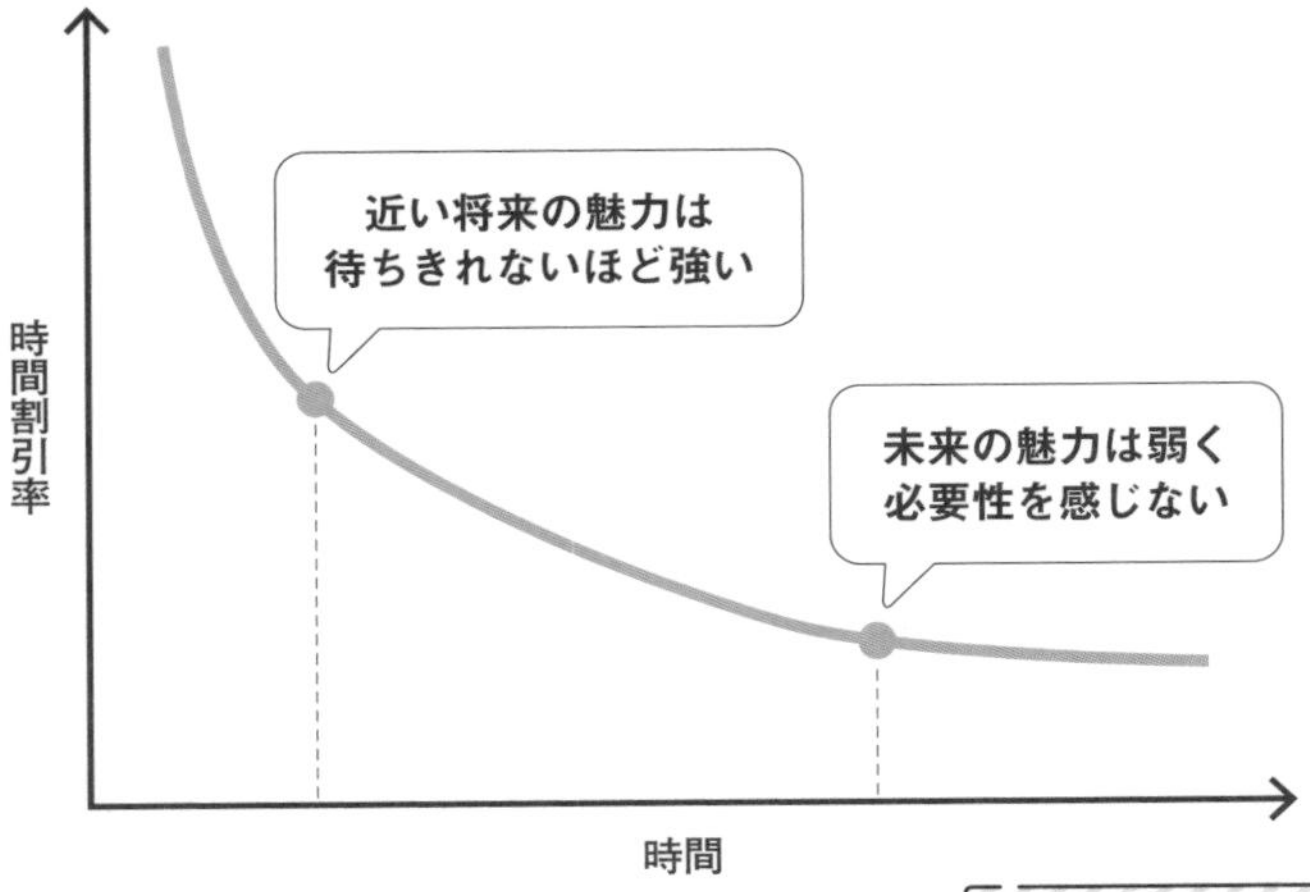
近い将来の魅力は待ちきれないほど強い
未来の魅力は弱く必要性を感じない
時間割引率
時間

時間割引

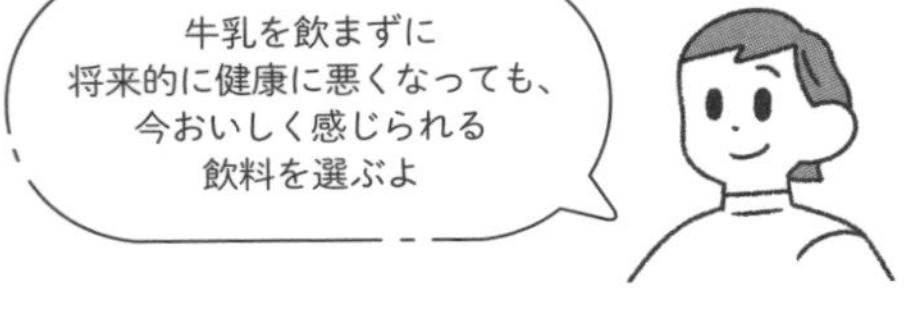
牛乳を飲まずに
将来的に健康に悪くなっても、
今おいしく感じられる
飲料を選ぶよ

「時間割引」の影響を受けると、将来に得られる健康の大事さの価値は低いものに感じられる。

「Got Milk?」キャンペーンで牛乳の販売量が増加した広告

アメリカの広告会社GS&Pが1993年に制作した「GOT MILK?（牛乳、ある?　牛乳、飲んでる?）」というコピーの広告では甘い菓子を頬張っているときなど、“すぐに牛乳を飲みたい”と誰もが感じる状況を描きました。

病院で、全身をギプスに固められて話せない主人公が、もらったクッキーで口の中がパサパサに。隣で牛乳を飲んでいるのが見えるが、欲しいと伝えられません。

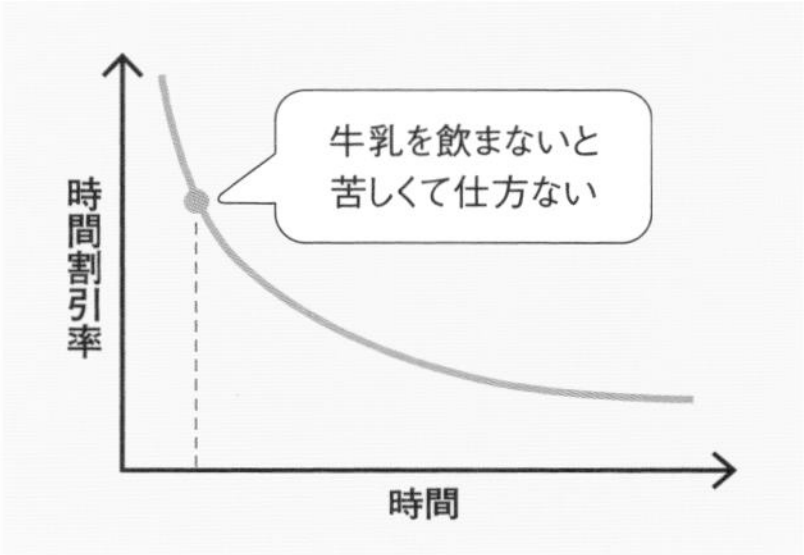
牛乳を飲まないと
苦しくて仕方ない
時間割引率
時間

客室乗務員にクッキーをもらったパイロットが、操縦桿を握りながら機内にある牛乳の乗ったカートを引き寄せるために、機首を下げようとします。

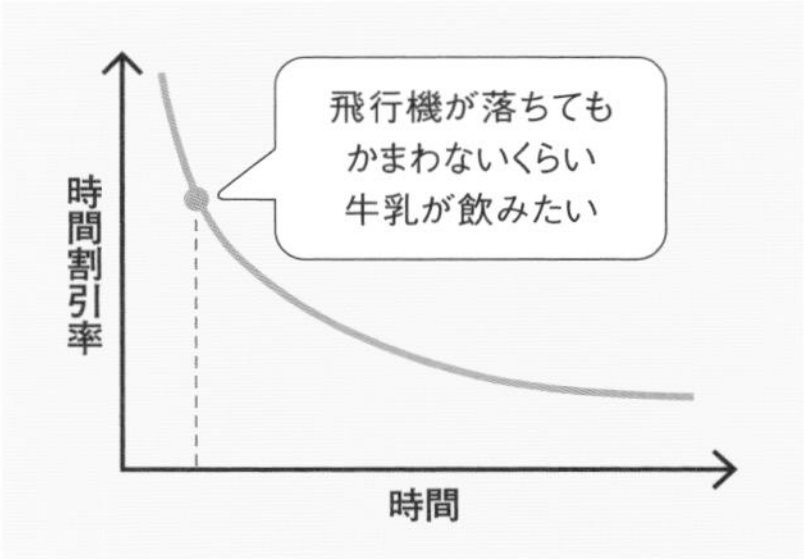
飛行機が落ちても
かまわないくらい
牛乳が飲みたい
時間割引率
時間

いずれのテレビCMも、牛乳を飲みたい状況を強烈に描きながら、最後まで牛乳を飲めずに終わってしまうコミカルな様子で、オチをつけている。

➡ **牛乳の消費減少が止まって、売り上げ増加に転じた**

もっと知りたい

「Got Milk?」キャンペーン成功のポイント

この広告により、長く減少し続けた年間の牛乳販売量が、約28億リットルから約29億リットルへと上向きました。さらにCMはカンヌ国際広告祭、クリオ賞など、世界最大級の広告賞を総ナメにしたのです。CMでは〝今すぐに牛乳を飲みたい〟登場人物の物語が描かれて、視聴者は感情を移入して、自分自身も〝今すぐに牛乳を飲めないと本当にツライ〟と感じます。〝今飲んで未来に得るメリット〟ではなく〝今飲めば、今得られるメリット〟を描いたため、牛乳の良さを強くアピールできました。この「時間割引」の心理に沿った手法が、広告成功の秘訣だったと考えられます。

11

KEYWORD ≫ 初期値効果

選んでほしいほうを選びやすくする

そのひと手間で動かなくなる

新品のスマホやパソコンには最初からいろいろなアプリが入っています。これらを放置するとメモリーの無駄遣いになるのですが、不要なアプリを一つ一つ探して削除する人は少ないでしょう。何も考えず、そのまま使う人が多いのです。理由は、初期設定がオススメと無意識に判断する、変えることで損をする可能性がある、単純に面倒だからなどがあります。このように、あらかじめ設けられた初期設定に、人の選択や行動が左右される傾向を「初期値効果」と呼びます。未知な状態への変化を避けて現状を保とうとする「現状維持バイアス」と近いとも考えられます。

選んでほしいほうを初期設定に

ネット通販企業はメルマガ会員を増やして販売促進を行おうとします。そのため購入後の画面で、“メルマガ送付を希望”にチェックを入れた状態で了承させようとします。

● ショップサイト

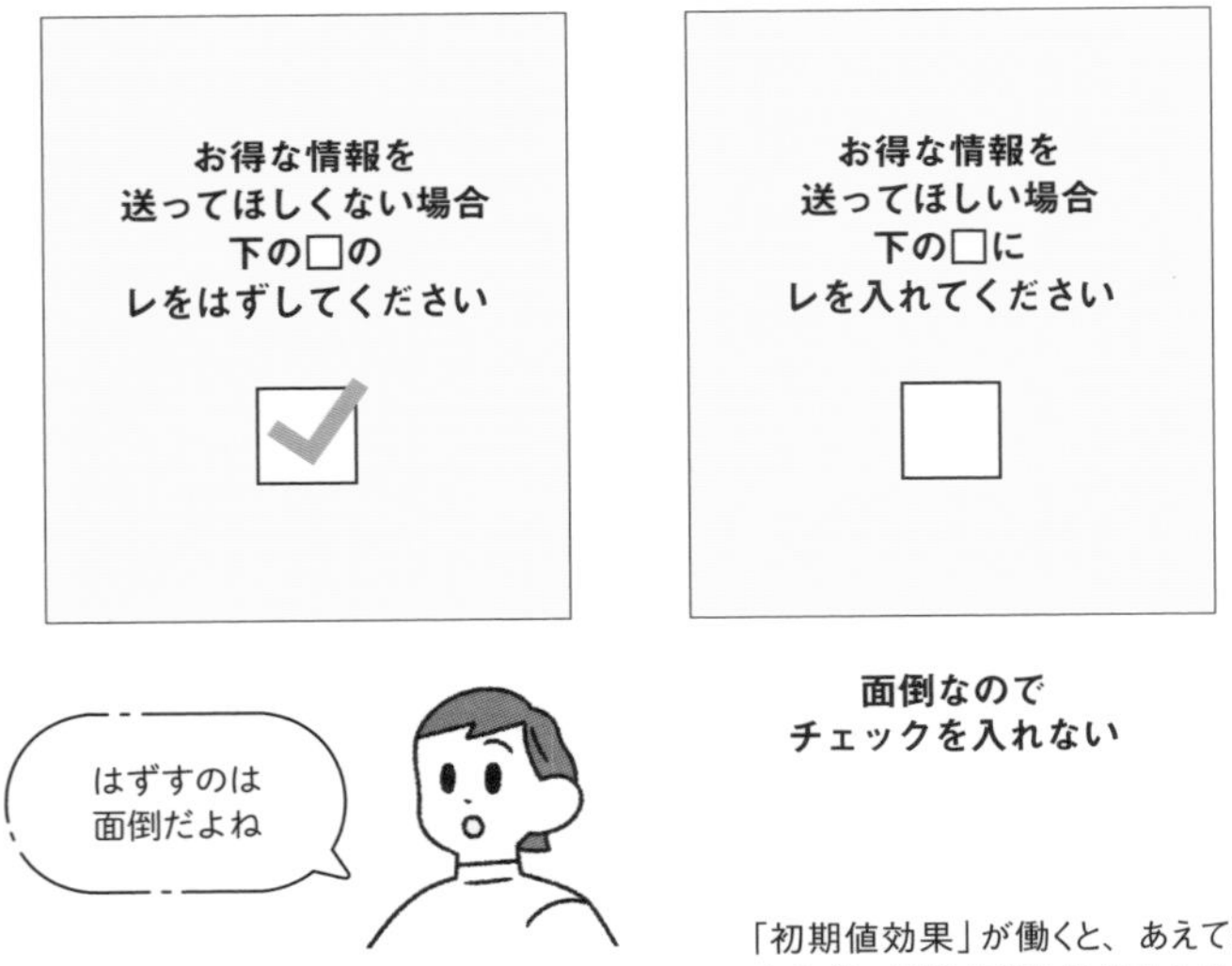

お得な情報を
送ってほしくない場合
下の□の
レをはずしてください
お得な情報を
送ってほしい場合
下の□に
レを入れてください
面倒なので
チェックを入れない
はずすのは
面倒だよね

「初期値効果」が働くと、あえて設定を変えずに初期状態を受け入れる。その結果、大量のDMメールが届くことになりかねない。

臓器提供の意思表示は「初期値効果」が働く

臓器提供の同意を意思表示するカードでも「初期値効果」が働きます。初期設定が「同意する」の国では同意率が高く、「同意しない」の国では同意率は低くなります。

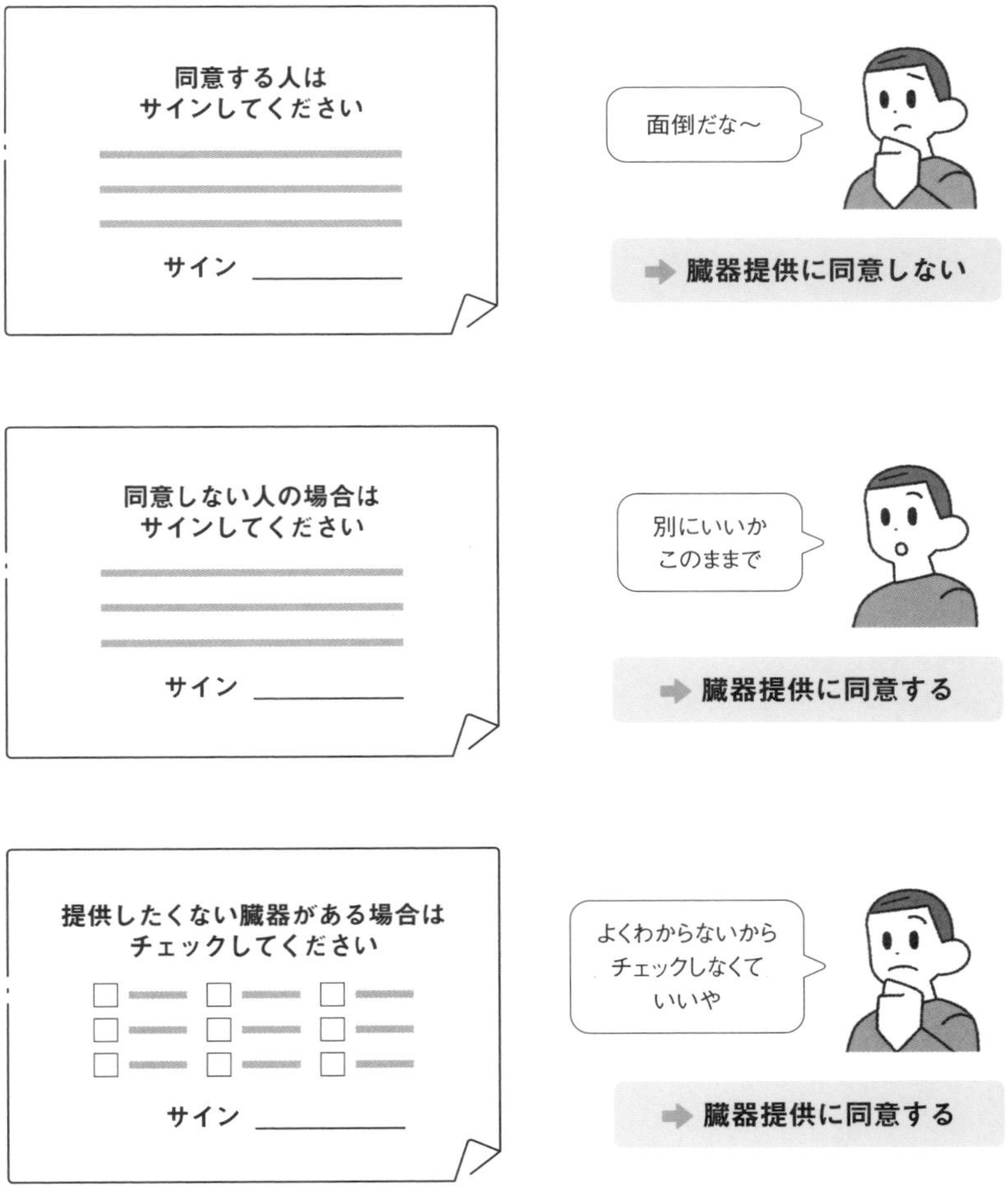
同意する人は
サインしてください
サイン
面倒だな〜
臓器提供に同意しない
同意しない人の場合は
サインしてください
サイン
別にいいか
このままで
臓器提供に同意する
提供したくない臓器がある場合は
チェックしてください
サイン
よくわからないから
チェックしなくて
いいや
臓器提供に同意する

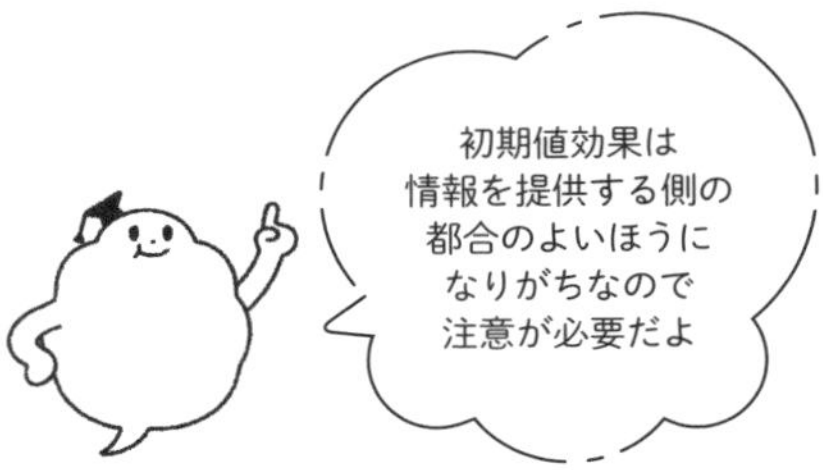
初期値効果は
情報を提供する側の
都合のよいほうに
なりがちなので
注意が必要だよ

「初期値効果」を使えば、選ばせる側が選択を誘導できる。選ばせる側は悪用すべきではないし、選ぶ側は自分の意志で選択することが重要である。

橋本先生が答える

行動経済学的

お買い物相談室

Q バブルの頃はよかったとちょっと悲しくなることがあります。

給料明細をみるたびに、バブルの頃はよかったなと、ちょっと切なくなるのは私だけでしょうか。

（59歳・男性・会社員）

A 人は何かを判断するとき、無意識にある値を設定した後で、その設定値から離れない範囲で調整を行って最終的な判断を下します。この傾向は「アンカリング効果」と呼ばれます。下ろした錨（アンカー）から船が遠くへ行けないのと同じく、人の判断も設定値から離れることができません。自分が幸せかどうかといった難しい判断ほど、こうした心理的バイアスに影響されがちです。まずは自分が「アンカリング効果」に影響されていることを自覚しましょう。そのうえで意識的に、今の自分が幸せと感じられることを数え上げてみてはいかがですか？　幸福と感じる心理状態を保つことが何よりも大事なのだと私は思います。

⇨P.56

Q 服にお金は出したくないのですが、本なら悩まずに買ってしまうのはなぜでしょうか。

服には1万円出すのが惜しいのですが、本ならあまり悩まずに買ってしまい、あっという間に合計が総額1万円になってしまうこともあります。どうして、ものによってお金を出す気になれたり、なれなかったりするのでしょうか。

（35歳・男性・会社員）

A 人は心のなかでお金を、出所や使途で無意識に分けています。あたかも心のなかに、異なる財布が複数あるかのような状態です。例えば旅行に行ったときにケチケチせずにお土産を買うのも、この影響です。一般的に“旅行お土産用財布”はヒモが緩いのです。あなたの心のなかにある財布は服に関してはヒモがきつく、本に関しては緩いのでしょう。読書に関しては知識を得るための“ワンランク上の出費”と無意識に判断している可能性もあります。結果的に満足や不満がなければ、今のままでもよいでしょう。ただし自分の出費のクセについては自覚しておくとよいですね。

⇨P.64

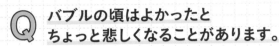

Chapter

5

ナッジはこんなところで使われている

「ナッジ」は、直訳で「肘で軽く突く」ことを言います。ナッジは、心理的バイアスの理論を用いて考案された「仕掛け」です。強制することなく、いつの間にか望ましい行動を促す例を知っておきましょう。

01

KEYWORD ≫ ナッジ

意識せずに健康増進させる

いつの間にか健康に良いことをしていた

アメリカの経済学者リチャード・セイラーらは、行動経済学の「ナッジ」を提唱した功績で、2017年にノーベル経済学賞を受賞しました。「ナッジ」を和訳すると「肘で軽く突く」です。**選択を禁じることも強制することもせず、また報酬を与えることもなく、人間の行動をより良い方向へ促す仕掛けや手法**です。「ナッジ」はさまざまな場面で、良い行動を自発的に起こさせるために活用されています。頭ではわかっていても、行動ができない健康増進でも「ナッジ」は使われています。無意識に行動できる仕掛けや楽しみの提供などにより、健康に良い行動へと人を促します。

つい歩きたくなる階段で運動不足解消

2009年スウェーデンのストックホルムの地下鉄odenplan駅で階段をピアノの鍵盤にする実験が行われました。階段を踏むと音階に合わせたピアノの音が出るようにした結果、階段を利用する人が66%増加しました。

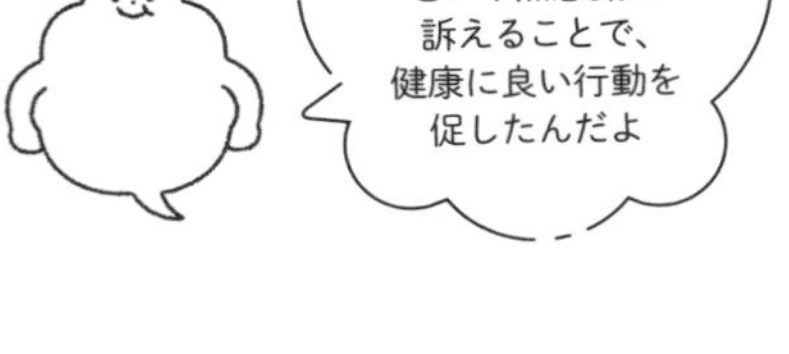

楽しみたいという無意識に訴えることで、健康に良い行動を促したんだよ

ナッジ

ナッジは「仕掛け」です。これまで見てきた心理的バイアスの「理論」を用いて、さまざまな「ナッジ」がつくられています。ナッジはさまざまな仕掛けを用いて人を誘導します。

生活のなかにある健康増進ナッジ

バランスの良い食事と運動で体調管理をするのが良いことは誰でも理解できます。でも、なかなかそれができないもの。ナッジは「健康増進」にも役立ちます。

● 自分の体重を記録して意識づけ

日	1	2	3	4	5	6
体重(kg)	58	59	60	59	59	61

60

体重測定で体重の増減が
見えるので体重管理ができる

人は
面倒なことになると
やめてしまうから
シンプルな方法が
いいね

食事の記録により、自分が節制していなかったという、過去の事実を自覚できる。その結果、健康を意識する仕掛けである。

● 高カロリーなメニューを取りにくくしたビュッフェ

カロリーの高いものは遠くに

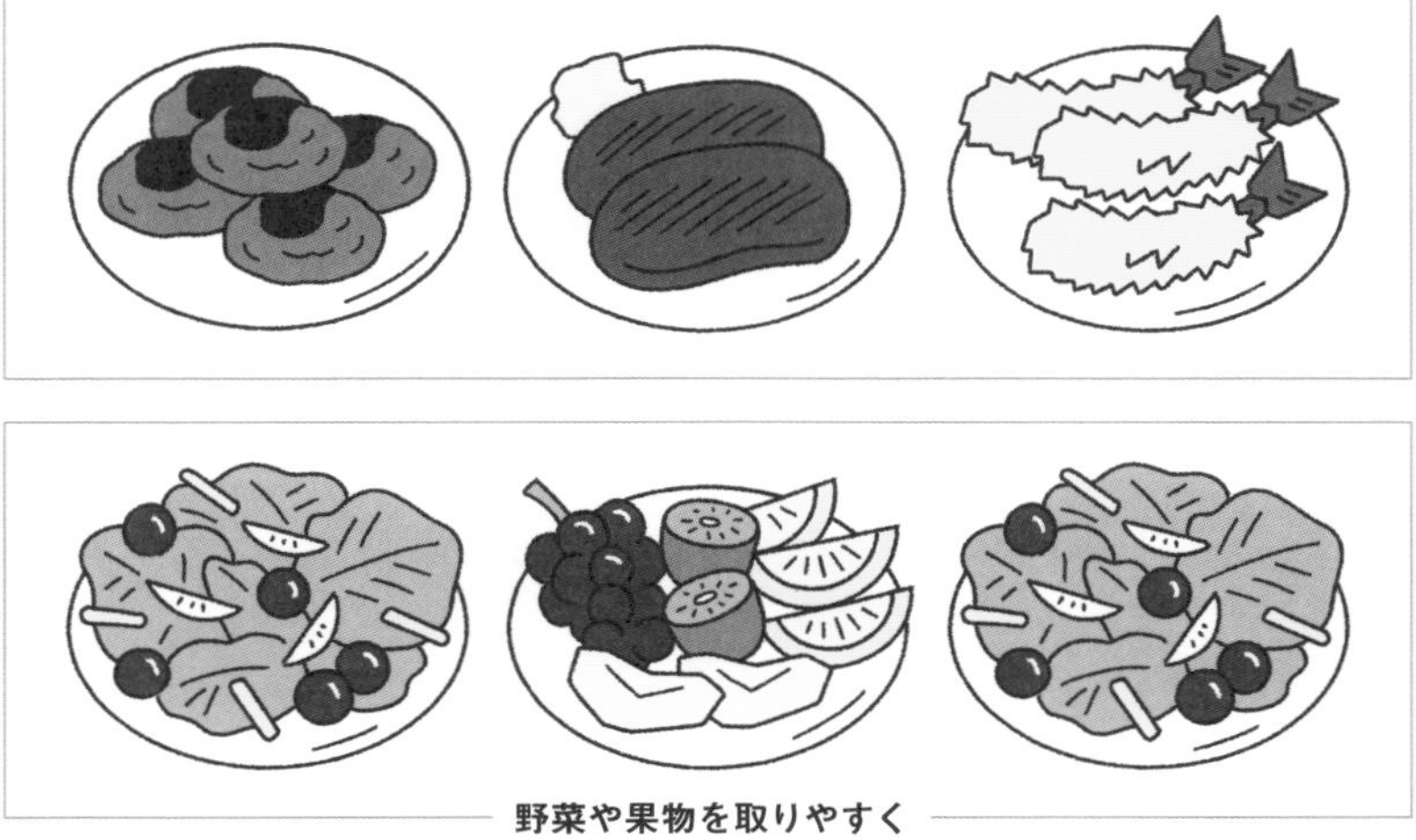

野菜や果物を取りやすく

食べたいものを好きなだけ食べるのではなく、無意識に健康に良い食事を取ることで、実際にカロリー摂取が低下した社員食堂の事例もある。

02

KEYWORD ≫ ナッジ

ナッジは街や施設をきれいにする

ナッジは人の行動をこんなに変える

誰もが必ず公共マナーを守るのであれば、おのずと街や施設はきれいに保たれるはずですが、現実はそううまくいきません。人は機械とは違って完璧ではありません。**不完全さ、不合理さ、弱さがあるので、マナーに反する行動を取ることもあります**。こうした現実の人間らしい行動を認めることが、行動経済学の基本的な考え方です。良心に訴え、小言のようなメッセージを伝えても、街や施設はきれいになりません。それを前提として、人を良い方向に誘導するのが「ナッジ」です。うまい仕掛けを用意すれば、清掃や管理をする団体や担当者の手間やコストは減り、利用者も快適に使えるのです。

トイレをきれいにしたスキポール空港のナッジ

アムステルダム スキポール空港のトイレでは、男性用小便器の中に、自然にいるように見える小さな黒いハエの絵を描きました。利用者は無意識に、このハエを狙おうとします。

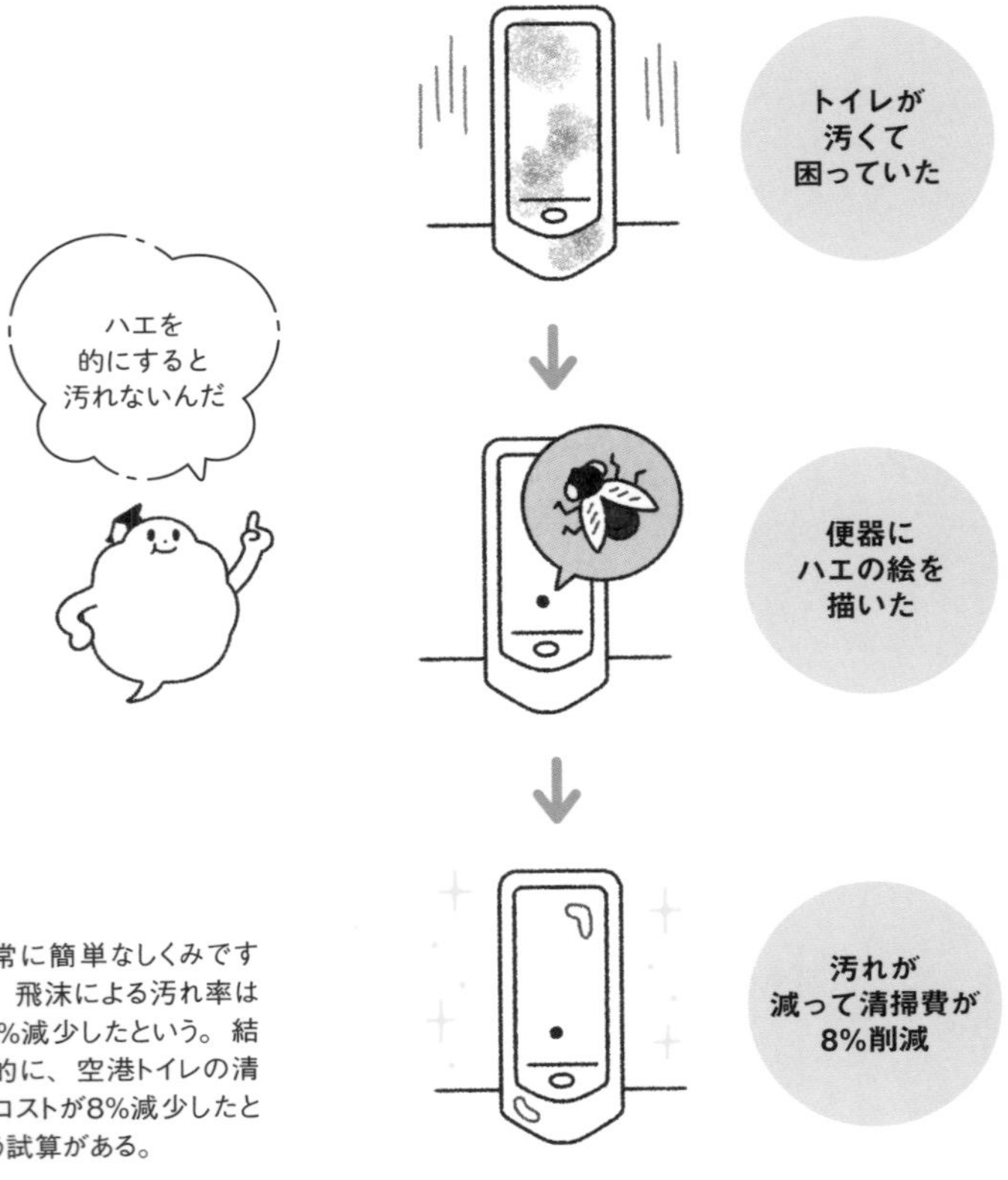
トイレが汚くて困っていた
便器にハエの絵を描いた
汚れが減って清掃費が8%削減
ハエを的にすると汚れないんだ

非常に簡単なしくみですが、飛沫による汚れ率は80%減少したという。結果的に、空港トイレの清掃コストが8%減少したという試算がある。

「楽しみ」が人の気持ちを変え、街をきれいにした

人は正しいことだとわかっていても、強制されると反発したくなります。ゲーム感覚を取り入れ、人々を良い方向に誘導し、街がきれいになりました。

● 投票スタイルで吸い殻のポイ捨てを減らす

A
B

吸い殻で好きなチームを応援できる楽しさがある。他の人が投票したから自分も、という「同調効果」も影響する。

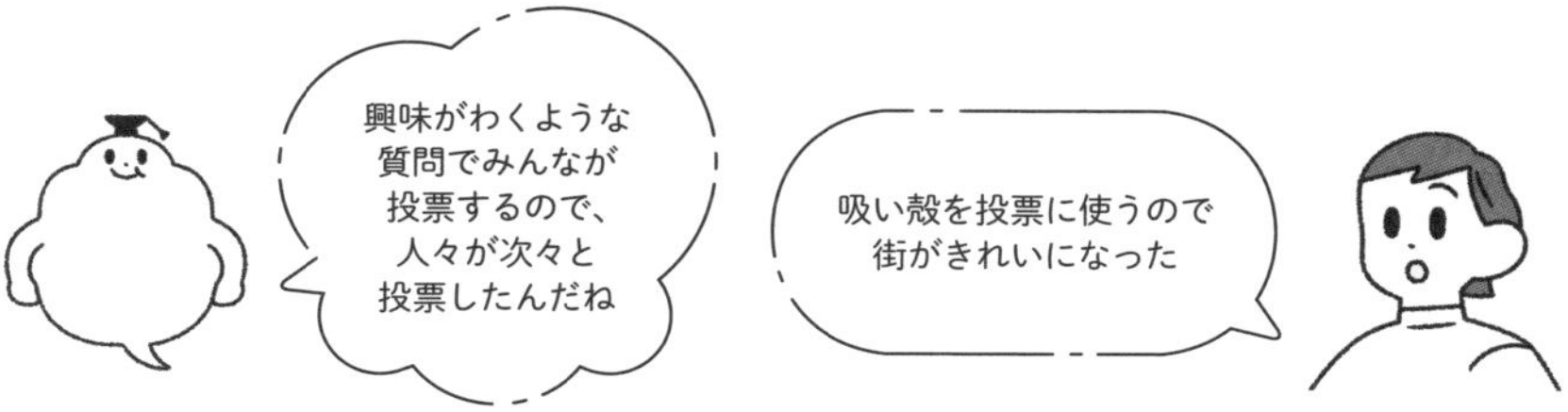
興味がわくような質問でみんなが投票するので、人々が次々と投票したんだね
吸い殻を投票に使うので街がきれいになった

● ゴミ箱をバスケットのゴールにする

ゴミをきちんと捨てようと意識しない人でも、結果的にその場をきれいにする行動を取るのが「ナッジ」の効果である。

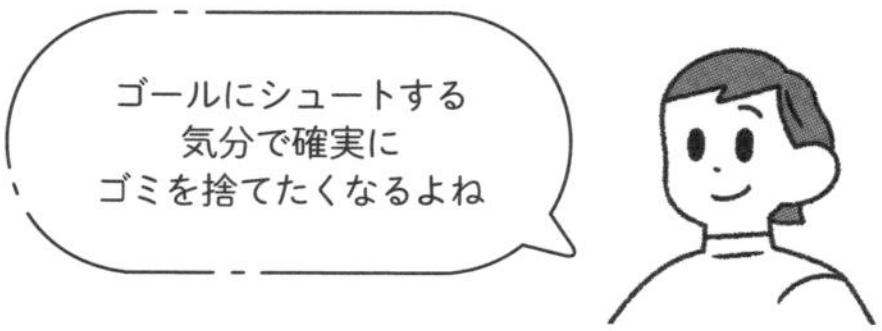
ゴールにシュートする気分で確実にゴミを捨てたくなるよね

03

KEYWORD ≫ ナッジ

公共政策でも使われるナッジ

公共機関も使っている

「ナッジ」は公共政策でも成果を上げています。従来の政策であれば、国や自治体からの通達のような形でルールを守らせる、国や自治体が望むような活動をすれば補助金を出す、また税金を安くするといった方法が一般的でした。こうした方法ではうまくいかないケースに「ナッジ」が使われています。事例に節電の促進があります。「電気を節約しましょう」と書いたチラシを配っても無視されるのがオチです。アメリカのエネルギー会社が「ナッジ」を使った実験では、〝近隣の人よりも電気を使いすぎている〟ことをグラフなどで示し、併せて節電方法を伝えることで、住民は自主的に節電したのです。

ナッジを利用して納税率がUP

納税は大事だと思っても、後回しにする人や払い忘れる人はいます。「同調効果」「利他性」などを活用した「ナッジ」なら、催促する国や自治体の負担も減ります。

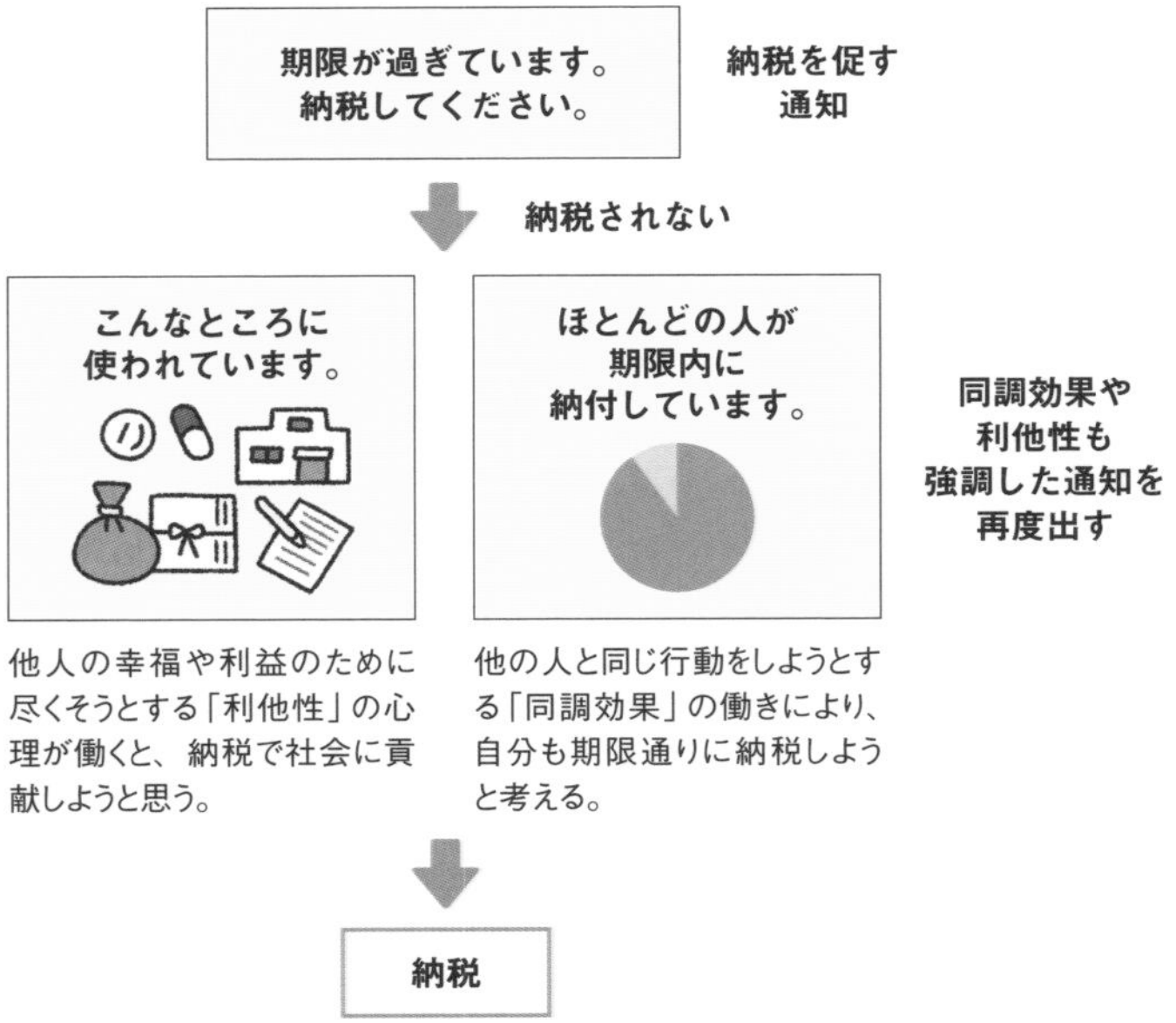

期限が過ぎています。
納税してください。
納税を促す通知
納税されない
こんなところに使われています。
ほとんどの人が期限内に納付しています。
同調効果や利他性も強調した通知を再度出す
他人の幸福や利益のために尽くそうとする「利他性」の心理が働くと、納税で社会に貢献しようと思う。
他の人と同じ行動をしようとする「同調効果」の働きにより、自分も期限通りに納税しようと考える。
納税

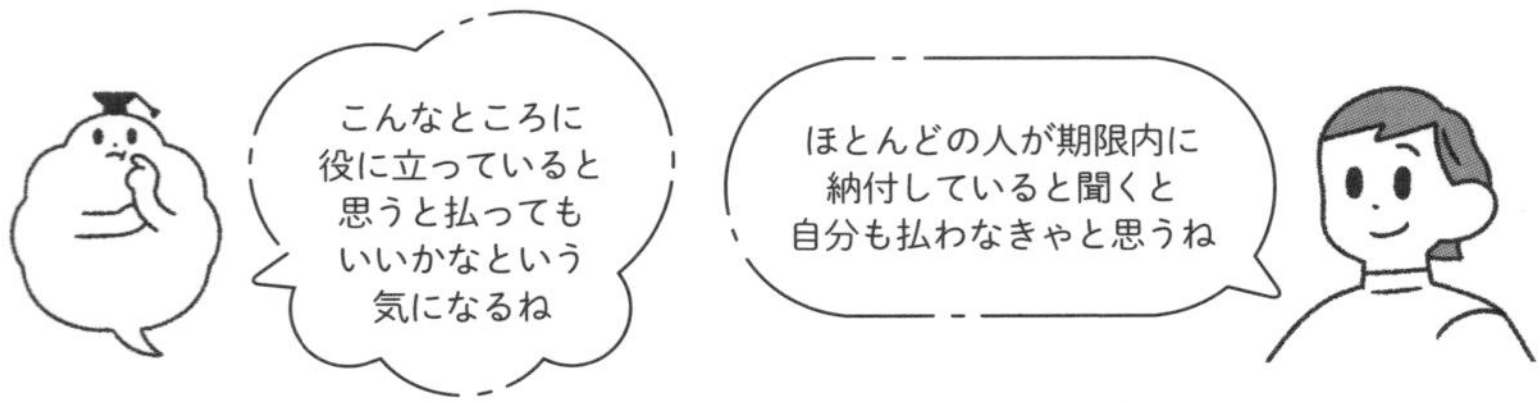

こんなところに役に立っていると思うと払ってもいいかなという気になるね
ほとんどの人が期限内に納付していると聞くと自分も払わなきゃと思うね

省エネ対策に協力してもらうために

「COOL CHOICE普及啓発活動における『ナッジ』の活用2021」によってエコハウス見学者に、「自分でもできそうな環境共生型住宅づくり」のアンケートを行い、選択肢に「リフォームする際は断熱材を使おうと思う」などを入れました。

環境への
意識が
高まったね

アンケート回答を行うなかで自分にできそうなことを考え、エコ行動につながる選択肢を選ぶ人が増えた。

足跡のマークでソーシャルディスタンスをキープ

コロナ禍の当時、ソーシャルディスタンスが必要だとさまざまなメディアを通じて知らされていても、つい忘れてしまうといったことは起きるものです。

STOP!
STOP!
STOP!

足跡のイラストを
描いただけで
自然に距離を
取るよ

もっと知りたい

人々の利他性を使って公的な場でも

「ナッジ」は、税金、罰金、報奨のような強制的なしくみを使いません。あくまで人の自由を大切にします。医療機関での検診があっても、多くの人が面倒だからといった理由で先送りします。検診を受けなければ本人の健康に良くないとしても、受診を強制するのは「ナッジ」ではありません。あくまで自由意志での受診を促すのが「ナッジ」です。結果的に本人が病気になるとしても、受診を強制するのは「ナッジ」ではないのです。仮に間違った選択をするとしても、その自由も残そうという考え方です。人間は不完全な生き物です。このことを前提としながら、より正しい行動をとるように促すのです。

04

KEYWORD ≫ ナッジ

理想の行動ができる自分になる

苦労しないで行動を変える

「ナッジ」において、人を合理的な判断へと導く主なパターンが4つあります。第一が、選択肢をわかりやすくすることによって、行動を促す「選択肢の構造化」です。**人は選択肢が多すぎると、選択自体をやめてしまうのです。**第二は、望ましい選択をあらかじめ初期設定にする「デフォルト」です。**人は最初の設定を変える負担を避けて初期状態を受け入れがちです。**第三は、**何らかの行動を起こした人に対して、その内容に応じた反応を返す**「フィードバック」です。第四は、**特定の行動を取った際に得するしくみをつくり、無意識にその行動を取るように促す**「インセンティブ」です。

お金を貯めたいけどつい使ってしまう

給料を自動的に貯める財形貯蓄、EC決済時に端数を自動的に貯金するしくみ、歩いた数で自動で貯金できるアプリなどは、「ナッジ」と考えてよいでしょう。

カード　現金　スマホ

持っていると使ってしまう

↓

いつの間にかお金が貯まるしくみをつくろう

財形貯蓄　定期預金　500円玉貯金

おつり貯金　500円 −  200円 ＝ 300円
コーヒー

歩数貯金　1000歩、歩いたら100円

貯金することを「初期設定」しておけば、貯めようとする意志の力も、貯金している意識さえもなく、貯金することが可能になる。

理想の自分になるために

勉強時間を確保したい、規則正しい生活を送りたいなど、人にはさまざまな理想があります。「ナッジ」によって、理想的な自分になるためのしくみをつくることができます。

● たばこをやめたい

たばこを入れておく

カギのかかる箱にいれて高い所に置く

買いに行く ＜ がまんする

たばこは買っておかない

いきなり禁煙するのが難しいのであれば、たばこを手の届きにくい場所に置く、わざわざ買いに行かなければ吸えないように買い置きをなくすなどの方法が考えられる。

● 資格試験の勉強ができない

毎日、机の前に座る → 毎日、テキストを開く → 毎日、5問解く → 毎日、1時間勉強する

簡単なことでも、「今日は自分の意志で達成した」という実感による自信が、自分にとっての「インセンティブ」になる。

もっと知りたい

SDGsとナッジ

行動経済学は合理的ではない人間を大切にした学問です。「ナッジ」は行動経済学の短い歴史のなかでも比較的新しい概念です。人間が皆で幸せになるために役立つものです。「ナッジ」が今、世界中で注目されているのは、世界における大きな価値観の変化と重なる部分があるためと考えられます。世界的な価値のトレンドとして、例えばSDGsがあります。持続可能な社会を目指し、皆で世界中にある環境問題・差別・貧困・人権問題といった課題を解決しようとするものです。そのためには、人が本来もっている「社会的選好」の心理が重要ですし「ナッジ」によって人の行動を促すことが必要だと考えられます。

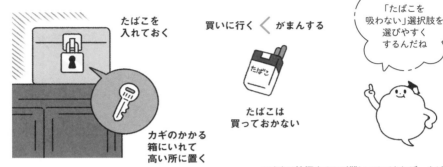

行動経済学とこれから①

良い「選択」で活力のある人生をつくる

選択という創造行為

何かをつくるクリエイティブ作業というと、無から有を生み出す行為と思われがちですが、必ずしもそうとは限りません。

小説など文書の創作は言葉選びの連続です。例えば「豊か」という意味を伝える際に、豊潤、豊富、豊饒《じょう》、ふんだん、リッチなど多くの選択肢があります。最適な言葉を連ねた結果が作品となります。作曲も同じです。何もないところからつくるのでなく、すでにある音符の選択です。どの音を、どんな長さで、どう連ねるかを一つ一つ選択した結果、曲が生まれるのです。

アメリカ・コロンビア大学の行動経済学者シーナ・アイエンガー教授は自著で「選択は創造的なプロセスであり、選択を通じて人は環境を、人生を、自分自身を築いていく」と述べています。創造は、選択する行為と考えることができるのです。

日常にある創造的選択

何かをつくるといった行為は、選ばれた人が行うもので自分には縁がないと思う人は多いかもしれません。しかし「自分自身の良い暮らしをつくる」という行為は、誰もが関心を持ち、実際に行うものです。すべての人は選択をしながら生きています。どんな仕事をするか、どこに住むか、夕食のメニューを何にするか、週末どう過ごすか、などすべてが選択です。これらが良ければ良い暮らしが自然と生まれるのです。

選択における行動経済学のメリット

日常において最も頻繁でかつ重要な選択が買い物です。皆さんの身の回りにある物は、ほぼすべて買い物における選択の結果です。ですが皆さんは本当に自分が欲しいものを考えて選んでいるでしょうか？

皆さんが欲しいものではなく、売り手が売りたい商品を買わされているかもしれません。売り手に「選ばされている」可能性があるのです。本書では、こうした不合理な選択について解説してきました。この知識があれば、自分自身の選択が誰かにコントロールされることはなく、自分にとって最善の暮らしをつくることができるでしょう。

買い物は人を幸福にする

買い物は単にお金を払って何かを得る行動ではありません。自分で選択したものやサービスを使い、それらとともに暮らすことで、人生を豊かで充実したものにすることができます。

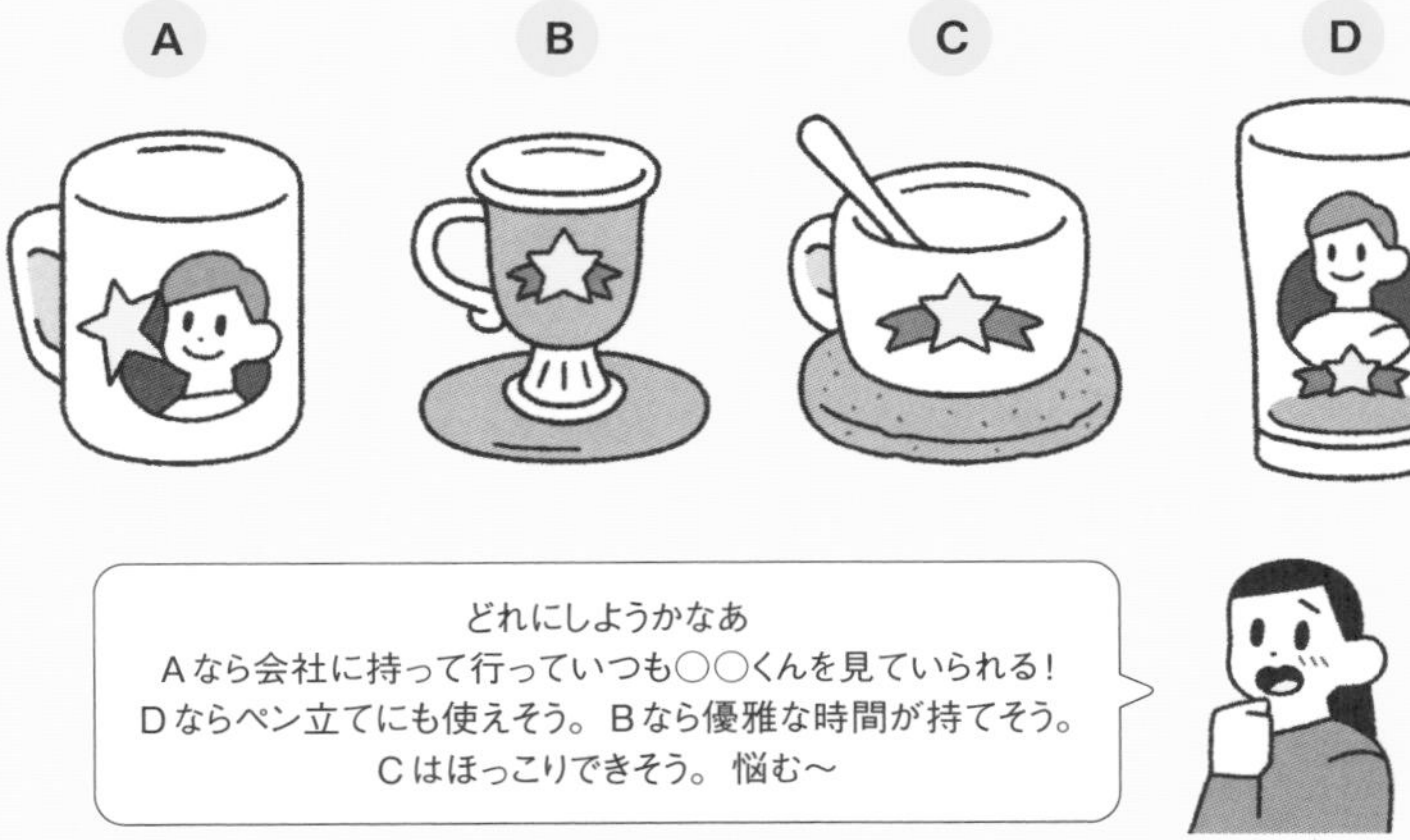

A
B
C
D
どれにしようかなあ
Aなら会社に持って行っていつも○○くんを見ていられる！
Dならペン立てにも使えそう。Bなら優雅な時間が持てそう。
Cはほっこりできそう。悩む～

コントロール権があると活気が出る

p.131でも紹介した実験を、グラフで見てみましょう。1976年アメリカの高齢者施設で、行動の選択権を与えられた老人と与えられなかった老人に分け、一定期間過ごしました。自由にコントロールすることができた前者は活発で健康になりました。

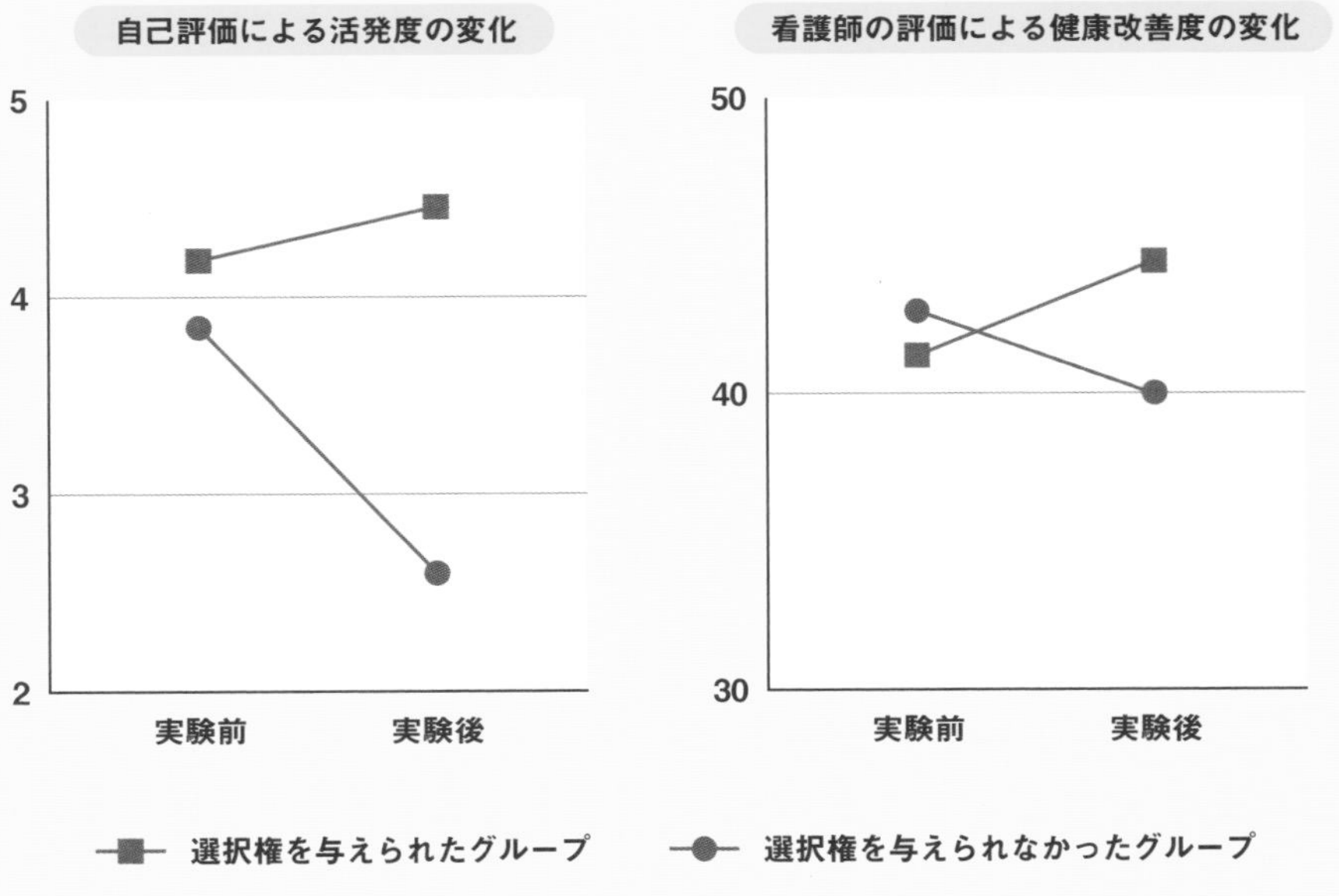

自己評価による活発度の変化
5
4
3
2
実験前
実験後
看護師の評価による健康改善度の変化
50
40
30
実験前
実験後
選択権を与えられたグループ
選択権を与えられなかったグループ

不完全な人間をそのまま大切にする学問

人間の不合理さは悪なのか？

行動経済学は人が無意識に行う選択の失敗や、誤った判断について明らかにします。ただし、人の不合理さをあらわにする学問ではありません。人の思考には偏りやクセがある現実を前提に、その選択、判断や行動を、より望ましい方向へ導こうとする学問なのです。この根本にあるのは「人間は不完全な生き物である」という、旧来の経済学とは異なる考え方だといってよいでしょう。

ノーベル賞学者と相田みつを

日本の詩人で書家の相田みつを氏は、短く平易な言葉を独特の書体で書く作風で多くの人に愛されています。有名な作品に、「つまづいたって／いいじゃないか／にんげんだもの」という詩があります。人々を強制することなく自発的に、望ましい行動を選ぶよう促す「ナッジ」の提唱でノーベル経済学賞を受賞したリチャード・セイラー氏は相田氏のファンだそうです。来日時には「相田みつを美術館」を訪ねるほどです。

作品に表れた、不完全な人間をありのままにやさしく見続けようとする相田氏の視点が、行動経済学者であるリチャード・セイラー氏の人間に対する見方と重なるのでしょう。またセイラー氏は、印象に残った相田氏の言葉に「しあわせはいつも／じぶんのこころがきめる」をあげています。人の自由を大切にしつつ、より良い社会づくりに向けて行動経済学に取り組むセイラー氏は、自由を愛する相田氏に共感しているのでしょう。

人間らしさを大切にした行動経済学

現在、行動経済学は世界中の政府や自治体、企業や団体で活用されています。その理由はまず、環境、健康、年金などさまざまな社会問題の解決、商品の販売や企業の組織づくりに対して有効な解決策となるからでしょう。それに加えて、行動経済学の根底にある人間らしさを大切にする考え方が、関係する人々に共感されていることも、ここまで活用されている原因の一つだろうと考えるのです。

人間はおかしな行動をする

行動経済学が取り上げるのは生身の人間です。合理的に行動して、効率よく経済的な利益を上げる機械のような存在でなく、間違いも起こせば、損をいとわず自分を犠牲にすることもあります。

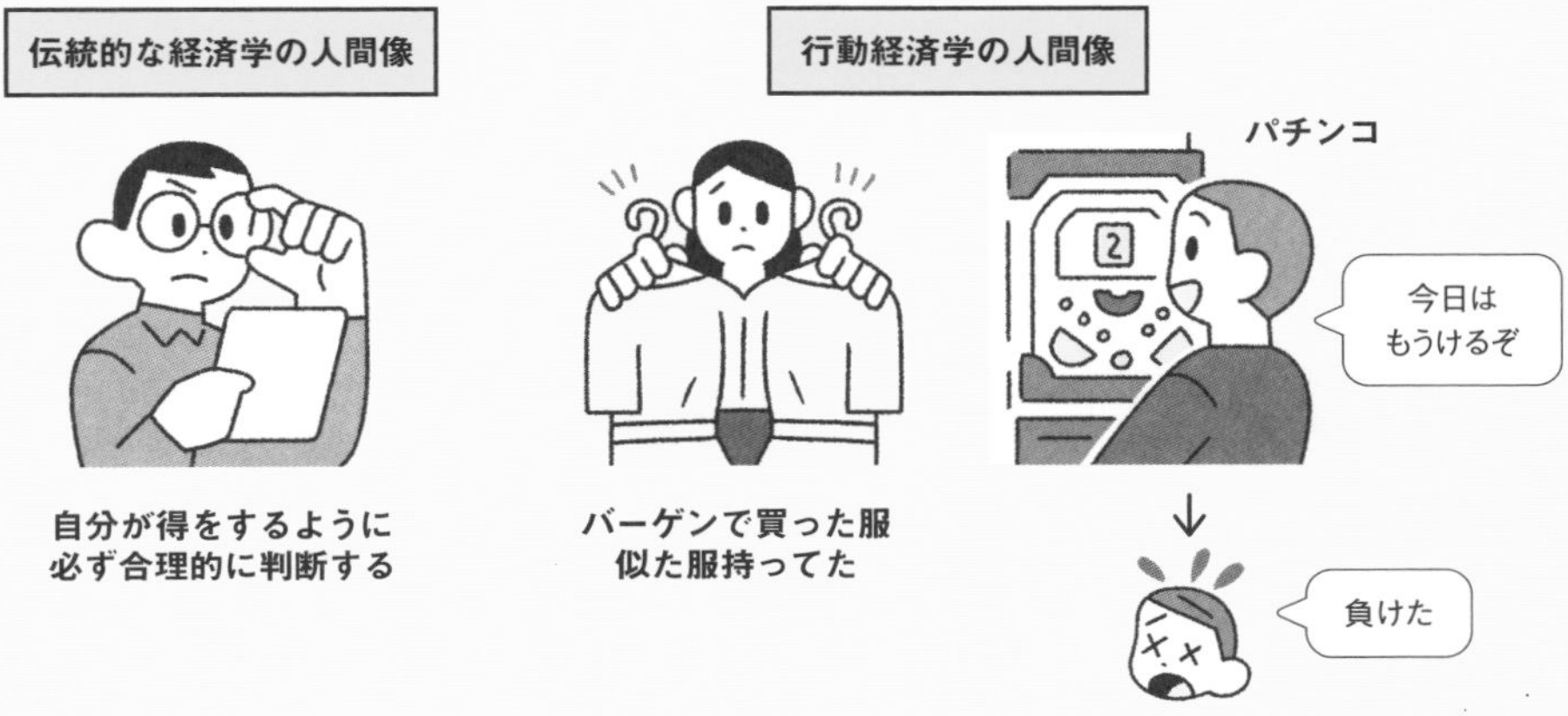
伝統的な経済学の人間像
行動経済学の人間像
パチンコ
今日はもうけるぞ
自分が得をするように必ず合理的に判断する
バーゲンで買った服似た服持ってた
負けた

人間らしさを使って社会を良くする

人の不合理さや弱さをあるがままに見て、これを前提に導き方を考えることによって社会をより良いものにできます。他の方法で無理だった社会問題の解決が可能になるのです。

ナッジの最大の成功例（アメリカ）

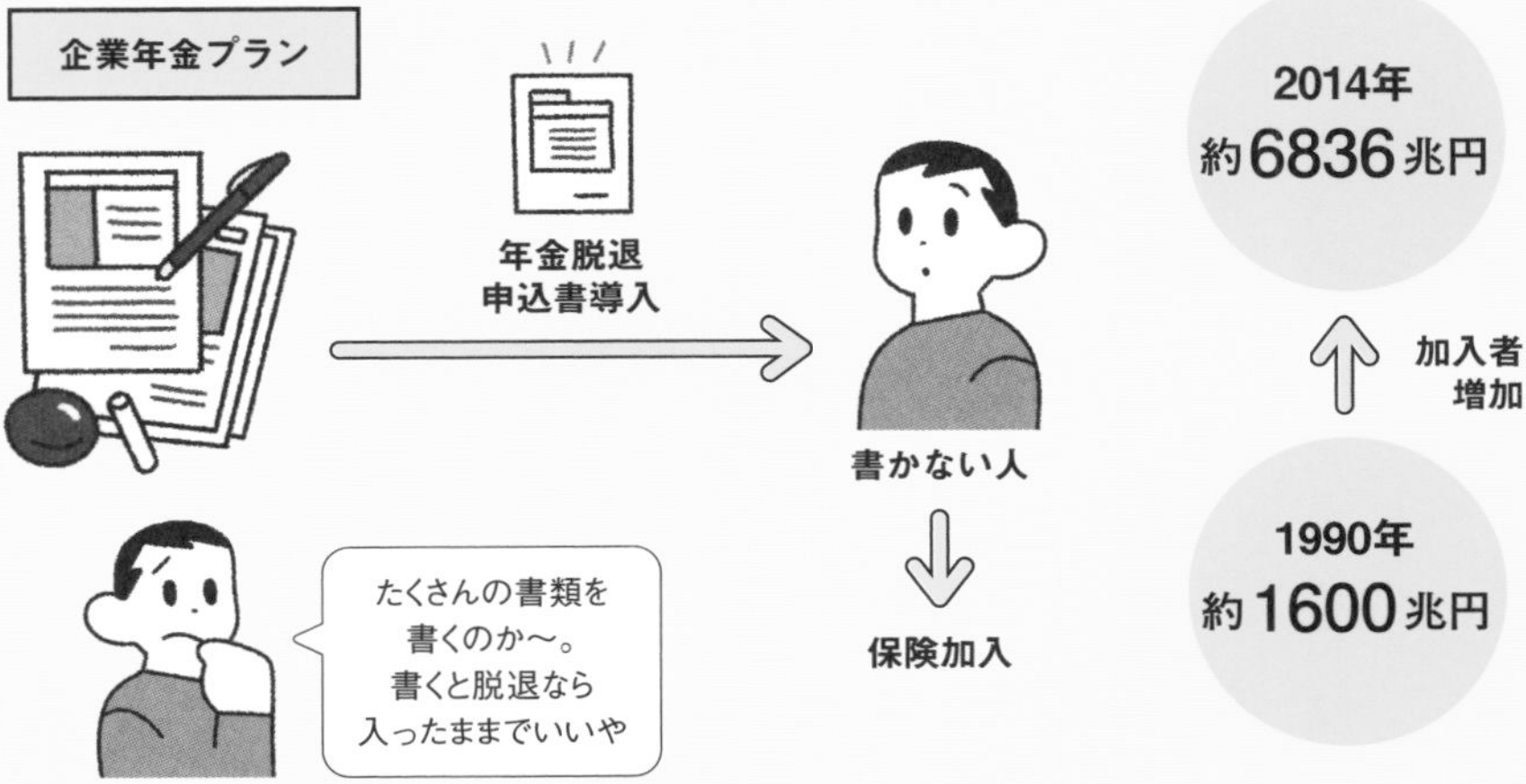
企業年金プラン
年金脱退申込書導入
書かない人
保険加入
たくさんの書類を書くのか〜。書くと脱退なら入ったままでいいや
2014年 約6836兆円
加入者が増加
1990年 約1600兆円

行動経済学とこれから③

長所と短所がある「ナッジ」

ナッジの危険性

第5章で紹介した「ナッジ」はわずかな働きかけや工夫で、人の行動を導くものです。しかし、効果が大きいだけに危険でもあります。「ナッジ」を使えば当人に自覚されず、したがって批判も抵抗もされずに他人を動かせます。人形を陰から操るかのように、他人の判断や行動をコントロールできるのです。これを悪用して他人から利益を奪って、私腹を肥やす者がいても不思議はありません。

悪用されたナッジ『スラッジ』

このような、人の心理的バイアスを悪用し、本来の目的と外れた方法で、人をだまして不当に利益を得る行為を「スラッジ（Ｓｌｕｄｇｅ）」と呼びます。ヘドロや汚泥の意味です。ＥＣサイトなどで買い物の入力をする際に、有料オプションの追加やメールマガジン配信などを認める初期設定になっていることがあります。これは典型的なスラッジです。また契約後に解約しにくい構造のサイトもスラッジの一つです。

ナッジに関わる心構え

人を動かす一種の〝道具〟である「ナッジ」にも、長所と短所があるわけです。もちろん、短所があるからといって「ナッジ」が使われなくなることはないでしょう。短所があるから使用を避けるのではなく、長所と短所を理解して活用すべきものだと考えるべきです。

そもそも、さまざまな形での「人の誘導」は、「ナッジ」という言葉が生まれる前から行われてきました。最近になって「ナッジ」と名づけられ、効果も明らかになったので積極的に使われているだけです。今後も特に環境、健康、労働、金融・保険、治安・安全等さまざまな社会問題を、コストをかけずに解決する方法として活用されると考えられます。

もし「ナッジ」を活用する人が倫理的な規範を守り、より正しい行動に導くのであれば、この「ナッジ」によって、より良い社会づくりが可能になるでしょう。

個人の自由を認めて「良い結果」に誘導

ナッジの根底には、権力的強制は行わず、人々の選択の自由を狭めない「リバタリアニズム」と、有益な行動を促し、有害な行動を控えさせる「パターナリズム」という2つの考え方があります。

リバタリアニズム	パターナリズム	リバタリアン・パターナリズム
完全に自由	「知的エリート」「権力者」「親」が子供や被支配的立場の人に介入	個人の自由を前提にしたうえで個人の自由をより良い方向へ誘導する
例：お菓子ばかり食べている	バランスの良い食事を指導	バランスの良い食事ができるように誘導する

リバタリアン・パターナリズムやナッジも注意が必要

正反対の2つの考え方があることで、軽く背中を押すように良い行動を促す「ナッジ」の考え方が成り立っています。しかし、この発想は危うい バランスの上に成り立っているものでもあります。

ナッジ ⇔	スラッジ
心理的バイアスを利用したわずかな働きかけで人をより良い方向へ動かす	心理的バイアスを悪用したわずかな働きかけで人をだます
↓	↓
問題を解決	不当に利益を得る

行動経済学の用語集

本書に登場した行動経済学に関する用語を再確認してみましょう

あ

○後《あと》知《ぢ》恵《え》バイアス

起こった後で、または結果を知ってから、事前にそれを予見していたように考えてしまう心理。これによって自分が失敗したときに、知っていながら間違えた、と後から都合よく解釈することで自分の失敗を棚上げするようなことも起きる。

○アンカリング

不確実な事柄を予想するとき、初めにある値を設定し、その後に調整を行って最終的な予測値を決める傾向。アンカリングのアンカーは錨のことであり、錨を下ろした船が、錨と船をつないだ鎖の範囲しか動けないことから名づけられた。

○ＩＫＥＡ（イケア）効果

自分が実際に手をかけ時間や労力を費やしてつくったものに対して、特別の愛着を感じ、それを高く評価する心理。スウェーデンの家具量販店「ＩＫＥＡ（イケア）」の商品が、購入者が持ち帰って組み立てる方法で販売されることから生まれた。

○エンダウド・プログレス効果

ゴールに向かって若干前進したと感じるとモチベーションが高まり、進み続けたくなる傾向。何も進んでいない状態よりも、初めに進捗があると、それが誘い水のような働きをし、その後の行動を中断することなく最終目標に到達したくなる。

○おとり効果

現状の選択肢に加えて、既存よりも明らかに劣った選択肢を一つ加えることで、既存の選択肢のなかで特定のものが選ばれるようになる効果。新たに加えた選択肢が「おとり」の役割を果たすことで、それとは別の選択肢の魅力を高める。

か

○解釈レベル理論

時間的に遠い対象に対して、より抽象的、本質的、特徴的な点に注目して解釈する心理。逆に近い対象には、より具体的、表面的、類型的な点に注目する傾向。これにより人は、遠い目標には望ましさを、近い目標には実現性を求める。

○確実性効果

確率が０％と１００％の場合、その確率に対して敏感に反応する効果。確実であること（逆に、全く不可能であること）を重視する。「確率加重関数」の曲線の両端における「実際に起きる確率」と「起きると感じる確率」の差に関係する。

○確証バイアス

一度、自分の意見を決めると、それを裏づける情報ばかりを集め、反対の情報を無視する心理。情報をもとに判断を下すのではなく、都合のよい情報だけを自分が正しいことを証明する証拠として使う。自己正当化にも通じる心理。

○カクテルパーティ効果

周囲が騒がしい状況でも、自分に必要な声は聞き取れる現象。多くの情報があるなかで必要な情報を選択して受け取れる。意識したものだけピックアップできる脳の特性を活用。聴覚のみではなく視覚においても同じ効果が生まれる。

○確率加重関数

「実際に起きる確率」と「起きると感じる確率」を横軸と縦軸に設定した関数。人が合理的ならば二つが一致した直線のグラフになるはずだが、人の確率の感じ方の歪みにより曲線となる。二つの確率は0%か100%となる直前で乖離が大きい。

○価値関数

横軸を人間が感じる損得の程度、縦軸を価値の感じ方（満足や不満）とした関数。損による不満は、同じだけの得による満足の2倍以上となる「損失回避」、損得が大きくなるほど曲線の傾きが平らになる「感応度逓減性」が、グラフに表わされる。

○貨幣錯覚

お金を、実質的な価値ではなく表面的な価値に基づいて判断してしまうこと。インフレやデフレの影響で物価が上昇したり下落したりすることにより、お金の実質的な価値が変わっても、表面的な金額でお金の価値を判断してしまうのも典型例。

○感情ヒューリスティック

物事の良し悪し、行動の選択、出現頻度や確率などの合理的に判断すべき事柄を、好き嫌いなどの感情で判断してしまう心理的バイアス。例えば判断の対象が好きならばメリットが大きくリスクは小さいと判断し、嫌いな場合は逆となる。

○感応度逓減性

喜びや満足、また悲しみや不満の感じ方において、その量が増えるにつれて感じ方の変化が鈍る傾向。明るさや暗さ、匂いや味など外部からの環境や刺激に対して慣れるのと同じように、お金の損得においても慣れが生まれる。

○極端回避性

複数から一つを選ぶ場合に、極端な選択を避けて中間を選ぶ傾向。松・竹・梅の3段階があると、真ん中の竹を選んでしまうのが典型例。中間的な選択が最も安全でリスクが少ないと表面的に判断してしまう。

○クラウディングアウト

内面からの動機（内発的モチベーション）が、外からの影響（外発的モチベーション）で失われること。内発的モチベーションは、個人の目標や姿勢、誇り、義務感、忠誠心など。外発的モチベーションは金銭的報酬、褒賞や表彰など。

○決定麻痺

選択肢が多すぎることにより選択を先延ばしにしたり、選択自体をやめてしまうこと。選択肢が増えると誤った選択をする可能性も増えるため、選択を誤ったときにこうむる損失を避けたいという意識によって起こる。

○現在志向バイアス

未来よりも目先の利益を優先させる傾向。未来に得られる事柄の高い価値を低く見積もってしまい、逆に目の前にある事柄の価値を過大に評価して優先する。手に入れるタイミングによって感じる価値が変わる「時間割引」と関係がある。

○現状維持バイアス

未知なもの、未体験のものを受け入れず、現状のままの状態を維持しようとする心理。慣れた行動を繰り返すのは、新たな取り組みをすることによってこうむる損失の可能性を低くしようとする、無意識のリスク回避。

○後悔の回避

将来の結果を予測し、後悔による不快な状態を避けるような判断をすること。行動することによる「行為後悔」を避けて行動を止めることもあれば、逆に行動しないことによる「非行為後悔」を避けて行動を起こすこともある。

○互酬性

自分のメリットのみならず、他者のメリットも価値ととらえる「社会的選好」の一つ。親切な行動に親切で返し、ギブ・アンド・テイクや相互扶助の関係をつくる。これは「正の互酬性」だが不正な行動に罰を与える「負の互酬性」もある。

○コントロール幻想

実際には自分の力が及ばない事柄に対しても、自分でコントロールでき、影響を与えられると思い込むこと。自信過剰に近いもの。ただしこの心理が働くことによって、前向きに努力を続けられるという側面もある。

さ

○ザイオンス効果

同じ人や物に接する回数が増えれば増えるほど、その人や物に対する好意度や印象度が上がるという効果。「単純接触効果」ともいう。よく会う人や、何度も聞いている音楽に好感を抱くのもこの効果の影響。

○再認ヒューリスティック

すでに知っているものに対して、初めて見聞きするものより、高い評価を与えてしまう。例えば、知名度が高い企業が販売している商品のほうが品質も良いはずだと判断してしまうのは、この心理的バイアスによるもの。

○サンクコスト効果

サンクコストは、過去に失って取り戻せないコスト（時間、金、労力など）のこと。新たな意思決定を行う際は、過去は無視して将来のことだけを考えるべきだが、過去のコストにこだわってしまうのが「サンクコスト効果」。

○参照点

人が感じる利得や損失といった心理的価値の基準になる点。参照点から、どれくらい変化したのかによって評価を下す。絶対的な水準ではなく「参照点」を基準に、そこからの変化で判断を下すのが「参照点依存性」。

○時間割引

すぐに手に入る報酬ほど価値が高く、手に入るのが遅くなるほど価値が減ると感じる。このようにタイミングで物の価値が変わって見えるのが「時間割引」。未来よりも目先の利益を優先させる「現在志向バイアス」とも関係がある。

○社会的選好

自分自身のメリットのみならず、他者のメリットも価値ととらえる心理。利他性、互酬性、返報性など、さまざまな形がある。利己的な個人をもとにした旧来の経済と異なり、この心理が働くことを前提としたのが行動経済学。

○準拠集団

人の価値観、信念、態度、行動などに強い影響を与える集団。個人がある集団に心理的に結びつきを持ち、規範に同調している、その集団を指す。家族、地域、学校、職場などの他、同一ブランドのユーザーも「準拠集団」になりうる。

○初期値効果

どんな初期値かによって選択が変わる傾向。人は初期に設定された状態をそのまま受け入れやすい傾向がある。未知の状態への変化を避けて現在の状態を保とうとする「現状維持バイアス」と近い心理的バイアス。

○上昇選好

物事が一連の現象と認識されたとき、時間が過ぎるにつれて満足が拡大（不満が減少）することを好む傾向。一連の現象において、初めの現象に順応した後の下降を「損失」ととらえて、これを避けようとする「損失回避」とも関係する。

○少数の法則

サイコロを数多く振ると目が出る確率が1/6に近づくなど、数多く行うと理論的な確率に近づくのが「大数の法則」。これを少ない回数に当てはめるのが「少数の法則」。サンプル数の少ない偏った情報を一般化してしまうこと。

○初頭効果

情報を並列に扱うときに最初に与えられた情報が印象に残って、後の評価に影響を及ぼす現象。人物や物事の第一印象が長期間にわたって残るのも、この効果の影響。最初に示された情報が、最も記憶や印象に定着しやすい傾向がある。

○スノッブ効果

他者の消費が増加していくほど、購買者個人の需要が減少する効果。人には他人とは異なる自分でいたいという欲求があり、他人の持っていない希少なもの、簡単に手に入らないものに価値を感じることがある。

○損失回避

人が損失を利益より高く評価し、損失を避けようとする心理。同じだけの損と得があると前者による不満は、後者による満足の2倍以上となる。この不満を避けるために、手に入れるよりも損を回避しようとする。

た

○ダニエル・カーネマン

アメリカの心理学者、行動経済学者。プリンストン大学名誉教授。心理学と経済学の統合により、不確実な状況下の意思決定モデル「プロスペクト理論」確立など、多くの業績を残す。2002年ノーベル経済学賞受賞。

○ダニング=クルーガー効果

能力の低い人ほど、実際よりも高く自身を評価してしまう傾向。原因は客観的な自己評価ができず、自分の能力不足に気づかないこと。逆に能力の高い人は他人を過大評価する傾向があり、客観的評価よりも低く自己評価する。

○代表性ヒューリスティック

目立つ特徴を過大評価するなど、一部の傾向が全体を代表していると思ってしまうこと。見た目が外国人だから外国語を話せると思い込むなど、ステレオタイプに近いかどうかで判断してしまうのも同じ心理。

○ツァイガルニク効果

達成できた事柄よりも達成できなかった事柄や中断している事柄のほうが頭の中に残り、長く覚えている現象。これにより人は最後までやり遂げたいと思う。人は未完了な状態では緊張状態となるため、完遂して解放されようとする。

○ディドロ効果

今までになかった理想的な価値の新しいもの、人、環境などを手に入れた際、関連するものを新たな価値に合わせて統一しようとする。あるブランドの商品を買った後に、それに合わせて同じブランドのもので揃えたくなるのが典型例。

○投影バイアス

将来における自分の状態を予測する際に、現在の自分の状態に引きずられてしまうバイアス。現在の状態や感情などが、将来も変化せずに続くと思い込んでしまう。ひいては周囲も自分と同じ考えを持つと誤解するのも同じ心理。

な

○ナッジ

nudge。訳は「ひじで軽く突く」。この行為と同じように、選択を禁止したり、行動に対して報奨を与えるなどの直接的な働きかけをすることなく、人々の行動をより良い方向に促す仕掛けや手法。

○認知的不協和

自分の思考や行動に矛盾があるときに生じる不快感やストレスのこと。もともと人間は合理的に一貫性のある行動をしようとし、もし矛盾が起きるとそれを解消しようとする。これは「認知的不協和の解消」と呼ばれる。

○バーナム効果

誰にでも該当するようなあいまいで一般的な性格や特徴などを、自分に当てはまるととらえてしまう心理。血液型占いで自分と同じ血液型の特徴を聞いて、それが自分にも該当すると思ってしまうのが典型例。「フォアラー効果」とも呼ばれる。

○ハロー効果

何かを評価する際に対象の持つ顕著な特徴に引きずられて、他の特徴について冷静に評価できなくなってしまう現象。好感度の高い有名タレントがテレビCMで宣伝しているのを見ると、その商品に良い印象を持ってしまうのが典型例。

○反転効果

状況がポジティブかネガティブかで、人の判断が正反対になる現象。得する可能性が見込まれるポジティブな状況では、リスクを避けて確実な得を求める。逆に損しそうなネガティブな状況では、一発逆転を狙ってリスクある判断をする。

○バンドワゴン効果

多くの人が同じ選択をすることで、その選択肢がさらに多くの人から選ばれやすくなる現象。時流に乗りたい、多勢に加わりたいといった心理によって起こる。音楽を鳴らしながら走るバンドワゴン（楽隊車）に群衆がついていく姿より。

○ピークエンド効果

人が過去の経験を、その経験のピークのときにどんな印象を持ったか、最後にどのように終わりどんな感想を持ったか、この2つだけで判定するという現象。経験にかかった時間が長くても短くても、この2つが強く影響する。

○プライミング効果

事前に見聞きしたことなど先に受けた刺激（文字・音楽・動画・画像等）が記憶に残り、その後の判断や行動など後の刺激への対応に影響する効果。語源となる英語のPRIMEという動詞は「前もって教え込む」という意味。

○ブレークイーブン効果

損失を受けたときに損失分を取り返そうとして、普段よりも積極的にリスクを取ろうとする心理。一度損をしたとき、その損がゼロに近づいたり、プラスに転じたりするときに、人は単純な得よりも大きな喜びを感じる。

○フレーミング効果

同じ内容であっても、人の判断や選択が変わる。対象物が同じでも問題の提示の仕方、焦点のあて方が変わることで判断や選択が変わり、異なる結論に至る効果。ただし人は、自分がどのようなフレームで物事を見ているのか意識せず、フレームそのものの存在にも気づかないことが多い。

○平均への回帰

ある試みで平均から乖離した結果が出た（特別に良い、または悪い）としても、同じ対象に繰り返し試みを行うことにより結果が平均値に近づく現象。数多く行うことで理論的な確率に近づく「大数の法則」と同じもの。

○返報性

自分自身のメリットのみならず、他者のメリットも価値ととらえる「社会的選好」の一つ。他者から何かされたときに、お返しをしようとするのが「返報性」。好意的な親切に対するお返しだけでなく、悪意に対する仕返しのケースもある。

○保険文脈

保険として示されると加入してしまう傾向。「保険」という言葉があるだけで、保険料という確実な損失があるにもかかわらず、保険への加入を選択する。リスクに対して保険というポジティブな手段で対抗する行動とも考えられる。

○保有効果

一度手に入れた自分の所有物に対して愛着を抱き、客観的な評価以上に高い価値を感じて、手放したくないと感じる心理。手放すことを損ととらえ、手に入れることを得ととらえた「損失回避」が働いた結果と考えられる。

め

○メンタル・アカウンティング

お金に関する意思決定において総合的で合理的な判断をせず、無意識にお金を出所や使途で分け、使い方も変えるなど狭いフレームで判断する傾向。ギャンブルでもうけたお金は貯金などせずに散財してしまう「あぶく銭効果」は典型例。

り

○利他性

自分自身のメリットのみならず、他者のメリットも価値ととらえる「社会的選好」の一つ。自分のことよりも他人の幸福を願い、自分の利益を犠牲にしてでも他人が利益を得られるように図ろうとする心理。

○リチャード・セイラー

アメリカの行動経済学者。シカゴ大学教授。正しい行動を促す概念として提唱した「ナッジ」は一世を風靡し、世界各国における公的機関や民間企業の活動に幅広く取り入れられている。2017年ノーベル経済学賞受賞。

○理由に基づく選択

選択や決定の際に、選ぶ理由をつけやすいからというだけで、結果のメリットが少なくても、または判断に矛盾があっても選択を行う傾向。典型例に「自分へのごほうびだから」という理由をつけて高額な買い物を正当化する行動などがある。

○利用可能性ヒューリスティック

簡単に思い出せる事柄や、印象が強く記憶に残った事柄ほど存在する数が多く、起こる確率が高いと判断してしまう傾向。人が脳内にためた記憶から使えそうな事例を思い浮かべて、それをもとに判断するために起きる現象。

索引

さ

参考文献

「行動ファイナンス入門」角田 康夫／ＰＨＰ研究所
「行動経済学 経済は『感情』で動いている」友野 典男／光文社
「選択の科学 コロンビア大学ビジネススクール特別講義」シーナ アイエンガー／文藝春秋
「ファスト&スロー あなたの意思はどのように決まるか？」ダニエル・カーネマン／早川書房
「ナッジ!?：自由でおせっかいなリバタリアン・パターナリズム」那須 耕介、橋本 努／勁草書房
「実践 行動経済学」リチャード・セイラー、キャス・サンスティーン／日経ＢＰ
「予想どおりに不合理：行動経済学が明かす『あなたがそれを選ぶわけ』」ダン・アリエリー／早川書房
「9割の人間は行動経済学のカモである」橋本之克／経済界
「9割の損は行動経済学でサケられる」橋本之克／経済界
「ヤバい行動経済学」橋本之克／日本文芸社
「世界最前線の研究でわかる！ スゴい！ 行動経済学」橋本之克／総合法令出版
「9割の買い物は不要である 行動経済学でわかる『得する人・損する人』」橋本之克／秀和システム

考えよう

あなたならどんな行動をしますか

本書では、さまざまな場面で人間の不合理な行動を説明する行動経済学の理論を紹介してきました。さて、あなただったらどうするでしょう。

Q 久しぶりに一緒に食事をする友人とフレンチのお店に来ました。メニューをみると、3種類のおすすめコースが紹介されていました。あなたならどれを選びますか？

① Aコース　7000円
（お楽しみ冷菜、スープ、ヒラメのポワレ、牛肉の赤ワイン煮込み、チーズの盛り合わせ、デザート盛り合わせ、コーヒーまたは紅茶）

② Bコース　5000円
（お楽しみ冷菜、スープ、牛肉の赤ワイン煮込み、デザート盛り合わせ、コーヒーまたは紅茶）

③ Cコース　3000円
（スープ、ヒラメのポワレ、デザート盛り合わせ、コーヒーまたは紅茶）

A

解説　Bコースを選んだ人が多かったのではないでしょうか。行動経済学の極端回避性で、品質と値段が違う3種類が並んでいると、「真ん中」を選ぶ人が多い傾向にあります。①や③を選んだ人は、極端回避性に惑わされず自分の食べたいものをしっかり選んだ人ですね。

⇨P.54

Q スーパーで買い物をしています。カゴのなかには、食料品などだいたい5000円分ぐらいの商品が入っています。レジに並んでいると、エコバッグを駐車場に忘れてきたことに気づきました。あなたならどうしますか？

① レジ袋を買う

② エコバッグを車に取りに戻る

A

解説　①を選んだ人は、特にレジ袋を買うつもりはなかったのですが、お金を払う心理的負担が小さいので、レジ袋を追加したのかもしれませんね。小さなお金も積み重なると大きな出費になります。レジ袋を忘れないようにしましょう。②を選んだ人は小さなお金も無駄にしない賢い消費者ですね。

⇨P.22

Q ホテルのケーキ食べ放題に行きました。3000円で食べ放題です。あなたなら、どんなふうに食べますか？

① **食べ放題なので、とにかく食べられるだけたくさん食べる。**

② **好きなケーキだけをおいしく食べられるように、適量を考えながら選ぶ。**

A

解説 ①を選んだ人は、食べたかったケーキもすべて食べられましたか。食べ放題で食べすぎてしまうのは、行動経済学では、すでに支払ったお金に気をとられて行動をした「サンクコスト効果」の影響だと考えられます。楽しめたのならよいのですが、サンクコスト効果にとらわれると、楽しむことを忘れてしまうこともあるので、それももったいないですね。②を選んだ人は、好きなものを適量食べられて楽しかったでしょう。

⇨P.42

Q ネットショッピングで、8000円の気に入ったシャツを見つけました。送料1000円ですが、10000円買うと送料が無料になると書いてあります。同じページに載っている色違いのシャツ8000円も気になっています。あなたならどうしますか？

① **気に入ったシャツを1点だけ買う**

② **送料を無料にしたいので、色違いのシャツも買う**

A

解説 ②を選んだ人の行動が気になります。追加で買った商品が気に入ったものならよいのですが、送料を無料にするために、商品を選ぶことになってしまいます。無理に選んだものだと着ないことも多く、むしろ損することになるので注意しましょう。

⇨P.49

Q 1等が出た宝くじ売り場に行列ができています。並んでいる人に聞いてみると、1万円当たったことがあるそうです。あなたも並んでみますか？

① ここなら当たる確率が高そうなので、ぜひ並んでみる

② みんなが並んでいるので、並んでみる

③ 並ばない

A

解説

宝くじは、当たるかもしれないと思ってしまいますよね。でも、1億円が当たる確率は0.00002%といわれています。限りなく低いのですが、ゼロではないので実際より高い確率に感じて、当たるかもしれないと期待してしまいます。「実際に起きる確率」と、人が「主観的にそれが起きると感じる確率」は同じではありません。行動経済学では、これを「確率加重関数」で表しています。また、みんなが並んでいるので、並んでみた②の人は、「バンドワゴン効果」に影響されたのかもしれません。

⇨P.58、P.124

Q ネットオークションで、すてきなアンティークのアクセサリーを見つけました。どうしても欲しくなったあなたは、すぐに入札画面を見始めます。どんな条件なら入札しますか？

① 5万円ぐらいが理想だが、
どうしても欲しいので10万円ぐらいなら入札する。

② 5万円ぐらいが理想だが、
1万円ぐらいオーバーしてもかまわない。

③ 予算は決めておきたいので、
5万円以内なら入札する。

A

解説

ネットオークションにハマるのは、さまざまな感情を楽しめることもあるでしょう。欲しい商品を見つけて、今、競り落とさないと「2度と手に入らないかもしれない」と、入札します。誰にも渡したくない気持ちから、予算よりも高い値段で入札することもあります。ついに落札できたら「保有効果」が働いて、その商品が実際の値段より高い価値に感じ、ワクワクします。注意しなければならないのは、さまざまな感情を楽しめたり、保有効果を感じたりすることで、予算オーバーで落札しても、損をしたと感じなくなってしまうことです。

⇨P.86

Q

テレビショッピングを見ていたら、そろそろ買い替えようと思っていたハンディクリーナーが赤字覚悟の通常の半額になっていました。紹介しているタレントの反応を見ると性能もよさそうです。しかも、今から30分以内ならもう1台ついてくるうえに、半年分の掃除機用紙パックが無料でついてきます。あなたなら申し込みますか？

① 1台の値段で2台買えるので、すぐに申し込む

② 性能が良さそうなので、すぐに申し込む

③ じっくり選びたいので、申し込まない

A

解説

①と②を選んだ人はハンディクリーナーを有効に使っていますか。テレビショッピングには注文したくなる仕掛けが詰め込まれています。限定商品、産地直送、赤字覚悟など、視聴者を引き付ける言葉を並べ、有名人が「すばらしい！」と褒めたたえます。しかも、「今から30分がチャンス」などと言って、今しか買えないことを強調して決断を急がせます。テレビショッピングで、買い物をするには相手の戦略にひっかからずに、自分の欲しい商品を買うようにすることが大切です。

⇨P.90

Q

テレビを見ていると、今申し込むと無料で試せるサプリが、さらに3カ月無料で試せると紹介しています。最近疲れやすいと感じていたあなた、申し込んでみますか。

① さらに3カ月無料で試せるのなら、今すぐ電話する

② 無料で試せるので、損をするわけではないから試してみる

③ なぜ無料なのか不思議で申し込めない

A

解説

人は無料に敏感です。無料なら試してみようと心のハードルが下がり、申し込みます。こうして、企業は関心のある消費者の「見込み客リスト」を手に入れることができるのです。さらに、お試しサプリが届いた後、断らなければ継続することになってしまうケースもあります。必要もないのに、料金を払っている人もいるかもしれません。無料は有効な販売戦略だということを忘れないようにしましょう。③を選んだ人は企業側の戦略を感じたのかもしれませんね。

⇨P.70

賢い消費者になるための

私のお買い物10カ条をつくりましょう

無意識な行動で買い物に失敗しないように意識づけしましょう。

いま、自覚のある買い物グセを知っておこう

10カ条を決める前に自分が何にどのように
お金を使いがちか書き出してみましょう。

- ○
- ○
- ○
- ○
- ○
- ○

例
- ○ポイントが欲しくて買いまわりしがち
- ○毎日チョコを買っちゃう
- ○仕事でプロジェクトが終わるたびにごほうびアクセを買っちゃう
- ○安くなっていると言われると、つい買ってしまう
- ○レジ前に並んでいるものを買ってしまう
- ○欲しいと思うと考えずに買ってしまう
- ○ショップをうろうろしながら、衝動買いしてしまう
- ○大きな買い物でもクレジットカードで買ってしまう

10カ条の例

賢い消費者になるためにあなたならどんなことをしますか?

- ○買い物リストをつくって、リスト以外は買わない
- ○おなかがすいているときに買い物に行かない
- ○購入を迷ったときは、1日は考える
- ○1日にコンビニに行く回数を減らす
- ○食材の予算を決めてまとめ買いする
- ○給料日直後に買い物はしない
- ○ネットで服を買わない
- ○ネットの買い物は月何回までと決める
- ○ネットの口コミに踊らされない
- ○目的なくショッピングモールに行かない
- ○ポイントがつくからという理由で買い物はしない
- ○外食は月何回までと決める
- ○電子マネーの月々の上限を決める
- ○電子マネーのチャージの回数を決める
- ○限定品という言葉に惑わされない
- ○旅行先での買い物は特に冷静になる
- ○あるといいというものは、なくてもいいものと考える
- ○送料を無料にするために買い足さない

写真にとって
スマホに
保存しても
いいかも

私のお買い物 10カ条

自分のクセを振り返って
お買物10カ条をつくりましょう

1	
2	
3	
4	
5	
6	
7	
8	
9	
10	

● 著者
橋本之克（はしもと　ゆきかつ）
マーケティング＆ブランディングコンサルタント、昭和女子大学現代ビジネス研究所研究員。東京工業大学社会工学科卒業後、大手広告会社を経て日本総合研究所に入社。官民共同での研究事業組織コンソーシアムの組成と運営、コンサルティングに従事。アサツーディ・ケイに転職後、戦略プランナーとして金融や不動産、流通や製造などの顧客獲得を実施。2019年独立後、行動経済学を活用したマーケティング、ブランディング戦略のコンサルタント、企業研修講師として活躍中。行動経済学の著書多数。
連絡先：hasimotoyukikatu@gmail.com

STAFF
イラスト／ユア
本文デザイン・DTP／加藤美保子
装丁／俵社（俵拓也　吉田野乃子）
編集・DTP協力／株式会社エディポック
校正／曽根 歩　聚珍社
編集／朝日新聞出版　生活・文化編集部（上原千穂）

ミクロ・マクロの前《まえ》に
今《いま》さら聞《き》けない
行動《こう》

行《こう》動《どう》経《けい》済《ざい》学《がく》の超《ちょう》基《き》本《ほん》

著　者　橋本之克
発行者　片桐圭子
発行所　朝日新聞出版
〒104-8011
東京都中央区築地5-3-2
（お問い合わせ）infojitsuyo@asahi.com
印刷所　図書印刷株式会社

ISBN　978-4-02-334110-4

定価はカバーに表示してあります。
落丁・乱丁の場合は弊社業務部（電話03-5540-7800）へご連絡ください。
送料弊社負担にてお取り替えいたします。